Das Buch

Dieses Buch ist ein analytischer Geschichtsreport aus aktuellem Anlaß: Kaum eine Partei verhält sich so geschichtslos wie die »Grünen«. Ulrich Linse blickt daher zurück und macht überraschende Entdeckungen: Früh schon bildeten sich Bewegungen, die die Gefahren der industriellen Entwicklung erkannten. In der wilhelminischen Natur- und Heimatschutzbewegung artikulierte sich erstmals die bürgerliche Fortschrittskritik, die jedoch im Dritten Reich aufgerieben wurde. Ähnlich schwer tat man sich in der Arbeiterbewegung, dem proletarischen Fortschrittsoptimismus den Schutz der Natur entgegenzusetzen. Neben diesen »ökologischen« Ansätzen im bürgerlichen und sozialistischen Lager verfolgt Ulrich Linse die ökologischen Spuren in der deutschen Subkultur: taoistische Lehren der Gewaltlosigkeit, Naturapostel, erste Stadtindianer, genossenschaftliche Siedlungs- und Sozialutopien. Ein eigenes Kapitel widmet er dem Ökoanarchisten Paul Robien, der bereits 1929 von Ölpest, vergifteten Wäldern und Atomkrieg sprach. Viele der meist anarchistischen Gruppen und Grüppchen sind fraglos politische Randerscheinungen gewesen und deshalb heute vergessen. Doch es lohnt die Erinnerung daran, wie die ökologische Sensibilität und die Lebensexperimente einiger wackerer Vorkämpfer Zeichen setzten – Jahrzehnte vor den heute alltäglich gewordenen Schlagzeilen über den Tod der Umwelt, der zum Menetekel der industrie'

Der Autor

Ulrich Linse, 1939 in Neu-Ulm geboren, studierte Geschichte, Politische Wissenschaften und Anglistik in Tübingen, Bangor und München; er ist Oberstudienrat am Münchenkolleg. Veröffentlichungen: ›Organisierter Anarchismus im deutschen Kaiserreich von 1871‹ (1970); ›Die Kommune der deutschen Jugendbewegung‹ (1973); ›Gustav Landauer und die Revolutionszeit 1918/1919‹ (1975); ›Anarchistische Jugendbewegung 1918–1933‹ (1976); ›Die Entschiedene Jugend 1919–1921. Deutschlands erste revolutionäre Schüler- und Studentenbewegung‹ (1982); ›Zurück, o Mensch, zur Mutter Erde‹ (Hrsg., 1983); ›Barfüßige Propheten‹ (1983).

Ulrich Linse:
Ökopax und Anarchie
Eine Geschichte der ökologischen
Bewegungen in Deutschland

Mit 33 Schwarzweißabbildungen

Deutscher
Taschenbuch
Verlag

Von Ulrich Linse
ist im Deutschen Taschenbuch Verlag erschienen:
Zurück, o Mensch, zur Mutter Erde (Hrsg.; 2934)

Originalausgabe
März 1986
© 1986 Deutscher Taschenbuch Verlag GmbH & Co. KG,
München
Umschlaggestaltung: Celestino Piatti
Gesamtherstellung: C. H. Beck'sche Buchdruckerei,
Nördlingen
Printed in Germany · ISBN 3-423-10550-X

Inhalt

Vorwort
Wider die Geschichtslosigkeit ökologischen Denkens ... 7

Kapitel 1
Vom bürgerlichen Antimodernismus zum völkischen Ökomodernismus 14

Kapitel 2
Arbeiterschaft und Natur oder Der »andere Fortschritt« 42

Kapitel 3
Die religiöse Vision von Ökopax und der Ort von Ökotopia. 57

Kapitel 4
Radikaler Ökosozialismus der Weimarer Zeit: die »Siedlungs-Aktion«. 72

Kapitel 5
Alternativer Ökoanarchismus: die »Naturrevolution« .. 95

Kapitel 6
»Menschen der Gandhi-Tat« 125

Kapitel 7
Die Grünen: alter Wein in neuen Schläuchen? 153

Anhang
Über die Autobiographie Paul Robiens 164
Anmerkungen. 168
Literaturverzeichnis 186
Personenregister 190

Für meinen Sohn Christoph Matthias

»Die meisten Fragen und Forderungen unserer Kultur sind eigentlich Zukunftsprobleme. Wir tun unser Teil: Die Enkel müssen vollenden. *Naturschutz bildet eine gewaltige Ausnahme.* Wo wir nicht im Zeichen der Stunde resolut eingreifen, da bleibt unseren Enkeln nichts übrig als die Klage um ein unwiederbringlich Verlorenes.«

Wilhelm Bölsche

Vorwort
Wider die Geschichtslosigkeit ökologischen Denkens

Geschichtslosigkeit ist ein besonderes Kennzeichen der »neuen sozialen Bewegungen« in Deutschland. Sie sind zu aktivistisch und kurzlebig, um sich der Geschichte zu erinnern, während sie selbst Geschichte machen wollen. So war zum Beispiel 1976 der vermutliche Schöpfer des Bildes von der neuen »grünen« Bewegung, die dann im Herbst 1977 in Niedersachsen als »Grüne Liste Umweltschutz« erstmals ihre parteipolitische Namensidentität fand, durch grüne Luftballons, die im Mai 1969 im Volkspark von Berkeley hochgelassen worden waren, zum grünen Symbol inspiriert worden.[1] Doch er war Deutscher genug, um den Zusammenhang von wirksamer sozialer Bewegung und Farbsymbolik zu spüren und als Nachfahre der Romantiker zu erkennen, daß die grüne Farbe »das Erd- und Pflanzenreich, den gewaltigen Lebensprozeß, der ständig auf- und abwogt«, symbolisiert.[2] Und doch bleibt der Bezug zu Amerika kennzeichnend für den Kontinuitätsbruch zwischen den »neuen« und den »alten« sozialen Bewegungen in Deutschland und damit auch für die Blindheit gegenüber den übergreifenden Gemeinsamkeiten dieser »deutschen Bewegungen«.[3] Es scheint ganz in Vergessenheit geraten zu sein, daß in Deutschland durch die romantische Tradition Franz von Assisis Lobgesang auf die »Mutter Erde« zu einem auf »Mutter Grün« abgewandelt wurde,[4] daß schon um die Jahrhundertwende eine neuromantische soziale Bewegung – nämlich die bürgerliche Jugendbewegung – die burschenschaftlichen Farben Schwarz-Rot-Gold auf Mützen und Bändern in »Grün-Rot-Gold« aktualisierte[5] und ein ›Farbenlied‹[6] diese vom »Oberpachanten« Karl Fischer eingeführte Neuerung folgendermaßen erklärte:

> »Grün ist die Farbe der Natur
> Sind Wiesen, Tal und Felder.
> In Grün erglänzet rings die Flur,
> Die Berge und die Wälder.
> Uns treibt's hinaus ins frische Grün
> Als freie Burschen dort zu ziehn,
> Denn Grün ist unsre Farbe.«

Aber nicht nur die in der freien Natur wandernden wilhelminischen Bürgersöhne und -töchter griffen auf dieses natur-wüchsige Farbsymbol zurück, sondern auch die Landsiedlungsbewegung der Weimarer Zeit: 1919 veröffentlichte ein anonymer »Spartakus in Grün, an dem der Rote sterben soll«, ein ›Grünes Manifest‹, in welchem er auf »grünem Land« visionär eine »neue natürliche Lebensweise« erblickte und zur »Expropriation der Städte« aufrief.[7]

Doch der »faschistische Graben«[8] verschlang diese und viele andere Ansätze ökologischen Denkens, desavouierte sie auch dadurch, daß sie nun ausschließlich mit einer »Blut-und-Boden«-Mentalität assoziiert wurden, entwertete sie doppelt, weil mit konservativen Floskeln in Wirklichkeit nur eine auf ökonomisches Wachstum angelegte kriegsvorbereitende agrarische und industrielle Autarkiepolitik verbrämt wurde. Die Zersetzung einer ökologisch ausgerichteten Industriekritik war so erfolgreich, daß mit der Gründung der Bundesrepublik die Jahrzehnte dauernde Herrschaft der Parteien des industriellen Wachstums anbrach, bei denen lediglich der Umfang der ökonomischen Steuerung und sozialen Verteilung umstritten war.

Als dann Ende der sechziger Jahre – allen bewußt geworden durch den ersten »Ölschock« von 1973/74 – der Wirtschaft und dem »Fortschritt« plötzlich buchstäblich die Energie auszugehen drohte, war die Verwirrung groß, denn es gab keinerlei relevante öffentlich-politische Debatte über den ökologischen Preis des Industriesystems – trotz der bereits Ende der fünfziger und Anfang der sechziger Jahre entstehenden Bürgerinitiativen und einiger Kleinstparteien mit Umwelt- und Lebensschutzprogrammen wie der »Aktionsgemeinschaft Unabhängiger Deutscher«, der »Freisozialen Union« oder des »5-Prozent-Blocks«. Da mußten insbesondere durch den von der Energiekrise geförderten, aber umstrittenen Ausbau der Kernenergie (seit 1971/72 die »Anti-Atom-Bewegung« als überlokale Erscheinung) und schließlich durch den immer sichtbarer werdenden Zusammenbruch ganzer Ökosysteme die Ängste gewaltig ansteigen und Fluchttendenzen aus der Industriezivilisation ausgelöst werden.

So dauerte es einige Zeit, ehe das Selbstverständliche ausgesprochen wurde: »Es gibt Alternativen in der Industriegesellschaft, aber keine zu ihr.«[9] Damit war das Signal gesetzt, die Polarisierung zwischen Ökonomie und Ökologie aufzugeben zugunsten der sachgemäßeren These eines künftigen Miteinan-

Umweltschutz gestern und heute: Von der romantischen Klage im Jahr 1929 (Bildunterschrift: »Der Letzte seines Stammes«) zum politischen Protest im Jahr 1981.

ders und der Einsicht über die gegenseitige Abhängigkeit. Doch der durch die Krise ausgelöste Bewußtseinsschub hatte schließlich auch die unterschiedliche Wertigkeit der beiden Sphären gezeigt: »Das Ökosystem ist das Primäre, Grundlage jeglichen Wirtschaftens: Zwar könnte die Natur ohne Wirtschaft weiterexistieren (vielleicht sogar besser als heute); doch die Zerstörung eines Ökosystems hat unweigerlich den Niedergang des darauf aufbauenden Wirtschaftssektors zur Folge.«[10] Die Konsequenz daraus war die Forderung nach einer Umkehr des bisherigen Dominanzverhältnisses der Ökonomie über die Ökologie.

Und dies bedeutet mehr als museale Natursanierung inmitten einer von Landschaftsruinen geprägten hyperindustriellen – wenn auch als »postindustriell« bezeichneten – Industriewelt oder Wagniskapitaleinsatz auf »sanfte« Hochtechnologien, in der Hoffnung, so doch noch den auf ökonomischem Wachstum beruhenden Fortschrittsglauben retten zu können.

Den etablierten politischen Parteien, welche die Folgen aus solchen Erkenntnissen für ihr Handeln hätten ziehen müssen, entglitt – abgesehen von Außenseitern wie Herbert Gruhl oder

Erhard Eppler – zunächst fast völlig die Initiative (obwohl die SPD bereits 1961 den »blauen Himmel über der Ruhr« zum Wahlkampfthema erhoben und die Bundesregierung 1970 ein »Sofortprogramm« und 1971 ein »Umweltschutzprogramm«, allerdings beide völlig unzureichend, vorgelegt hatte). Die Initiative lag ganz bei den sogenannten »neuen sozialen Bewegungen« einschließlich der kulturrevolutionären Alternativszene und den Umweltschutz-Bürgerinitiativen, 3000 bis 4000 an der Zahl. In ihrer Folge kam es schließlich zu der kleinen, Anfang 1980 gegründeten Partei »Die Grünen«; logischerweise mußten dann viele annehmen, daß diese allein in der Lage sei, politische Antworten auf die neu entstandenen Fragen zu finden. Den Altparteien kam es da sehr entgegen, wenn sie wenigstens in ihrer eigenen Geschichte Ansätze zu einer ökologischen Ausrichtung vorfanden, die ihnen die innere Umstellung möglich machten. Am meisten Glück damit hatte die SPD, die sich nun dankbar ihrer »Naturfreunde«, bisher von der Partei wegen der von ihnen in den vorausgehenden Jahrzehnten an den Tag gelegten politischen Radikalität eher mißliebig betrachtet, zu erinnern begann.[11] Den konservativen Parteien, weit geschichtsloser als die SPD, fiel weniger Vergangenheit zu diesem Thema ein (sogar ihre Hugo Kükelhaus, Werner Lindner oder Alwin Seifert werden ihnen von anderer Seite ins Gedächtnis gerufen).[12] Sie mußten zusehen, wie ihnen als den Anhängern eines einseitig verstandenen zerstörerischen Fortschritts nun die »grünen« Ökologen als die wahrhaft Konservativen entgegengehalten wurden.[13]

Diesen »Grünen« wiederum wurde von den Sozialwissenschaften bestätigt, sie seien eine »neue« soziale Bewegung, und dementsprechend sieht es in ihrem Denken auch aus: »Geschichte kommt bei ihnen nicht vor. Sie turnen herum, als seien sie die ersten auf der Welt, die Erfahrungen machen, alle Erkenntnisse sind brandneu – ihnen ungewohnte Begriffe nehmen sie mit dem Gestus dessen in den Mund, der sie glaubt erfunden zu haben.«[14] Ihre historische Unbedarftheit rief die beißende Kritik derer hervor, die auf die Nähe grüner Sozialökologie zu den Denktraditionen der Lebensphilosophie und des Sozialbiologismus verweisen konnten.[15]

Dies ist eine reizvolle Situation für den Historiker, der bei der Identitätssuche gerne mitwirken möchte. Denn er kann die Konservativen dahingehend beruhigen, daß es bei ihnen nicht nur »Fortschrittsfeinde«[16] gab, sondern daß sich der bürgerliche

Fortschrittspessimismus in der Weimarer Zeit durch den Druck von Versailler Vertrag, Inflations- und dann Deflationskrise zu einem neuen Kompromiß zwischen Ökologie und Technik zu mausern begann, allerdings die beiden Bereiche nur durch eine mit konservativer Ideologie überhöhte Ästhetik zu vermitteln trachtete und deshalb leicht vom Nationalsozialismus vereinnahmt werden konnte (Kapitel 1). Die Sozialdemokraten möchte er gerne dahingehend belehren, daß ihr heute hochgejubeltes »ökologisches Frühwarnsystem« in Gestalt der Naturfreunde vor dem Zweiten Weltkrieg zumindest in seinem ökologischen Bewußtsein nicht über den bürgerlichen Naturschutz hinauskam, aber dank seiner dezidiert proindustriellen und antikapitalistischen Wertorientierung auch gegenüber völkischem Romantizismus immun war (Kapitel 2).

Er möchte aber seinen Untersuchungsgegenstand auch nicht auf die Frage nach den historischen Wurzeln einer praktikablen Verbindung von Ökonomie und Ökologie reduzieren, sondern unterhalb dieser Ebene verwirklichbarer Reformen und politischer Kompromisse eine tiefere (manche mögen sagen: archaischere) religiöse Schicht in der Geschichte der heutigen Grünen aufdecken: Hier geht es nicht mehr um die Realpolitik, sondern um grundlegende ethische Entscheidungen. Hier wird die geforderte Stellungnahme nicht durch die Perspektive langer Entwicklungswege relativiert, sondern durch die existentielle Alternative zwischen Heil oder Untergang verabsolutiert. Neben den Realpolitiker tritt hier die Figur des spirituellen Gurus – und »große Männer« wie Tolstoi oder Gandhi, deren Rezeptionsgeschichte in der deutschen Subkultur im folgenden erstmals untersucht wird, zeigen die Fruchtbarkeit dieser Dimension auf.

Eine solche religiöse Politik oder politische Religiosität mag nicht mit unserem aufgeklärten Weltbild übereinstimmen. Ich glaube jedoch, daß wesentliche Triebkräfte historischen Handelns unerkannt blieben, wollte man sich gegenüber dieser Motivationsebene blind stellen oder sich ihr gegenüber für unzuständig erklären. Wenn es auch dem Historiker nicht zukommt, eine »historia sacra« (Heilsgeschichte) zu schreiben, so fällt doch eine Darstellung der historischen grünen Bewegung auch unter dem Gesichtspunkt einer Heilserwartungsbewegung sehr wohl in seine Kompetenz. Mögen auch die Anhänger einer gemäßigten staatlichen Reformpolitik solche »sektiererischen« Impulse in der Politik ablehnen, mögen sie das politische Amt in meilenweite Distanz zu dem eines politisch-religiösen Gurus bringen, so dürften doch gerade Zeiten der Krise nicht die gefühlsmäßige Komponente verdrängen, sondern müßten den moralischen Fundamentalismus für sachliches Handeln fruchtbar machen. Für den Analytiker der grünen Bewegung jedenfalls stellt das idealerweise zwar produktive, tatsächlich aber oft hemmende Wechselspiel zwischen utopischem Rigorismus und praktischer Reformpolitik einen faszinierenden Beobachtungsgegenstand dar (Kapitel 3 und 4).

Und schließlich konnte ich auch der Verlockung nicht widerstehen, eine immer wieder gehörte These zu widerlegen: daß nämlich die gleichzeitig bürgerliche und linke, ja linksradikale Bewegung, die heutigen radikalen Ökopazifisten und Ökosozialisten, ein Novum seien. Dem läßt sich die historische Kenntnis von der Existenz eines marginalen ökopazifistischen und ökosozialistischen Flügels in der anarchistischen Bewegung des Kaiserreichs und der Weimarer Republik entgegenhalten. Bereits damals wurden die Spannungen zwischen diesen Gruppierungen und dem eigentlichen Arbeiter-Anarchismus sichtbar. Es gab durchaus Ansätze zu einem Brückenschlag zwischen der Arbeiterbewegung und den radikalen Ökologen; aber auch die Ursachen des Scheiterns solch grün-roter Fronten lassen sich bereits in der Vergangenheit ausmachen (Kapitel 4 und 5).

Wer freilich von diesem Buch die Schilderung von Massenbewegungen und Haupt- und Staatsaktionen erwartet, der wird enttäuscht werden. Sicher gab es auch geschichtsmächtige massenwirksame antimodernistische Strömungen in Deutschland – ohne sie wären etwa die Wahlsiege der Nationalsozialisten nicht denkbar gewesen. Aber die Geschichte der sozialen Bewegungen ist diffiziler: die plötzlich wie ein mächtiger Strom dahinreißenden Bewegungen sind oft über Jahrzehnte ein kleines, unbedeutendes Rinnsal; sie können unter der Einwirkung krisenhafter äußerer Einflüsse bedrohlich anschwellen und nach deren Wegfall ebenso rasch wieder abklingen und nur noch unterirdisch weiterwirken – ein Sammelbett für Unzufriedene und Spinner, aber auch ein fast unsichtbarer Kontinuitätsträger alternativer Konzeptionen und Ideologien im Fluß der Zeit. Wegen dieses Spezifikums sozialer Bewegungen habe ich mich nicht gescheut, das Interesse des Lesers auch auf zahlenmäßig oft ganz kleine Gruppen – wie die »Naturrevolutionäre« der zwanziger oder die Gandhi-Bewegung der beginnenden dreißiger Jahre – zu lenken. Vom Umfang der beteiligten Personen her könnte man leicht den Verdacht hegen, hier sollten sektiererische Kuriositäten dem historischen Vergessen entrissen werden, dem sie mangels einer lebendigen Traditionsbildung zu Recht verfallen sind. Ich glaube indes zeigen zu können, daß gerade in solchen »menschlichen Laboratorien« und nicht im breiteren Strom der bürgerlichen Naturschützer und proletarischen Naturfreunde erstmals radikale ökologische Fragestellungen erprobt und diese auch auf erstaunlich kompromißlose Weise in Lebenspraxis umgesetzt wurden. Mag sich in den Kapiteln 4 bis 6 auch die Perspektive der Darstellung punktuell verengen, die Geschichte der ökologischen Bewegung auf wenige Einzelpersonen reduzieren, so wird nur in diesen hier zum ersten Mal quellenmäßig erfaßten Kleinstgruppen jene Tiefe und Weite ökologischer Konzeption sichtbar, die man heutzutage mit der Vorstellung verbindet, die den Frieden des Menschen mit der Natur und seinem Mitmenschen – mit »Ökopax«[17] also – ansagt. Daß eine solche Vision nicht nur das Anliegen weniger »Inspirierter«, sondern (vielleicht nur vorübergehend) einer Massenanhängerschaft wurde, ist – wie ich abschließend in Kapitel 7 zeige – historisch in der Tat beispiellos und kennzeichnend für die Politisierung ökologischen Denkens bei den heutigen »Grünen«.

Kapitel 1
Vom bürgerlichen Antimodernismus zum völkischen
Ökomodernismus

Zu den zeittypischsten Erscheinungen des Zweiten Deutschen Kaiserreiches, 1871 von Bismarck gegründet, gehört die Tatsache, daß einerseits die Bourgeoisie zum Träger der mit gewaltigem Schwung voranstürmenden Industrialisierung wurde, zum anderen aber bald im bildungsbürgerlichen Mittelstand eine radikal antimodernistische Strömung entstand, welche sich beharrlich den Kräften des kapitalistischen Fortschritts widersetzte. Genau zu der Zeit, als sich zwischen 1890 und 1910 Deutschland endgültig vom Agrar- zum Industriestaat wandelte, kam es – artikuliert im neuen Natur- und Heimatbewußtsein – zu einer Störung im Prozeß der kulturellen Gewöhnung an den Industrialisierungsvorgang.

Führen auch die geistigen Linien dieser Verwerfung zurück zu Pietismus und Idealismus, Klassik und Romantik, so organisierte und emotionalisierte sich dieses antiindustrielle und zivilisationskritische Denken doch erstmals um 1900 im Wilhelminischen Reich. Noch zu Beginn der Hochindustrialisierung unter Bismarck waren die sichtbar werdenden ökologischen Probleme sehr viel nüchterner unter wissenschaftlich-hygienischer Perspektive wahrgenommen worden (1877 Gründung des »Internationalen Vereins gegen Verunreinigung der Flüsse, des Bodens und der Luft« in Köln).

Die »Neuromantik« der Jahrhundertwende (ein von dem Verleger Eugen Diederichs geprägter Ausdruck) ist nur verständlich als Reaktion auf wesentliche sozialgeschichtliche Erscheinungen des deutschen Kaiserreiches. Als solche muß insbesondere die »Dynamik einer Gesellschaft« gesehen werden, »die durch das Fortschreiten der Industrialisierung, den damit im Zusammenhang stehenden Prozeß der Urbanisierung und der steigenden Mobilität der Bevölkerung in einem Umbruch begriffen war, der sich in vielfältiger Weise auf soziale Verhaltensweisen auswirkte«.[18] Die deutsche Bevölkerung wuchs von 41 Millionen im Jahr 1871, dem Jahr der Reichsgründung, auf 49 Millionen 1890 und dann auf fast 65 Millionen im Jahr 1910. Die großen Städte über 100 000 Einwohner wuchsen damals überproportional: 1871 lebten darin erst 4,8 Prozent, 1910 bereits 21,3 Prozent der deutschen Bevölkerung. Parallel dazu kam es zu einem konstanten Rückgang der kleinen, meist ländlichen Gemeinden unter 2000 Einwohner: Wohnten dort 1871 noch 63,9 Prozent, dann 1910 nur noch 40 Prozent der Bevölkerung. Hier wird neben dem Prozeß der Bevölkerungsvermehrung die Bedeutung der starken Binnenwanderung sichtbar, die Entleerung des flachen Landes zugunsten der Städte: 1907 etwa waren nur 40,5 Prozent der Einwohner Berlins auch dort geboren, der Rest war zugewandert. Dabei erreichte der Berliner Wanderungsgewinn in den Jahren 1881 bis 1890 seinen Höhepunkt.

Industrialisierung, »Landflucht« und Verstädterung führten um 1900 fast explosionsartig zu einer mentalen und realen Gegenbewegung der Großstadtflucht. (Vorausgegangen war bereits seit der Jahrhundertmitte die partielle Rückkehr der Medizin zur Natur durch Propagierung einer naturgemäßen Lebens- und Heilweise.) Jetzt – als sie endgültig verschwinden und der Massengesellschaft beziehungsweise der Agrar- und Industrielandschaft Platz machen müssen – werden »Volk« und »Heimat«, das heißt die durch eine »romantische« Deutung aufgeladene historisch überlieferte Landschaft und ihre Sozialordnung, als überaus kostbare Werte entdeckt. Statt des Asphalts wird die Scholle gepriesen, statt des »Schunds« der massenhaft erzeugten Industrieware die Qualitätsarbeit des »bodenständigen« Handwerks, und der Personenvermischung der Großstadt wird das unverdorbene, weil rassisch reine Landvolk entgegengesetzt. Es hält, angeblich nicht angekränkelt vom modernen Materialismus und Liberalismus, an Herkommen und Religion fest und pflegt statt großstädtischer Industriezivilisation die in Brauchtum und Handwerkertum verkörperte »unwandelbare« vorindustrielle Kultur. Die hier sichtbare »Agrarromantik« und »Großstadtfeindschaft« sind durchaus ambivalent – auf der einen Seite prägen sie den präfaschistischen Mythos von »Blut-und-Boden«, auf der anderen Seite artikulieren sie treffend die erschreckenden ökonomischen, sozialhygienischen und ästhetischen Folgen des Urbanisierungsprozesses, wie sie in Luft- und Gewässerverschmutzung, Bodenspekulation und Wohnungselend, in den Ortsbilder zerstörenden Mietskasernen, den Industrie- und Verkehrsanlagenbauten sichtbar werden. Alarmiert weisen die Mediziner auch auf das mit der Verstädterung verbundene Anwachsen der Geschlechtskrankheiten hin. Aber sie phantasieren auch von der »venerischen Durchseuchung« der

Bevölkerung, die von der Großstadt ihren Ausgang nehme und eine Wurzel des völkisch-rassischen Niedergangs sei. Zivilisation und »Syphilisation« werden identisch, und die Großstadt verschmilzt mit dem biblischen Bild der »Großen Hure Babylon«, in welcher angsterregende Prozesse der Promiskuität den einzelnen zu verschlingen drohen.

Die hohe Wohndichte der Arbeiterviertel wird dabei zum Indikator der geschlechtlichen Vermischung und biologischen Degeneration. Als Abhilfe gegenüber der vor allem auch sexuell verstandenen Reizüberflutung durch die Großstadt wird der Friede der Natur gepriesen, den billigen großstädtischen Verlockungen der Tingel-Tangel, Nachtbars, Animierkneipen, Kabaretts und Bälle wird die dörfliche Einfachheit und Einfalt entgegengesetzt. Friedrich Lienhard bringt in seiner im Jahr 1900 erschienenen Polemik ›Die Vorherrschaft Berlins‹[19] die Großstadtfeindschaft dieser (oft Berliner) Großstädter auf die Formel »Los von Berlin!«

Auf dem Land und in der Natur erst findet der nervös gewordene Städter, der »neurotische Invalide«,[20] wieder zu sich selbst und zu seinen fünf Sinnen. Die Großstadt erscheint ihm als die Fremde, Heimatwärme bietet allein das Land. Seit 1893 erscheint in Berlin die Zeitschrift ›Das Land‹ (herausgegeben von Heinrich Sohnrey), ab 1900 geben Adolf Bartels und Friedrich Lienhard in Leipzig und Berlin ›Die Heimat‹ heraus. »Heimatkalender«, »Heimatmuseen« und »Heimatabende« pflegen die »Heimatliebe« der bürgerlichen und doch der Stadt entfremdeten Gebildeten. Die Zeichen des Exodus aus der Großstadt, wenn auch nur an deren Ränder, sind unübersehbar: 1890 entsteht in Berlin die Vorort-Boheme des Friedrichshagener Kreises, eines der bedeutsamsten Zentren der damaligen Gegenkultur. 1893 wird die »Vegetarische Obstbaukolonie Eden« bei Oranienburg durch stadtflüchtige Berliner ins Leben gerufen, 1900 siedeln die Kultur- und Lebensreformer Ida Hoffmann und Henri Ödenkoven mit Freunden auf dem Monte Verità bei Ascona am Lago Maggiore; im selben Jahr beginnt auch das genossenschaftliche Siedlungsunternehmen eines Teils der alten Friedrichshagener in ihrer »Neuen Gemeinschaft« in Schlachtensee bei Berlin.

Aber nicht nur diese ländlichen und halbländlichen Kommunegründungen zeigen die großstadtflüchtigen Phantasien der Zeitgenossen. Ebenso finden wir sie in der um 1900 einsetzenden und von Architekten wie Hermann Muthesius nach engli-

Zerstörung der Heimat durch die fortschreitende Industrialisierung. Diese satirische Zeichnung in der ›Berliner Zeitung‹ vom 24. 11. 1913 richtete sich gegen die geplante Errichtung einer Fabrik an der romantischen Löcknitz bei Friedrichshagen/Berlin. Sie trug die Unterschrift: »Nu is es vorbei mit dem Nixendasein, jetzt sollste dir in die Fabrik nützlich machen!«

schem Vorbild propagierten »Landhaus«-Bewegung oder in den ab 1898 von Hermann Lietz ebenfalls nach englischem Modell geschaffenen »Landerziehungsheimen«. Den weltanschaulichen Rahmen für den neu gesuchten Zusammenhang mit dem Kosmos bildet der pantheistische Monismus eines Bruno Wille und Wilhelm Bölsche (»Giordano-Bruno-Bund«, Berlin 1901), die das mechanistische Weltbild ihres Altvaters Ernst Haeckel (Schöpfer des Ökologie-Begriffes in seinem Werk ›Generelle Morphologie der Organismen‹, Berlin 1866) in Weltgeist-Beseligung überhöhen, und die daraus erwachsende Theosophie, dann Anthroposophie eines Rudolf Steiner als einer einheitlichen, Natur und Transzendenz verbindenden »Geistesforschung«.

Und zum ersten Mal beginnt sich nun die Bewegung der Stadtflucht in vielfältigen lebens- und kulturreformerischen Bünden und Bewegungen zu organisieren: etwa in der Bodenreformbewegung, der Körperkulturbewegung mit ihren städtischen Licht-Luft-Sportbädern, dem »Wandervogel«, der nach englischem Muster gegründeten »Deutschen Gartenstadt-Gesellschaft« oder dem »Dürerbund«, der mit seinem Organ ›Der Kunstwart‹ zur wichtigsten Stimme der »Heimatkunst«-Bewegung als Träger einer »bodenwüchsigen Kultur« wird. Alle diese stadtflüchtigen sozialen Bewegungen breiten sich, nicht zuletzt auch durch sektiererische Spaltungen, bis zum Ersten Weltkrieg immer weiter aus und formen, zusammen mit der Antialkohol-, Vegetarier-, Kleiderreform-, Sexualreform-, Nacktkultur-, Naturheilkunde- und Naturkost-Bewegung, ein Netz alternativer Wilhelminischer Kultur, das doch – soweit es der Gebildeten-Reformbewegung zuzurechnen ist – mit der herrschenden Kultur vielfältig verflochten bleibt. Selbst die »Deutsche Gartenstadt-Gesellschaft«, die als sozialreformeristische dieser Bestrebungen gilt, betont in ihrer Satzung, daß sie unter dem persönlichen »Schutze der Frau Kronprinzessin«[21] stehe. Keine der erwähnten Bewegungen ist gegen die herrschende Ordnung gerichtet, keine ist dezidiert politisch. Vielmehr verweisen sie alle auf den Weg der individuellen Bewußtseins-Reform, des bündischen Zusammenschlusses oder der genossenschaftlichen Selbsthilfe. So präfaschistisch häufig die anzutreffenden Ideen sich ausnehmen, so verharrt doch die Praxis in einem vorpolitischen, rein geist- und kulturrevolutionären Stadium.

Der Ort ihrer Utopie ist das Land, aber die Träume vom besseren Leben am Busen der Natur schärfen auch den Blick dafür, daß diese Mutter Erde selbst geschändet ist, daß Natur und Land nicht außerhalb der sozio-ökonomischen Dynamik der Zeit als heile Gegenwelt dastehen. Agrarrevolution und Rationalisierung der Land- und Forstwirtschaft, Unwissenheit oder Gewinnsucht führten im 19. Jahrhundert zu einer immer größeren Zerstörung der Naturlandschaft und einer Verarmung der regionalen Kulturlandschaft. In Reaktion darauf setzte – nach dem Beginn der Denkmalpflege zu Anfang des 19. Jahr-

Titelseite der 1920 gegründeten ›Zeitschrift für das gesamte Gebiet des Naturschutzes, für Naturdenkmalpflege und verwandte Bestrebungen‹, das Nachrichtenblatt des »Volksbundes Naturschutz und der Arbeitsgemeinschaft für Forstschutz und Naturkunde, Friedrichshagen«.

hunderts – schon in den dreißiger Jahren Schutzbestrebungen gegen die beginnende Landschaftszerstörung ein. Die Anfänge der Tierschutzbewegung datieren um 1840, die Vogelschutzbewegung entstand ab den späten fünfziger Jahren. 1897 prägte dann der Berliner Musik-Professor Ernst Rudorff die entscheidenden Begriffe für diese ökologischen Bestrebungen: »Naturschutz« und »Heimatschutz«. Im ersten Jahrzehnt des 20. Jahrhunderts traten Begriffe wie »Naturdenkmalpflege«, »Naturpflege« und »Landespflege« hinzu.

Um 1900 nahmen diese natur- und heimatschützerischen Bestrebungen dann ebenfalls organisatorische Formen an: 1904 kam es durch Männer aus Wissenschaft, Verwaltung und Künstlerschaft zur Gründung des »Bundes Heimatschutz«, 1909 wurde der »Verein Naturschutzpark« gebildet, nachdem bereits 1905 der Grundstock zum ersten deutschen »Naturschutzpark« in der Lüneburger Heide gelegt worden war (schon 1898 hatte der Abgeordnete Wilhelm Wetekamp im preußischen Abgeordnetenhaus vergeblich die Einrichtung von »Staatsparks« nach dem Vorbild der nordamerikanischen »Nationalparks« gefordert). Als schützenswert wurden ebenso einzelne »Naturdenkmäler« oder »Kulturdenkmale« wie »Naturschutzgebiete« oder vom Aussterben bedrohte Tier- und Pflanzenarten erachtet, aber auch landschaftsgebundene Bauweisen, Brauchtum, »Heimatkunst«, vor allem »Volksmusik« und historisch geprägte Landschaftsbilder.

So romantisch und patriotisch gefärbt alle diese Bestrebungen auch waren, so sehr stießen sie sich an der wirtschaftlichen Nutzenoptimierung als Quelle der Naturzerstörung und industriellen wie kommerziellen Landschaftsentstellung. Aber ebenso wie die anderen lebens- und kulturreformerischen Bestrebungen entwickelte auch die Natur- und Heimatschutzbewegung keine wirkliche politische Radikalität (bemerkenswert ist immerhin die Tatsache, daß vor dem Erscheinen von Rudorffs Broschüre ›Heimatschutz‹ 1897 diese Bezeichnung nur auf den militärischen Vaterlandsfeind zielte), sondern ließ sich politisch zähmen: 1906 wurde in Preußen dem Kultusministerium eine »Staatliche Stelle für Naturdenkmalpflege« unter der Leitung des Museumsfachmannes Hugo Conwentz angegliedert. Wie die bauliche Denkmalpflege wurde damit auch die »Naturdenkmalpflege« auf eine staatlich-organisatorische Aufgabe reduziert. Gerade in Preußen wurden aber auch die Grenzen einer staatlich-gesetzlichen Hilfe deutlich, als das dortige Abgeord-

Weihnachten und Heimat
Von Pfarrer W. Hoffmann, Chemnitz

Weihnachten und Heimat gehören für uns Deutsche in ganz eigentümlicher Weise zusammen. Vielleicht noch inniger als bei anderen christlichen Völkern, sind sie bei uns beide miteinander verbunden, ja miteinander verwachsen.

Unter Heimat verstehen wir ja nicht nur das Land, in dem wir geboren sind, geschweige denn unsere staatliche Existenz, sondern vor allem auch den Charakter unseres Lebens, so wie er sich aus den Naturbedingungen des heimischen Bodens, aus dem Volkscharakter und aus der Geschichte unseres Volkes herausgebildet hat. Wenn daher ein Deutscher in der Fremde mit Sehnsucht an die Heimat denkt, so vergegenwärtigt er sich nicht nur, falls er vom Dorfe ist, die Heimatflur und den Waldrand, oder, falls er ein Stadtkind ist, die stille Gasse oder auch das öde Mietskasernenviertel, sondern er hört auch die Kirchenglocken der Heimat läuten und denkt an all das Besondere im Leben des Alltags und der Festtage, das er in der Fremde nicht mehr findet. Ganz allgemein aber ist es die Weihnachtszeit und der Weihnachtsabend, die in der Fremde den Zug zur Heimat am stärksten werden lassen, so daß man sich sogar Mühe gibt, irgend ein stachliches Gewächs, das man findet, zu einem Christbaum zurechtzuputzen, und wenn man ihn selbst aus nackten Hölzern zusammensetzen müßte.

Titelseite der seit 1912 erscheinenden Mitteilungen des »Landesvereins Sächsischer Heimatschutz«.

netenhaus 1912 mit den Stimmen der Rechtsparteien und des Zentrums einen Antrag auf Erlaß eines Gesetzes zum Schutze der auf Privatgrund befindlichen Naturdenkmäler als nicht zu duldenden Eingriff der staatlichen Gewalt in die Interessensphäre der Privateigner ablehnte; damit wurde die Sicherung von Naturdenkmalen und Naturschutzgebieten als lediglich freiwillige Handlung der als Eigentümer Verfügungsberechtigten deklariert.[22] Es bleibt erstaunlich, daß auch dieses Ereignis nicht zur Geburtsstunde einer kämpferischen Naturschutz-»Bewegung« wurde.

Überblickt man den bürgerlichen Antimodernismus des Zweiten Kaiserreiches, dann ist deutlich, daß für ihn die Formel von »Blut-und-Boden« einerseits konstitutiv ist, andererseits

---

Der Bund „Heimatschutz" will die deutsche Heimat in ihrer natürlichen und geschichtlich gewordenen Eigenart schützen.

Das Arbeitsfeld des Bundes teilt sich in folgende Gruppen:

a) Denkmalpflege.

b) Pflege der überlieferten ländlichen und bürgerlichen Bauweise; Erhaltung des vorhandenen Bestandes.

c) Schutz der landschaftlichen Natur einschließlich der Ruinen.

d) Rettung der einheimischen Tier- und Pflanzenwelt sowie der geologischen Eigentümlichkeiten.

e) Volkskunst auf dem Gebiete der beweglichen Gegenstände.

f) Sitten, Gebräuche, Feste und Trachten.

Er besteht aus Vereinen und aus öffentlich-rechtlichen Körperschaften und aus Einzelmitgliedern, die sich zu einem Jahresbeitrag von mindestens 2 Mark verpflichten. Sämtliche Mitglieder erhalten die „Mitteilungen" des Bundes.

Anmeldungen und nähere Auskünfte erteilt die Geschäftsstelle des Bundes: Charlottenburg V, Rönnestraße 18.

Die Ziele des »Bundes Heimatschutz« von 1904.

aber einer näheren Bestimmung bedarf. »Blut« konnte jede Form von Germanismus und völkischem Denken bedeuten; diese konnten, aber mußten sich nicht mit rassistischen oder sozialdarwinistischen Auffassungen verbinden. Der »Boden« war für viele eine ästhetische Kategorie, die sich gefühlsmäßig mit der Angst vor der Entwurzelung und dem Heimatverlust verband.

In diesem Sinne schrieb etwa Paul Schultze-Naumburg als Sprecher des »Bundes Heimatschutz« 1905 über die »Entstellung unseres Landes«: »In alten Büchern und Reisebeschreibungen findet man oft gesagt, daß Deutschland ein unendlich schönes Land sei und daß es eine Lust wäre, durch seine Städte, Dörfer und Wälder zu wandeln. Ein solches Wort wird unseren Kindern nur noch ein Traum aus vergessenen Tagen sein. Wir stehen vor dem Schicksal, daß Deutschland sein Gepräge als unser trautes Heimatland verlieren und zu einer Stätte der ödesten Nüchternheit werden wird. Geht es so weiter, so werden in kurzer Zeit Stadt und Land in uniforme Proletariervorstädte verwandelt sein, deren Bauten ihren Stil vom Zuchthaus entlehnt haben; alle Reste einer feinen Kultur, wie wir sie von unsern Voreltern ererbt haben, werden entweder der Zerstörung oder der puristischen Restaurierungswut verfallen sein: Anstelle unserer Buchen- und Eichenwälder werden nur noch dürre Nutzholz-Kiefernpflanzungen in geraden Reihen dastehen. Es wird keinen Garten mehr geben, der von wirklichem Behagen zu erzählen weiß, keine Kirche, keine Brücke, die die Landschaft zum harmonischen Bilde rundet. Die einstige Schönheit unseres Landes wird für immer zerstört sein.«[23]

Die Frage des »Bodens« war es aber auch, bei der die ästhetische Kritik sich am leichtesten in Sozialkritik verwandelte. Die »Bodenfrage« muß geradezu als der entscheidende Punkt betrachtet werden, an welchem der Antiindustrialismus in den Antikapitalismus umschlug – ohne dabei aber notwendigerweise zu sozialistischen Lösungen zu führen.

Als die durch den Ersten Weltkrieg ausgelöste Nahrungsnot des Großstädters im »Hamstern« reale Gestalt annahm, rückte dieser ökonomische Aspekt des Antimodernismus ins Zentrum der Aufmerksamkeit und ließ die Kritik am Versagen der Vätergeneration gerade in dieser Frage schneidend werden. So schrieb etwa der Winnender Stadtpfarrer R. Planck 1923[24] in Verteidigung des bekannten Werkes seines Vaters Karl Christian Planck (›Testament eines Deutschen‹, 1881; 1920 von Eugen Diederichs neu aufgelegt): »Wäre Bismarck der ideale Realpolitiker gewesen ..., so hätte er unmöglich dem jungen Reiche die großstädtische Bodenspekulation in die Wiege gelegt, die in Verbindung mit der ostelbischen Bodensperre durch den Großgrundbesitz das Landvolk in die Großstädte jagte und das junge anschwellende Stadtvolk der Ausbeutung durch das arbeitslose Einkommen, d. h. durch die Börse, schutzlos preisgab.« Freilich, so äußerte er seine Enttäuschung, habe die Sozialdemokratie hierin seit der Revolution von 1918 auch nichts geändert. Und so setzt Planck jun. nun auf den Nationalsozialismus, von dem er hofft, daß er »mit dem Grundsatz des allgemeinen Grundeigentumsrechts« ernst mache.

Solche radikalen Stimmen waren nach 1920 keine Seltenheit; wie bereits bei Planck sen. kreisten ihre Utopien insbesondere um die Beseitigung des römischen und die Einführung eines deutschen Rechts, das die alte germanische Auffassung eines Gemeinbesitzes am Grund und Boden, der den einzelnen Familien nur zur individuellen Nutzung übertragen sei, wiederum verwirkliche.[25]

Ihre Wurzeln aber hatte diese antikapitalistische Bodentheorie bereits in der Vorkriegszeit. So hieß es etwa schon in einem Literatur-Führer der »Deutschbewegung« aus dem Jahr 1914, in der Volkswirtschaft stehe die Bodenfrage im Mittelpunkt der Betrachtung.[26] Innerhalb der völkischen Tradition gab es die Variante der rassisch-antisemitischen Bodenreform, die vertreten wurde durch Männer wie Theodor Stamm, Ottomar Beta und Theodor Fritsch. Es zeigt sich aber, daß gerade in der Bodenfrage der Übergang von sozialkonservativen zu sozialreformerischen Zielen durchaus gleitend war – ein einleuchtendes Beispiel dafür ist die Rezeption der Theorien des amerikanischen Antiurbanisten und Bodensteuer-Reformers Henry George, der sowohl von Eugen Dühring in einer antisemitischen wie von Benedict Friedländer in einer libertären Variante rezipiert wurde.

Von ähnlicher Ambivalenz war die »Freiland«-Theorie (die dann durch eine »Freigeld«-Theorie ergänzt wurde) eines Michael Flürscheim, Theodor Hertzka und Silvio Gesell, die ebenso im rechten wie linken politischen Spektrum ihre Anhänger fand. Ebenso erstaunlich ist, daß der bereits genannte literarische Führer durch die »Deutschbewegung« aber selbst den zu national-sozialen Ideen im Sinne Friedrich Naumanns tendierenden Adolf Damaschke und seinen »Bund deutscher Bodenreformer« wie die von Sozialdemokraten gegründete Gartenstadtbewegung (die ja wiederum einen rechten politischen Vorläufer in Theodor Fritsch besaß) lobend erwähnte.[27] Wie schließlich das Beispiel des Ulmer Oberbürgermeisters Heinrich von Wagner und seiner vorbildlichen gemeindlichen Bodenpolitik und Heimstättenbildung zeigte, waren die Forderungen nach einer Bodenreform unter allen antimodernistischen Theorien auch am deutlichsten mit praktischer Sozialpolitik verflochten. Dies wurde erneut bei der Aktualisierung von Damaschkes Bodenreform-Plänen im Ersten Weltkrieg durch die Schaffung von Krieger-Heimstätten sichtbar.

Man hat den bürgerlichen Antimodernismus bisher wohl allzu einseitig als bloße Fluchtbewegung aus der Welt der Technik und Städte gedeutet. Deshalb sollte nicht übersehen werden, daß gerade die Bodenfrage an die tatsächlichen Probleme der Gegenwart heranführte und Perspektiven zu einer Humanisierung der Industriegesellschaft eröffnete.

Dies wird etwa an der Gartenstadtbewegung sichtbar: Zwar wurde von ihren Befürwortern gesehen, daß dieses Wohnideal nicht für die ganze Bevölkerung erreichbar war; aber man strebte doch eine modellhafte Vorwegnahme einer künftigen Gestaltung der städtischen Wohnweise an.[28] Deutlich wurde ferner erkannt, daß diese Art der Wohnreform in einem Spannungsverhältnis zur bloß bewahrenden Heimatschutzbewegung stand. Denn die Ausdehnung des für Siedlungszwecke bei gartenstadtmäßiger Siedlung erforderlichen Areals bedrohe »unzweifelhaft manche jetzt und ohne sie für immer unberührte landschaftliche Schönheit, besonders manche Waldeinsamkeit, und wirkt somit in gewissem Maße dem Heimatschutz entgegen«.[29] Doch sei ein Ausgleich der scheinbar entgegengesetzten Tendenzen dadurch denkbar, daß »das Leben in den Gartenstädten und Gartenvorstädten in innigerer Berührung mit der Natur und einfacherer, gesunderer Lebensweise die Ideen der Liebe zur Natur und Ehrfurcht vor ihren Werken ... wachsen ... lassen« werde; daß ferner die Wohnstädte architektonisch optimal an die Landschaft angepaßt seien. Deshalb sei »die Gartenstadtbewegung mit allen Fortschritten der modernen Kultur, mit allem, was ihre wahre Eigenart ausmacht, in innigster Wechselwirkung verknüpft«.[30]

Die Gartenstadt-Bewegung war also keineswegs bloß rückwärtsgewandt. Dies zeigt auch ihre Forderung, die Gartenstadt nicht nur als Refugium der wohlsituierten Oberschicht zu bauen, sondern ihren Charakter als einer »Industriesiedlung« zu betonen: »Eine Stadt ohne Gewerbe und Industrie ist heute weniger als früher möglich. Die Industrie in ihren mannigfachen Erscheinungen gehört in das Bild der Stadt, die Beachtung ihrer Bedürfnisse zu den Aufgaben des Städtebaues. Auch die Gartenstadt kann ohne Industrie, ohne Werkstätten und Fabriken nicht entstehen.«[31] Diese sollten allerdings modernen ästhetischen Bedürfnissen entsprechen und, von Baumwuchs umgeben, die Verbindung mit der freien Natur aufrechterhalten. Die Gartenstadt war also keineswegs ein eskapistisches Unternehmen, sondern suchte ästhetische Neuorientierung und Gesellschaftsreform zu verbinden.[32] Die Tatsache, daß die dann tatsächlich in der Gartenstadt Hellerau bei Dresden gebaute Fabrik äußerlich einem Gutshof glich, macht freilich deutlich, daß auch hier die Kluft zur modernen Welt noch nicht völlig überbrückt war, sondern nur eine ästhetische Scheinlösung durch Rückgriff auf volks- und landschaftsgemäßes Bauen gefunden wurde.[33]

Trotzdem stehen wir nicht an zu behaupten, daß der bürgerliche Antimodernismus es schließlich war, welcher den Weg wies aus einer bloß rückwärtsgewandten Wirklichkeitsflucht zu einer modernen Versöhnung von Technik und Natur – auch wenn hierbei das ästhetische Element bei der Vermittlung überwog und sozioökonomische und politische Aspekte noch weitgehend ausgeklammert blieben.

Diesen bedeutsamen Schritt zur prinzipiellen Bejahung der modernen Industriewelt unternahm die modernismuskritische Richtung erst während der Weimarer Zeit, in der auch Naturdenkmalschutz und -pflege sowie Landschaftsschutz und -pflege erstmals verfassungsrechtlich abgesichert (Art. 150, Absatz 1 der Weimarer Reichsverfassung) und den Ländern zur Pflicht gemacht wurden. Ein deutsches Reichsnaturschutzgesetz blieb freilich aus. Hatte sich der Antimodernismus des Kaiserreiches meistenteils noch »romantisch« entsetzt von den sich überstürzenden Folgen der Hochindustrialisierung in einer bloßen Schutz- und Abwehrhaltung abgewandt, so kam es nun zu einer Öffnung gegenüber der Industriewelt, die man nicht mehr nur als nivellierenden Gegensatz zur heilen Bauern- und Handwerkerwelt der Altvorderen erlebte, sondern auch als mögliche »organische« Fortführung des »bodenständigen« Handwerks, sofern gewisse ästhetische Regeln nicht außer acht gelassen wurden.

Diese Wendung erklärt sich dadurch, daß die Zerrüttung der

deutschen Wirtschaft nach dem verlorenen Ersten Weltkrieg und nach der Währungskatastrophe der Inflationsjahre gerade die Bedeutung der Industrie für die Volkswirtschaft nachdrücklich ins Gedächtnis gerufen hatte. (Am Rande sei bemerkt, daß andererseits die durch den Verlust landwirtschaftlicher Überschußgebiete aufgrund des Versailler Vertrags intensivierte Bodennutzung für die Sicherstellung der Volksernährung zu einer beschleunigten Zerstörung der Naturlandschaft führte, aber auch die Naturschutzbewegung zahlenmäßig erstarken ließ.) Der gleiche Vorgang hat sich am Ende der Weimarer Republik wiederholt (auch hier wieder dank des Arbeitsdienstes mit den gleichen negativen Folgen für die Natur), so daß schließlich die Verweigerungshaltung des traditionellen Natur- und Heimatschutzes nicht mehr durchzuhalten war: »Schwerste wirtschaftliche Not lastet auf ganz Europa«, hieß es etwa in einem Artikel von Carl Johannes Fuchs vom Deutschen Museum über ›Heimatschutz und Volkswirtschaft‹ aus dem Jahr 1930.[34] »Ist da – so fragen wohl manche – heute noch Raum für eine so ›romantische‹ Sache wie den Heimatschutz – eine Liebhaberei und Spie-

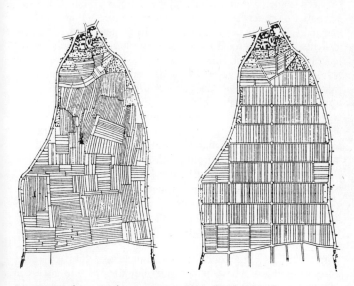

Im ›Naturschutz‹-Heft vom Januar 1930 abgedruckte Demonstration der Vernichtung »gewachsener« Kulturlandschaft durch die Flurbereinigung.

lerei weltfremder Träumer? Muß nicht alles den Bedürfnissen der Wirtschaft, des wirtschaftlichen Wiederaufbaus untergeordnet und nötigenfalls geopfert werden? Besteht heute nicht ein unüberbrückbarer Gegensatz und Widerspruch zwischen Heimatschutz und Volkswirtschaft?«

Damals kam es zur klaren Antwort: Ökonomie und Natur- beziehungsweise Heimatschutz konnten nicht mehr länger als einander ausschließende Gegensätze behandelt werden. Freilich fehlte andererseits noch jedes Konzept einer sich ökologischen Notwendigkeiten unterwerfenden Ökonomie oder gar die Perspektive, durch die Entwicklung neuer, umweltschützender Technologien wirtschaftliches Wachstum anzuregen. So geschah die Vermittlung von Ökonomie und Ökologie vor allem ästhetisch – einmal dadurch, daß von der Industrie verlangt wurde, vor »absoluten ›Natur-‹ oder ›Kulturdenkmalen‹ (oder sagen wir lieber = Schönheiten)« wie dem Schaffhausener Rheinfall oder der Zugspitze ehrfürchtig Halt zu machen,[35] zum anderen aber dadurch, daß sie sich in den alten Kulturzusammenhang einfügen und damit nicht nur neue materielle, sondern zugleich immaterielle Werte schaffen solle: »Dazu gehört aber in erster Linie, daß die Gebäude, die für sie errichtet werden, nicht *nur* nach Zweckmäßigkeits- und Nützlichkeitsgesichtspunkten geschaffen werden, sondern auch nach künstlerischen, bzw. durch einen Künstler, der gerade aus jenen neue Schönheitswerte zu gestalten weiß, und in Übereinstimmung mit ihrer historischen oder landschaftlichen Umgebung, also unter Umständen – aber nicht immer! – in ›heimatlicher Bauweise‹.« Platte Nützlichkeit steht gegen »Schönheit« – und es sei die Aufgabe des Heimatschutzes, in Industrie, Verkehr, Land- und Forstwirtschaft, Wohnungs- und Siedlungsbau, Wasserbau und Elektrifizierung den Kampf gegen einen »kraftlosen, schablofenhaften Internationalismus« und für eine »organische« heimatgebundene Industriebauweise zu führen.[36] Wirtschaftlicher Zweck und »organische« Einbindung konnten – dies die Hoffnung der Heimatschützer der Weimarer Republik – Harmonie und Schönheit schaffen und so Ökologie und Ökonomie miteinander versöhnen. »Diese ganze Übereinstimmung von Heimatschutz und Volkswirtschaft«, führte Fuchs abschließend aus, »besteht natürlich nur dann, wenn auch der *Heimatschutz* richtig verstanden wird: nicht nur als Erhaltung der *alten* Schönheiten der Natur und Kultur, sondern auch als organische, d. h. harmonische Einfügung neuer in jene.«[37] Die

Die Ästhetisierung des Heimatschutzes durch Werner Lindner (›Ingenieurwerk und Naturschutz‹, Berlin 1926): »Altes hölzernes Treibwerk der Grube Marie bei Clausthal im Harz« und »Moderne Drahtseilbahn von gleich guter Form und Wirkung«.

Schönheit alter romantischer Bauten wird als Ausdruck des Rassecharakters des deutschen Volkes gedeutet, das heute genauso wie ehedem in der Lage sei, wieder einen nationalen Stil zu prägen.

Wenn sich auch diese proökonomische Richtung erst in der Weimarer Zeit deutlich artikulierte, so war Fuchs doch interessanterweise der Meinung, der Heimatschutz sei von Anfang an in Deutschland so fortschrittsoffen verstanden worden. Denn er selbst habe bereits anläßlich der Gründung des Deutschen Bundes für Heimatschutz in Dresden 1904 unter allgemeiner Zustimmung ausgeführt, man denke »nicht daran, dem Rade der Entwicklung in die Speichen zu fallen oder es gar zurückdrehen zu wollen – was wir doch nicht vermöchten –, sondern wir wollen ihren Lauf nur lenken, daß sie nicht *eine* Schönheit der Heimat mehr zerstört als unbedingt notwendig und daß sie neue Schönheiten an Stelle der alten schafft und zugleich immer größeren Teilen des Volkes Anteil gewährt an den alten und neuen Kulturgütern – uns also hinführt zu einer echten *nationalen Kultur*!«[38]

So war die wachsende nationale Industrie-Wirtschaft, gekoppelt mit konservativen Wertvorstellungen, das Ideal der bürgerlichen Ökologen der Weimarer Zeit – aus den Fortschrittsfeinden des 19. Jahrhunderts waren nun Fortschrittsfreunde geworden, die jegliche Modernisierung freudig akzeptieren konnten, sofern sie sich nur »organisch« in deutsche Landschaft und Tradition einfügte. Und hierbei wurde die ästhetische Vermittlung wiederum durch reaktionäre ideologische Rasse- und Volkstumsvorstellungen überhöht. Jetzt sah die Heimatschutzbewegung nicht mehr vordringlich ihre Aufgabe im »Schutz des Überkommenen«, sondern in »tatkräftiger, die verschiedensten Lebensgebiete umfassender Mitarbeit an den praktischen Fragen der Gegenwart und an der Neubildung gesunden Volkstums«.[39] Bescheidene Ansätze dazu waren schon vor dem Ersten Weltkrieg sichtbar geworden, als der Heimatschutz etwa an der Planung des Walchensee- und Isarkraftwerkes Anteil nahm oder durch Professor Wilhelm Franz von der Technischen Hochschule Berlin-Charlottenburg und den Herausgeber von ›Industriebau‹ Emil Beutinger Fühlung mit Industriebaukreisen aufnahm. Man erstrebte Einfluß auf die gute Gestaltung elektrischer Leitungsanlagen oder Umschalthäuschen und arbeitete in der Bauberatung.

Parallele Bemühungen müssen wohl in der Zusammenarbeit von Industrie und Künstlern zum Ziele der Schaffung einer »Kunstindustrie« gesehen werden, wie sie der 1907 gegründete »Deutsche Werkbund« in die Wege leitete, wo ebenfalls die ästhetische Vermittlung der Industrietechnik im Vordergrund der praktischen Arbeit stand. Der Werkbund aber öffnete sich durch den von ihm propagierten »deutschen Stil« gegenüber den fortschreitenden konstruktiven Möglichkeiten der Technik und wollte nicht einem heimatschützenden traditionalen Stil verfallen. Doch wie der Werkbund bald von seinem ursprünglichen kunstgewerblichen Ansatz immer mehr abrückte und sich der Gestaltung der maschinenerzeugten Produktion zuwandte, so gewann auch der Heimatschutz in der Weimarer Zeit eine positive Einstellung zur Technik. (Zu einer ersten intensiven Kooperation zwischen Heimatschutz und Werkbund kam es bei der Gestaltung von Kriegergräbern im Ersten Weltkrieg, also anläßlich der Erinnerung an die massenhaften Opfer maschinellen Tötens!) Diese Phase der Zusammenarbeit von Heimatschutz und Industrie ist vor allem verbunden mit dem Namen von Werner Lindner, der 1914 die Geschäftsführung des »Deutschen Bundes Heimatschutz« übernahm.

Einen gewissermaßen natürlichen Verbindungspunkt zwischen Heimatschutz und Technik gab es bei der Erhaltung alter technischer Anlagen – »technischer Kulturdenkmäler« oder »Industriedenkmäler«, wie man damals sagte, womit man zum Ausdruck bringen wollte, daß sie den gleichen Schutz und die gleiche Pflege benötigten wie die Kunst- beziehungsweise Geschichts- oder die Naturdenkmäler.[40]

Schon 1914 hatte Oskar von Miller, der Gründer des »Deutschen Museums von Meisterwerken der Technik und Wissenschaft«, den Gedanken des Schutzes der technischen Kulturdenkmäler entwickelt, als er bei Stockholm das große Freilichtmuseum Skansen besuchte, in dem auch alte technische Anlagen im Rahmen der Präsentation der traditionellen bäuerlichen Kultur des Landes ausgestellt waren. Von Millers Idee war es, nicht nur in ähnlicher Weise für historische technische Maschinen und Bauten in Deutschland ein Freilichtmuseum zu schaffen, sondern technische Zeugnisse auch vor Ort, »bodenständig«, zu erhalten. Während nach dem Weltkrieg der Gedanke des Freilichtmuseums auf der Münchner Museumsinsel wenigstens teilweise verwirklicht wurde, plädierte von Miller weiterhin dafür, die wertvollste Form der Konservierung technischer Denkmäler sei die an Ort und Stelle, wo man sie dann, soweit es sich um maschinelle Einrichtungen handele, auch betriebsfähig erhalten solle. Die Voraussetzung dafür sei aber die Erlangung eines gesetzlichen Schutzes für solche ausgewählten Denkmäler. Dann könne man den Weg des Ankaufes oder der Pacht von technischen Denkmälern beschreiten. Die bestehenden Heimatschutz-Organisationen hätten dabei die Aufgabe, das Verständnis einer breiteren Öffentlichkeit für die Wichtigkeit derartiger Erhaltungsmaßnahmen zu wecken. Darüber hinaus solle im Deutschen Museum in einem geeigneten Raum auf die so bewahrten technischen Denkmäler hingewiesen und für ihren Besuch geworben werden. Schließlich müsse auch eine Art Baedeker dieser Kulturdenkmäler veröffentlicht werden. So weit das Programm von Millers, der geprägt war durch einen ungebrochenen Glauben an die wohlstandsfördernde Technik und der die historischen Denkmäler der Technik als einfache und deshalb volkspädagogisch leichter zu vermittelnde Vorstufen des gegenwärtigen Fortschritts schätzte.

1926 trat dann Conrad Matschoß, Direktor des Vereins Deutscher Ingenieure, Professor für Geschichte der Technik an der Technischen Hochschule Berlin und Vorstandsmitglied im Deutschen Museum, an Miller heran, um ihn zur Wiederaufnahme seines alten Planes zu bewegen. Für die Ingenieure hatte die Erhaltung der technischen Kulturdenkmäler eine große standespolitische Bedeutung, da durch sie der Beweis erbracht war, daß auch der Techniker – verkörpert insbesondere in den »großen Ingenieuren« – ein Kulturträger war und ob dieser Leistung sehr wohl den Anspruch auf diejenige soziale Anerkennung hatte, die einst dem Bildungsbürgertum vorbehalten gewesen war.

Diese Kräfte des technischen Fortschritts taten sich aber 1928 mit einer ganz anders gearteten Einrichtung, dem »Deutschen Bund Heimatschutz«, zu einer »Deutschen Arbeitsgemeinschaft zur Erhaltung technischer Kulturdenkmäler« mit dem Sitz in München zusammen, der ersten industriearchäologischen Organisation Deutschlands. Wollte von Miller und Matschoß dem Heimatschutzbund lediglich die aufwendigen bürokratischen Außenarbeiten aufhalsen, so brachte Werner Lindner zur bloß ingenieurmäßigen Behandlung der Denkmäler die »heimatschützerische« Perspektive hinzu. Die »organische« Verbindung von fortschrittsoptimistischer Technikbejahung auf der einen Seite und der Rückkehr zu den handwerklich-völkischen Wurzeln des Kulturschaffens auf der anderen Seite war für ihn nirgends besser zur Anschauung zu bringen als in den technischen Kulturdenkmälern der deutschen Vergangenheit. Sie galten ihm zum einen für erhaltenswert, weil sie einen besonderen kultur- und heimatgeschichtlichen Wert besaßen, war doch das »Heimatbild« vielfach durch solche Baudenkmäler – von Windmühlen bis zu alten Brücken – als »Kulturlandschaft« geprägt. Zum anderen aber lag in ihnen die Erkenntnis von der Möglichkeit einer »Verknüpfung der heutigen Wirtschaft mit dem Wesen der Heimat«.[41] Denn in ihrer handwerklichen Form vereinten sich Zweckmäßigkeit und Schönheit, und dies konnte, so Lindners Meinung, seiner eigenen, wegen des Übertempos des Technikfortschritts stilistisch und formalistisch unsicher gewordenen Zeit wieder eine Orientierung geben.[42] Der schroffe Gegensatz von industrieller Technik und traditioneller Volkskultur wurde durch die Existenz dieser »technischen Kulturdenkmäler« der Vergangenheit überbrückt und damit anhand des historischen Rückgriffs die Vorahnung einer auch in der Gegenwart erneut möglichen Synthese von Natur und Kultur, Technik und Volkstum anschaulich. Für Lindner bedeutete dies bei aller reaktionären Volks- und Rassetümelei aber auch das Aufbrechen der rein technischen Betrachtung alter Gerätschaften, Maschinen und Betriebe und deren Einbindung in den Rahmen des sozialen Arbeitsvollzugs. Allerdings wurde auch diese moderne Sichtweise wiederum ideologisch überhöht durch die pseudo-egalitäre nationalsozialistische Parole »Arbeit adelt«.

Während die meisten weiterreichenden Pläne der obengenannten »Arbeitsgemeinschaft« aus finanziellen Gründen scheiterten, wurde 1932 wenigstens gemeinsam das geplante wissenschaftliche Übersichtswerk ›Technische Kulturdenkmale‹ herausgegeben,[43] das freilich in Aufbau und Inhalt noch ganz durch den einseitig technikgeschichtlichen Blick bestimmt war. Unglückseligerweise konnte Lindner dagegen sein sofort anschließend begonnenes Buch ›Betriebe und Gerätschaften der alten Handwerke und Gewerke‹, in welchem er technisches Gerät und menschliche Tätigkeit zusammen sah und damit auch die soziale Seite der technischen Einrichtungen, also den anthropologischen Aspekt der historischen Technik als einer Geschichte der Arbeit zum eigentlich zukunftsweisenden Thema der Industriearchäologie erhob (allerdings immer noch unter Ausklammerung der sozioökonomischen und politischen Strukturen), während der nationalsozialistischen Zeit nicht mehr veröffentlichen, und das Manuskript verbrannte im Zweiten Weltkrieg.

Aber nicht nur bei der Erforschung der technischen Kulturdenkmäler wurde die Zusammenarbeit von Technik und Heimatschutz erprobt, sondern auch bei der Neuerrichtung technischer Bauten und Anlagen. Der promoderne Heimatschutz der Weimarer Jahre wurde auch da sichtbar: »Es muß hier dankbar anerkannt werden«, schrieb 1930 Friedrich Haßler, Leiter der technik-geschichtlichen Abteilung des Vereins Deutscher Ingenieure, »daß der Heimatschutz den technischen und wirtschaftlichen Notwendigkeiten Verständnis entgegenbringt und sich einer im Interesse der Volkswirtschaft notwendigen Entwicklung nicht in den Weg stellt, deren unnötige Erschwerung gerade in einem wirtschaftlich so schwer ringenden Lande wie dem Deutschland des Versailler Vertrages schlimme Folgen haben könne.«[44] Werner Lindner war sicher der wichtigste Vorreiter dieser Kooperation.

Bereits 1923 hatte er im Namen des »Deutschen Bundes Heimatschutz«, des »Deutschen Werkbundes«, des »Vereins Deutscher Ingenieure« und der »Deutschen Gesellschaft für Bauingenieurwesen« das Werk ›Ingenieurbauten in ihrer guten Gestaltung‹[45] veröffentlicht. Darauf aufbauend, erschien 1927 ›Bauten der Technik. Ihre Form und Wirkung‹.[46] Darin feiert er das »wahrhaft schöpferische Werk« als Produkt einer »organischen Gesetzmäßigkeit des Gestaltens«, bei der Werkgerechtigkeit und Wirtschaftlichkeit in ästhetische Schönheit einmünden würden. Der technische Werkbau könne so gerade in seiner Sachgerechtigkeit zum Kunstwerk werden. Dabei wehrt er sich aber vehement gegen Amerikanisierung und Rationalisierung und gerät damit in Gegensatz zur intensiven, ab 1925 einsetzenden Rationalisierungsbewegung der Weimarer Wirtschaft, bei der die Produktions- und Organisationsmethoden der Großunternehmen in Industrie und Handel durch verstärkte Arbeitsteilung, Normung, Typisierung, Fertigfabrikate, Mechanisierung usw. modernisiert wurden: »Wir wehren uns ... gegen die Herrschaft einer alles umfassenden Mechanisierung, die Häuser zu ›Wohnmaschinen‹ statt zu Wohnstätten und die Menschen zu sklavischen Werkzeugen einer überaus starren und Starrheit verbreitenden Macht machen würde. Das Wort ›Rationalisierung‹, das heutzutage in gutem und in schlechtem Sinne soviel gebraucht wird, kommt von ratio, und das heißt Vernunft... Ein vollkommener Ersatz des Ideellen durch das Mechanische, der individuellen Handwerksübung durch eine bis ins Letzte normierte Fabrikation (vgl. z.B. den Betriebsvorgang der Dodge-Werke in Detroit), die auf das höchste Maß getriebene Ausbeutung der Energiequellen unseres Planeten ist aber ein absurdes Ziel, soweit wir heute Wirtschaftlichkeit, Ordnung der menschlichen Gesellschaft und nicht zuletzt Menschenwürde begreifen. Man sieht im Geiste Maschinen als brutale Herren über alles einst Natürliche, und ihnen gegenüber die entgeistete, um Schöpfermöglichkeiten gebrachte Menschheit, ehedem Kinder der Natur, in entsetzlicher Gebanntheit vor dem Ergebnis ihrer Arbeit, die schließlich Leerlauf ist.«[47] Gegenüber diesem nivellierenden Internationalismus beruft er sich auf die »stärkere Erd- und Heimatgebundenheit« der technischen Denkmäler und vertraut darauf, daß es auch gelinge, den nicht handwerklich-traditionell, sondern modern-industriell errichteten Alltagswerkbau der Gegenwart »organisch dem Heimatbild einzufügen« und »dem heimatlichen Wesen anzugliedern«.[48]

In der Weimarer Republik war die von Lindner dem deutschen Heimatschutz vermittelte prinzipielle Industrie- und Technikbejahung so durchschlagend, daß 1930 nur noch von »kleinen Kreisen« die Rede war, »die von solcher (gemeinsamer) Arbeit gar nichts wissen wollen oder dem Zusammenwirken verständnislos gegenüberstehen«.[49]

Es scheint, daß dieser modernisierungsbejahende Heimatschutz selbst den Naturschutz, bisher ein Bollwerk der Technikablehnung, in seinen Sog zog. 1926 veröffentlichte Lindner in der von Walter Schoenichen, als Nachfolger von Conwentz seit 1922 Leiter der »Staatlichen Stelle für Naturdenkmalpflege« in Preußen, herausgegebenen ›Naturschutz-Bücherei‹ ein Bändchen über ›Ingenieurwerk und Naturschutz‹, in welchem er sich für die Möglichkeit des ästhetischen Ausgleichs zwischen Menschenwerk (Kanäle, Stauseen, Wege und Straßen, Eisenbahnstrecken, Bergbahnen, Aussichtstürme, Überland-Drahtleitungen, Steinbrüche, Schutthalden oder Ingenieurbauten) mit der natürlichen Landschaft aussprach.[50] Durch die Verbindung zwischen des deutschen Volkes Natur und der »notgedrungenen Technik« nehme die technische Zivilisation wieder den Charakter einer organisch entfalteten Kultur an. Er erteilte ausdrücklich dem Gründer der Heimatschutzbewegung Ernst Rudorff eine Absage, da dieser zur Jahrhundertwende noch die Anlage von Fabriken auf die unmittelbare Nähe großer Städte hatte beschränkt sehen wollen. Auch in der Zeitschrift ›Naturschutz‹ warb Lindner für die organische Verbindung von Natur und Technik.[51]

Solche fortschrittsfreundlichen Stimmen müssen es gewesen sein, welche Schoenichen 1930 zu der Aufforderung veranlaßten, den Wandlungen der Natur nicht mit »stumpfer Resignation« zuzuschauen, sondern zur »bewußten Landschaftsgestaltung« fortzuschreiten: Der Naturschutz »muß heraustreten aus der Einstellung auf bloße Abwehr, bloße Verteidigung oder allenfalls Vorbeugung. Er muß aktiv Einfluß auf die Ausgestaltung der Landschaft zu gewinnen suchen. Damit eröffnet sich vor uns ein neues, weites Arbeitsfeld.«[52] Dabei gehe es nicht bloß um ästhetische Probleme, sondern darum, in der »ungeheuren Flutwelle fremden Kultureinflusses, einer Hochflut des Internationalismus«, in Bewußtheit eigenen Wesens »die deutsche Heimatnatur« als kostbarstes Gut zu erhalten. Denn der Untergang der deutschen Natur und Landschaft bedeute nicht weniger als den Untergang des deutschen Menschen. So konnte Schoenichen einerseits sich auf die ewigen völkischen Werte berufen, andererseits doch den unvermeidbaren Fortschritt bejahen.

Es nimmt deshalb nicht wunder, daß wir sie alle – heißen sie Schultze-Naumburg, Schoenichen oder Lindner – nach 1933 wieder auf Seiten des Nationalsozialismus finden. Denn von nun an erleichterte die rassistische Blut-und-Boden-Ideologie den Kompromiß des Heimat- und Naturschutzes mit den realen Erfordernissen einer wachsenden Wirtschaft. Das deutsche Volkstum und die deutsche Heimat als Lebensraum des deutschen Menschen gelte es zu retten, führte Lindner, nun Leiter der »Reichsfachstelle Heimatschutz«, im »Reichsverband Volkstum und Heimat« 1933 auf dem »Tag für Denkmalpflege und Heimatschutz im Rahmen des Ersten Reichstreffens des Reichsbundes Volkstum und Heimat« aus.[53] Werde irrtümlich immer noch gesagt, die Beziehungen des Heimatschutzes zur Wirtschaft seien lediglich ästhetischer Art, so gelte statt dessen: »Heimatschutz ist Volkstumsarbeit.« Und damit niemand an der politischen Loyalität dieses völkischen Heimatschutzes zweifelte, fügte er an: Der Heimatschutz »erkennt von vornherein für sein Tun und Lassen die Forderungen des Volkswohls und der Volkswirtschaft als Grundlage an. In dem Augenblick, wo sich alle Wirtschaftszweige wahrhaft volkswirtschaftlich betätigen, marschieren Heimatschutz und Heimatpflege auch mit ihnen in einer Richtung.«[54] Denn der Nationalsozialismus ist für Lindner seinem Wesen nach selbst der beste Garant, daß der Kompromiß von Bodenständigkeit und Industrietechnik zu verwirklichen sei, gebe er doch das Beispiel dafür, »daß Überlieferung und Entwicklung nicht feindliche Gegensätze, sondern organische Einheit werden müssen«.[55] So könne man auch hoffen, daß die nationalsozialistische Ökonomie nicht mehr wie die Weimarische »den baren Sachlichkeits- und Nutzungsbegriff, die nackte ratio um jeden Preis überspannen« werde, sondern »daß die Gesetze im Haushalt der Natur, die man oft leichtfertig oder raubgierig verletzte, von nun ab unweigerlich geachtet werden, daß man sich dort, wo wertvolles Natur- und Kulturgut zum Nutzen des Fortschritts geopfert werden muß, mit allem Ernst befleißigt, Würdiges und möglichst Ebenbürtiges zu schaffen«.[56]

Ein Jahr später faßte er seine optimistischen Überlegungen in der Schrift ›Der Heimatschutz im neuen Reich‹ zusammen.[57] Aus erneuerter deutscher Volkskultur sieht er da organisch aus den Überlieferungen des Bauerntums, des Handwerks und der alten Technik auch das neue Ingenieurwerk herauswachsen. »Heimatschutz ist nicht fortschrittsfeindlich«, heißt es da zum wiederholten Mal. Es sei nur wichtig, daß Industrie- und Verkehrsbauten auf die völkische Tradition zurückgriffen. »Organisch« lautet auch hier das Zauberwort, Wiedergewinnung der »ehemals vorhandenen Zusammenhänge mit der Natur als Ganzheit«, um so zu einer »der Natur abgelauschten Wirtschaft« zu gelangen.[58]

Freilich wird dazu außer Boden- und Volkstumsmystik nur der alte Gedanke einer Wiederanknüpfung an und Weiterführung traditioneller Handwerkskunst und Landschaftspflege vorgebracht. Es ist deshalb auch alles andere als zufällig, daß Lindner während des Nationalsozialismus mit dem organologischen Gestalter Hugo Kükelhaus zusammen die ›Schriften zur deutschen Handwerkskunst‹ herausgab.[59] Was sie ebenso wie etwa Schultze-Naumburg nicht sehen konnten oder wollten, das war, daß Rasse, Volk, Boden und Heimat dem Regime nur als ideologische Verbrämung einer von vornherein auf kriegswirtschaftliche Ziele auszurichtenden Politik galten.

So war ihr Bündnis mit dem neuen Regime auch der Ausdruck einer Selbsttäuschung, glaubten sie doch, zusammen mit den konservativen Wertvorstellungen würde auch ihre Arbeit einen gewaltigen Aufschwung nehmen: »Die Begriffe Volkstum und Heimat werden im Aufbau des neuen Reiches hoch bewertet. Damit rücken auch Heimatschutz und Heimatpflege in den Mittelpunkt der Aufbaubestrebungen. Weg und Ziel sind für sie die alten geblieben, aber die Auswirkungsmöglichkeiten sind nun ungeahnt gewachsen« – mit diesen erwartungsfrohen Sätzen eröffnete Lindner seine genannte Schrift ›Heimatschutz im neuen Reich‹. Dabei hätte ihn schon die oben erwähnte Tagung von 1933 eines Besseren belehren können, führte doch ein Vertreter der Reichsleitung des deutschen Arbeitsdienstes vor den Heimatschützern aus, die Schwingen der Zeit, in der man lebe, rauschten gewaltiger, als man noch ahnend zu erfassen vermöge: Es gelte weniger, vergangene Denkmäler zu erhalten, als neue Denkmäler tätiger Arbeit zu schaffen.[60] Eine solche Haltung stand in diametralem Gegensatz zu Lindners Warnung, »das deutsche Volk verlöre sein Bestes, wollte es seinen Lebensraum bis zum letzten ausbeuten«.[61]

Zunächst freilich enttäuschte der Nationalsozialismus die konservativen Hoffnungen nicht: Am 13. Januar 1934 wurden mit dem »Gesetz zum Schutz von Kunst-, Kultur- und Naturdenkmalen«, dem sogenannten »Heimatschutzgesetz«,[62] und am 26. Juni 1935 mit dem »Reichsnaturschutzgesetz« und in dessen Folge der Naturschutzverordnung vom 18. März 1936 (samt den folgenden darauf fußenden Verordnungen)[63] langjährige Wünsche des Heimat- und Naturschutzes befriedigt.

Doch die Wirklichkeit enthüllte sehr bald, daß die etwa durch Walther Schoenichen vom NS-Regime erwartete Aufwertung des Naturschutzes im Rahmen einer bodengebundenen Volksgemeinschaft infolge des kriegswirtschaftlich orientierten Industrialismus fast wirkungslos blieb und der Naturschutz (ebenso wie der Heimatschutz) lediglich ideologisch verwertet wurde. Es war ein wirklicher Anachronismus, daß Schoenichen, der nach 1933 zum Leiter der Fachstelle Naturschutz im »Reichsverband Volkstum und Heimat« avancierte, die Verwirklichung des »Rechts der Wildnis« (Wilhelm Heinrich Riehl) ausgerechnet vom Nationalsozialismus erhoffte,[64] wo doch schon der »Arbeitsdienst« in bisher nicht gekannter systematischer Weise der verbliebenen Urlandschaft zuleiberückte. Der Nationalsozialismus brachte in Wirklichkeit nicht nur das Ende des romantisch-konservierenden Naturschutzes, sondern setzte sich auch über rationale Erwägungen zur Schonung der unverzichtbaren natürlichen Ressourcen hinweg.

So wurde zwar der Bodenmythos verkündet, aber der Versuch des »Reichslandschaftsanwalts des Generalinspektors für das Deutsche Straßenwesen«, Alwin Seifert (seit 1932 Lehrbeauftragter für Garten- und Landschaftsgestaltung an der Technischen Hochschule in München), zusammen mit seinem Vorgesetzten Fritz Todt ein »Reichsgesetz zum Schutz der Muttererde« zu erreichen, »um den steten Verlust dieser unersetzlichen Lebensgrundlage unser aller zu steuern«, scheiterte am Einspruch des Reichswirtschaftsministers, so daß – nach Seifert – nur eine lendenlahme, von niemandem weiter beachtete Verordnung herauskam.[65] Seifert, der den Spitznamen »Herr Muttererde« trug,[66] war 1930 über Rudolf Steiners biologisch-dynamische Wirtschaftsweise zum bis heute weiterwirkenden Vertreter einer bodenorganischen Auffassung geworden.[67] Als jedoch deren Hauptanhänger in der nationalsozialistischen Hierarchie, der »Stellvertreter des Führers« Rudolf Heß 1941 in selbsternannter Friedensmission nach England geflogen war, wurde kurzerhand die biologisch-dynamische Wirtschaftsweise parteiamtlich verboten.[68] Hatte also eine bloß »konservierende« Gesinnung im Nationalsozialismus keinen Erfolg, so bot allein schon der bauliche Expansionsdrang eine große Chance für den natur*gestaltenden* und nicht bloß natur*erhaltenden* Landschaftsschutz. (Einmal ganz abgesehen von der späteren umfassenden landespflegerischen Neugestaltung des durch die nationalsozialistische Kriegs- und Eroberungspolitik hinzugewonnenen »Lebensraums« im polnischen und russischen Osten.)

Der Reichsminister Todt feierte 1940 den »Reichslandschaftsanwalt der Reichsautobahnen« Alwin Seifert als den »Vorkämpfer für ein naturverbundenes Schaffen der Technik« im Rahmen des Straßen-, Wasser- und Kulturbaus: »Die materiellen Notwendigkeiten unseres Landes fordern immer größere Eingriffe in die Natur. Die ungeheuren Neuanlagen industrieller Art verlangen ergänzende Versorgungsanlagen auf dem Gebiete der Wasserversorgung, der Elektroversorgung und der Abwasserverwertung. Auch unser Verkehrswesen verlangt zusätzlich in die Landschaft einschneidende Anlagen. Immer enger wird der Raum ursprünglicher Natur und Landschaft zurückgedrängt. Die gewaltigen Baumaßnahmen jeglicher Art verlangen daher gerade wegen ihrer Verdichtung eine verstärkte Beachtung der Forderung, daß die Technik ihre Anlagen in engster Naturverbundenheit durchzuführen hat.«[69] Seifert glich deshalb den Kurvenschwung der Autobahnen der Zickzack-Führung des bäuerlichen Fahrweges an, forderte an Autobahn-Stützmauern und -brücken handwerksgerechtes Mauerwerk und verlangte auch bei der Rand- und Blendschutzbepflanzung die Beachtung des Grundprinzips der »heimatlichen Eingliederung«.

Er glaubte so durch sein landschaftsgestaltendes Wirken am deutschen Reichsautobahnbau »die Kluft zu schließen, die zwischen Naturschutz und Heimatschutz auf der einen Seite, der Technik auf der anderen ein halbes Jahrhundert lang offen lag«.[70] Im Rückblick ist die politische Dienstfertigkeit Seiferts und seiner Vorgesetzten Todt und Speer ebenso offenkundig wie die einseitige künstlerische Vermittlung von Industriewelt und ökologischen Erfordernissen im Rahmen eines naturnahen technischen Bauens in der Landschaft – hierin vergleichbar der bloß ästhetischen Verbindung von Technik und sozialer Frage durch die »Schönheit der Arbeit«.[71]

Ebenso wie Seifert war Werner Lindner im Dritten Reich angepaßt genug, bei voller Erkenntnis der landschaftsverändernden Wirkungen des Reichsautobahnbaus, auch diesem seinen Segen zu geben, wenn er nur dem Heimat- und Landschaftsbild durch kosmetische Mittel (etwa dem Bepflanzen der Ränder mit *heimischen* Bäumen) eingepaßt wurde.[72] Doch Seifert sah sich bei seiner Bereitschaft zur landschaftsarchitektonischen Gestaltung der Autobahnen immer noch einer prinzipiellen Kritik seiner Kollegen vom bayerischen Landesverein für Heimatschutz gegenüber: »Meine Münchner Freunde waren mit meinem Vorhaben gar nicht einverstanden und machten mir bittere Vorwürfe. Diese Techniker hätten schon so viel schönste Landschaft verhunzt und ich hülfe ihnen nun, im ganz großen Maßstab weiter zu zerstören. Ich konnte ihnen nur mit einem

Bild antworten: Es macht einem überschnell fahrenden Eisenbahnzug gar nichts aus, wenn man neben dem Geleis steht und schimpft.«[73]

Hier wird die Tragödie des bloß erhaltenden bürgerlichen Naturschutzes sichtbar, der immer mehr unter die Räder eines Fortschritts geriet, der das »Recht der Wildnis« illusorisch machte. Heute sind nur noch 4 Prozent der Fläche der Bundesrepublik von menschlichen Eingriffen unberührte Natur, und nur 0,82 Prozent stehen unter Naturschutz, von denen wiederum 32 Prozent in ihrem Schutzziel gefährdet sind und weitere 42 Prozent dringender Pflegemaßnahmen bedürfen.[74] Naturschutz muß aber auch angesichts jahrzehnte-, ja jahrhundertelanger ästhetischer Landschaftszerstörung und des bisherigen Fehlens jeglichen ökologischen Bodenschutzes als »die große Lüge«* bezeichnet werden.[75] Dort wo sich – wie bei Lindner und Seifert – der bürgerliche Antimodernismus zum ökologischen Modernismus gemausert hatte, gelang zwar der Sprung auf den fahrenden Zug des industriellen Fortschritts, aber weder seine Verlangsamung noch gar eine Richtungsänderung. Seiferts Hoffnung auf ein »Zeitalter des Lebendigen«, das gekennzeichnet sei durch den »Umbruch von der Technik zur Natur, von der Zahl zum Ganzen, vom Ich zum Wir«,[76] blieb bis heute eine uneingelöste und mystifizierende bürgerliche Utopie.

Die bürgerlich-konservativen Ökologen hatten sich in Wirklichkeit zu Anhängern eines technokratisch und kapitalistisch verstandenen Fortschritts gewandelt. Lag dies mit daran, daß sich diese Bürgerlichen der Einsicht verschlossen, daß scheinbar bloß künstlerische oder technische Fragen der Gestaltung auch politische waren und daß das Problem der politischen Macht wiederum nicht zu trennen war von dem Verfügungsrecht über

---

* Zum 50. Jahrestag des Inkrafttretens des Naturschutzgesetzes erklärte der Vorsitzende des »Bundes für Umwelt und Naturschutz« (BUND), Hubert Weinzierl, der Naturschutz habe total versagt. 50 Jahre nach Inkrafttreten des Gesetzes verabschiedeten sich drei Viertel der Fische und der Kriechtiere, mehr als die Hälfte der Vögel, der Säugetiere und Schmetterlinge sowie mehr als ein Drittel aller Farn- und Blütenpflanzen für immer aus Deutschland. 80 Prozent aller Sumpf-, Wiesen- und Wasservögel seien bedroht, aber nur zwei Prozent ihrer Lebensräume befänden sich unter Schutz. Weinzierl forderte Bund und Länder u. a. auf, sofort 10 Prozent der Fläche der Bundesrepublik als Rückzugsgebiete für Tiere und Pflanzen auszuweisen (nach einem Bericht der Süddeutschen Zeitung vom 9. Juli 1985). Im Februar 1985 verabschiedete die Bundesregierung erstmals eine ›Bodenschutzkonzeption‹.

und der Kontrolle der Produktionsmittel? Aber wenn hierin der bürgerliche Modernismus an seine Grenze stieß und immer noch stößt – hat vielleicht die sozialistische Arbeiterbewegung in ihrer Geschichte überzeugendere Konzepte einer Verbindung von Ökologie und Ökonomie entwickelt?

Kapitel 2
Arbeiterschaft und Natur oder Der »andere Fortschritt«

Auch die Sozialdemokratie hat heute ihren Öko-Flügel, repräsentiert etwa durch Erhard Eppler, Hans Ulrich Klose oder Oskar Lafontaine. Und sie macht große Anstrengungen, eine theoretische Synthese von Ökologie und demokratischem Sozialismus zu schaffen, um später einmal die Leerstelle des Godesberger Programms in dieser Frage auszufüllen.[77] Die Sozialdemokratie wird sich um so leichter mit der Bejahung des ökologischen Gesichtspunktes tun, je mehr an Stelle des ihr wesensfremden Nullwachstums die Hoffnung auf kommendes ökonomisches Wachstum durch innovative, ökologisch zukunftsträchtige Hochtechnologien tritt. Denn, das hat Hans Ulrich Klose deutlich gesagt, diese Partei sei ganz auf Wachstum eingestellt, da sie das »Recht auf Arbeit« über alles stelle, weshalb eine sozialdemokratische Umweltpolitik nur schwer zu betreiben sei.[78]

»Qualitatives Wachstum« heißt deshalb die sozialdemokratische Forderung der Stunde. Die verbale programmatische Versöhnung von Sozialdemokratie und Ökologie, ein reformistisch orientierter »Ökosozialismus«, ist zumindest mit der Formel von der »ökologischen Modernisierung der Industriegesellschaft« gefunden (›Dortmunder Thesen für Arbeit und Umwelt‹, beschlossen vom Bundesvorstand der Arbeitsgemeinschaft für Arbeitnehmerfragen im März 1985). Die Notwendigkeit, die »Grünen« ein bißchen zu kopieren, wird allein dadurch erzwungen, daß die SPD von allen etablierten Parteien die meisten Wähler an die »grüne« Partei verloren hat. Und selbst die bisher am stärksten widerstrebenden Gewerkschaften wurden auf den neuen Kurs eingeschworen (Düsseldorfer Grundsatzpapier des DGB-Bundesvorstandes »Umweltschutz und qualifiziertes Wachstum« vom März 1985), indem an Stelle des bisherigen Zwiespalts zwischen Beschäftigungs- und Umweltinteresse die Hoffnung gesetzt wird, durch Umweltschutz könnten neue Arbeitsplätze geschaffen werden. Mit dem Vorschlag zur Gründung eines »Sondervermögens Arbeit und Umwelt« glaubt die Partei im Oktober 1985, eine fruchtbare Verbindung zwischen Umweltschutz und Beschäftigung (also mehr Umweltschutz *und* mehr Beschäftigung) gefunden zu haben.

Dem industriellen Wachstum und Fortschritt war die Partei bereits bei ihrer Entstehung verfallen, war sie doch Kind des Industriezeitalters, dessen produktive Energien sie auch in eine nachkapitalistische Gesellschaft zu überführen trachtete. Maschinenstürmerei, »Luddismus« wie der historische Terminus für die in der vorkapitalistischen Volkskultur und »Moralökologie« (E. P. Thomson) wurzelnde Protest- und Aktionsform gegen die kapitalistische Rationalökonomie hieß, hatte Marx als »rohe Form der Arbeiterempörungen gegen die Maschinerie« zu sehen gelehrt: »Es bedarf Zeit und Erfahrung, bevor der Arbeiter die Maschinerie von ihrer kapitalistischen Anwendung unterscheiden und daher seine Angriffe vom materiellen Produktionsmittel selbst auf dessen gesellschaftliche Exploitationsform übertragen lernt.«[79] Nicht die Kritik der Produktionsmittel, sondern die der Produktionsweise stand deshalb im Mittelpunkt der marxistischen Kapitalismuskritik.[80]

Dabei hat Marx die ökologischen Gefahren vorkapitalistischen und kapitalistischen Wirtschaftens nicht gänzlich übersehen und etwa im ›Kapital‹ seine Überlegungen über die Auswirkungen der Industrialisierung der Agrikultur mit der allgemeinen Erwägung abgeschlossen: »Die kapitalistische Produktion entwickelt daher nur die Technik und Kombination des gesellschaftlichen Produktionsprozesses, indem sie zugleich die Springquellen allen Reichtums untergräbt: die Erde und den Arbeiter.«[81] In dieser Aussage sind Ansatzpunkte zu einer Reflexion über die soziale und ökologische Verträglichkeit der Industrie-Technik enthalten. Aber die zeittypische Vorstellung der »Naturbeherrschung« ließ es auch bei Marx zu keiner deutlichen Unterscheidung zwischen Naturaneignung und Naturausbeutung kommen.

Die kritiklose Technik- und Fortschrittsgläubigkeit der deutschen Arbeiterbewegung wurde freilich mehr noch als durch Marxsche Einseitigkeit durch gläubige Rezeption eines auf die Geschichte übertragenen, popularisierten Darwinismus gefördert.[82] Bei diesem fanden die Arbeiter nicht nur ihre Lebenserfahrung bestätigt, daß der Kapitalismus durch den täglichen Kampf ums Überleben bestimmt sei, sondern sie lasen aus ihm auch die Hoffnung auf einen evolutionär aufsteigenden Geschichtsprozeß, der die Menschheit schließlich mit naturgesetzlicher Notwendigkeit in die ersehnte sozialistische Gesellschaft führen werde. Der Darwinismus wurde die neue Religion des Arbeiters, die als naturwissenschaftliche Theorie dem alten religiösen Aberglauben und den ihn verteidigenden politisch und sozial konservativen Kräften haushoch überlegen schien. Naturwissenschaft und industrielle Technologie aber wiederum waren nach damaliger Auffassung untrennbar miteinander verbunden.

Die Ableitung daraus – daß Wissen auch Macht bedeute – führte zu einem Aufblühen volkstümlicher naturwissenschaftlicher Zeitschriften und Bildungsinstitute, wie etwa zu der 1889 in Berlin begründeten, naturwissenschaftlichen Volksbildungsstätte »Urania«.[83] Die Natur war aber nicht nur unbeseeltes Studienobjekt, sondern auch in der Tradition der deutschen Naturphilosophie Anlaß zu innerer Erhebung. Überhaupt liegen damals auch bei der Arbeiterschaft neuromantische Naturreligion und nüchterne naturwissenschaftliche Erkenntnis in einer eigentümlichen Gemengelage. Und in den Schriften des von den Arbeitern vielgelesenen Wilhelm Bölsche verschmelzen Biologie, Lebensreform und ein organischer Monismus (der am Positivismus und Materialismus des Gründervaters des deutschen Monismus, Ernst Haeckel, vorbei auf die organistische Naturphilosophie der deutschen Romantik zurückgriff) zu einem sehr zeittypischen weltanschaulichen Konglomerat.[84] In Bölsches Bestseller ›Liebesleben in der Natur‹ sind die dunklen Seiten der Darwinschen Lehre durch eine optimistische Weltsicht abgelöst. Nicht der Kampf ums Überleben bestimmt die Natur, wie die das Ausleseprinzip vertretenden Sozialdarwinisten meinten, sondern die »Liebe«. So konnte sich der Leser damit trösten, daß Ungerechtigkeit und Schmerz im evolutionären Gang des Weltprozesses nur vorübergehende Erscheinungen waren, und der politische Glaube an eine bessere Zukunft nicht trog.

Wilhelm Bölsche hat auch – in seiner Einleitung zu Kurt Grottewitz' Schrift ›Sonntage eines Großstädters in der Natur‹ – genauer beschrieben, wieso der Gang in die Natur für den Arbeiter einen so großen Trost bereit hält: »Die Natur mit ihrem ewigen Wechsel, ihrem unablässigen Neuwerden prägt eine tiefe Lehre ein. In der Stadt ist alles wie in einen eisernen Ring des freudlos Unabänderlichen geschmiedet. In der Heide sieht der Wanderer, wenn einmal viele Sonntage sich aneinander gereiht haben, daß Kiefernbäumchen aus der Furche der Schonung sprossen, immer freier, immer höher. Er sieht, wie immer wieder der Frühling den Winter bricht. Und die tiefe Gesetzmäßigkeit der Entwicklung wird ihm klar, der ewige Zug aller

Dinge empor, weiter, höher hinauf, der von der unzerstörbaren Logik dieser Natur durchgesetzt wird. So wird das Naturgefühl zu einer großen Quelle der Vertiefung, der Reife auch im Denken. Es rührt an alle weiten Hoffnungen und Sehnsuchten, aber es gibt zugleich für den Moment ein reines Glück der unmittelbaren Empfindung.«[85]

So wird bei Bölsche ein ganz eigentümlicher Anti-Urbanismus sichtbar: Während die Stadt die schmerzvolle kapitalistische Welt vertritt, kann der Arbeiter draußen in der freien Natur schon das Kommen des – mit dem Sonnenblumen-Symbol garnierten – sozialistischen Morgenrots erahnen: »Und ich denke, während der Zug mich jetzt (aus der Großstadt) in die einsame Kiefernheide hinausträgt, wie dieses Naturgefühl eine der wenigen ganz sicheren Glücksquellen auch für den Armen von heute ist. In einem Leben voll Sehnsucht, Hoffnungen und – Entsagungen gehört es zu den so schwach gewährten augenblicklichen Gaben, die auch in dieses freudlose Dasein vor Morgenrot doch schon eine kleine Farbe, einen Gruß Sonnenblumen-Gold bringen.«[86] So wird bei Bölsche der sonntägliche Ausflug für den Arbeiter zum temporären Verlassen des freudlosen Kapitalismus und zur Vorwegnahme der lebensspendenden sozialistischen Alternative: »Ich fahre mit der Stadtbahn durch den Osten von Berlin. Dicht, fast bis zur Berührung, streift der Zug an den rauchgeschwärzten, kahlen Hofseiten der ärmlichen Mietkasernen mit ihren unzähligen trüben Scheiben hin. Nirgendwo eine Farbe, ein Lichtblick. Alles grau in grau. Bleiche Häuser und bleiche Menschen darin. Doch da plötzlich ein kleiner roter Fleck – ein Topf blühender Geranien auf einem Fenstersims. Es hat etwas unendlich Rührendes, dieses kleine Stückchen Naturgefühl, Liebe und Hingabe zur Natur in solchem Geranientopf am Proletarierfenster der Großstadt. Mag die Familie auch noch so arm sein: einen Blumentopf muß sie doch noch haben. Der Zug führt mich über die letzten Häuser hinaus. Noch bin ich mitten im Gewirre der Bahnanlagen. Hohe Böschungen der Bahndämme ragen von allen Seiten. Kaum, daß in dem Winkel zwischen ihren Kreuzungen ein Stück Himmelsblau mehr sichtbar wird wie in einem Großstadt-Hinterhof. Aber auf dem dürren Fleck ragen kleine Holzlauben mit Wimpeln und bunten Papierfähnchen geschmückt; hohe Sonnenblumen treiben ihre goldenen Räder überall. Während die plumpen Bahnzüge oben unablässig vorbeihasten und ihre Schatten über den Winkel werfen, lebt sich auch hier wieder die unverwüstliche Naturliebe am Rande der kalten Steinwüste der Großstadt aus.«[87]

Bölsches Lob der Schrebergarten- und Arbeiterwanderkultur bedeutete zunächst nur, daß die proletarische »Naturliebe« die temporäre Befreiung des Arbeiters von den Schattenseiten der Großstadt (Bölsche nennt ausdrücklich die Lärmbelästigung und Luftverschmutzung) und die emotionale Vorwegnahme der sozialistischen Zukunftsgesellschaft beinhaltete. Jedoch konnten seine Worte auch anders gelesen werden, wenn man sie im Zusammenhang mit dem von ihm beschriebenen Leben des Kurt Grottewitz und seiner Flucht aus der Großstadt und Rückkehr zur ländlichen Scholle betrachtete. Dann waren nicht der Kapitalismus und die Klassenunterdrückung die Ursache der Arbeiterfrage, sondern die mit der Urbanisierung zusammenhängende Entfremdung von der Natur. Dort in Berlin, so sieht es Grottewitz, verschwindet mit dem Verlust der Heimat- und Naturorientiertheit auch ein Stück Menschentum. Was übrig bleibt, ist »der moderne Mensch, der geborene Groß-Berliner, der unter der Aufsicht des Schutzmannes im sechsten Stockwerk seine chemisch präparierte Sonntagsstulle (mit amerikanischem Bratenschmalz) ißt!«[88] Grottewitz aber war der Sohn eines Bauerngutsbesitzers, ein in erster Generation in die Stadt Zugewanderter, kein echter, weil dort geborener Großstädter.

Lag in dieser inneren Zerrissenheit der im großen Urbanisierungsschub vom Land in die Großstadt Gekommenen eine der Ursachen der proletarischen Naturromantik? Zumindest was den seelischen Zustand der Arbeiter um die Jahrhundertwende betrifft, sind wir nicht ganz auf Vermutungen angewiesen, da die Ergebnisse einer Enquête aus den Jahren 1907 bis 1911 vorliegen, bei der Proletariern auch die Frage gestellt wurde »Gehen Sie oft in den Wald? Was denken Sie, wenn Sie auf dem Waldboden liegen, ringsherum tiefe Einsamkeit?«[89]

Hervorstehend in den Antworten ist die Ansicht der Arbeiter, im Gegensatz zu den sozialen Widersprüchen und Schwierigkeiten ihres Alltags biete die Natur noch eine ungebrochene Existenzform. Da schreibt etwa ein Metallarbeiter: »Im Walde auf dem Rücken liegend, über mir die mächtigen, uralten Baumriesen, in den blauen Äther starrend, wissen mir meine Freunde da draußen gar vieles zu erzählen. Eine mächtige Linde ruft mir zu: Du armseliges Menschenkind, warum ließest Du Dich knechten? Warum ließest Du Dich in eine Form pressen, in die Du nimmermehr passen wirst? Siehe, wir wollen kein anderes Leben führen als (das), zu dem wir bestimmt sind, und sterben lieber, wenn man uns hier weghol t.« Diese Erfahrung der proletarischen Welt als Zwangsordnung wird häufig in den Antworten der Untersuchung verbalisiert, indem der Wald die »freie Natur« ist, wo es keine Knechtschaft und Fessel gibt.

Aber man liest nicht nur von nostalgischen oder resignativen Gedanken der Rückkehr in den mütterlichen Schoß der Natur, sondern auch von der inneren Spannung, die sich auf ein besseres Morgen richtet. So endet etwa die Aussage des oben zitierten Metallarbeiters mit dem Blick auf das Bächlein: »Ich höre es deutlich murmeln: Es wird! Es wird! Ich besinne mich ... ja, es wird. Gleich wie Du Deinen Weg erst hast bahnen müssen, bevor Du Dich in das weite Meer ergießen konntest, will auch ich aushalten. Es wird, es muß werden.« So gibt die Natur den hoffnungsfrohen Gedanken ein, daß die jetzigen Zustände nicht ewig dauern, daß es ein höheres Gesetz gibt, nach dem der Arbeiter eines Tages seiner Ketten ledig sein wird, die Ausbeuterordnung und mit ihr die Klassengesellschaft beseitigt sind und der Mensch sich mit dem Mitmenschen friedlich und brüderlich gesellt.

Da sagt etwa ein Textilarbeiter, er gehe in den Wald, sooft er Zeit habe: »Dann versetze ich mich in einen Zukunftsstaat, wo diese Herrlichkeit nicht einem einzigen gehören wird, sondern allen, wo Glück und Friede herrschen wird.« Der Wald ist sowohl der Ort der Empörung über die elenden Zustände im Hier und Jetzt als auch Trostspender durch den durch ihn inspirierten Glauben an die kommende Entwicklung. Da sagt etwa ein Befragter: »Nur Geduld! Du schöner Wald. Einst kommt die Zeit, da unter Deinen Wipfeln ein glücklicheres Geschlecht wandeln wird«, und ein anderer denkt im Frühjahr »an das Erwachen der Völker aus ihrem Winterschlaf«.

Neben diesem an Bölsche gemahnenden optimistischen Darwinismus stehen einige wenige Beispiele eines pessimistischen Sozialdarwinismus. Solche Arbeiter träumen im Wald nicht mehr von freien Menschen, Glück und Frieden, sondern projizieren in ihn die Schattenseiten ihrer eigenen Existenz: Einer meint, die Arbeiter seien nicht besser daran als die Mistkäfer, die am Boden ihre Nahrung suchen, ein anderer äußert, daß die Sache mit dem Waldesfrieden ein Märchen sei; in Wirklichkeit tobe zwischen Menschen, zwischen den Pflanzen und den Tieren ein »Kampf bis aufs Messer«, und ein dritter schreibt, dort im Wald »sehe ich einen Kampf von Gattung gegen Gattung und weiß, daß der Kampf Gesetz ist.« Aber die große Mehrheit der befragten Arbeiter äußert sich anders: Sie fühlt sich eins mit dem Rauschen der Bäume und findet so Ruhe von dem grausamen Kampf ums Dasein, ja, manche schwingen sich zu religiöser Ekstase auf: Der Wald »ist meine Kirche, die Natur mein Gott. Da möchte ich aufjubeln in heller Freudigkeit und Lust.«

Und endlich klingen in den Antworten auch Töne einer industriekritischen Naturfreundschaft an. Da äußert etwa einer der Befragten, im Wald komme ihm die Lebensweise des Urmenschen in den Sinn und die damals gute Naturluft, die noch von keinem Schornstein verpestet wurde. Ein anderer möchte der gesunden Luft wegen lieber ein Waldarbeiter sein. Ein dritter ruft emphatisch aus: »Hole der Teufel die ganze Kultur. Hole er die stinkigen Bergwerke, rußigen Städte, schmutzigen Straßen und Wohnungen, egoistischen Menschen und modernen Barbaren.« Ein letzter hört den Ruf der Natur und ist erstaunt, daß niemand diesem folgt; stattdessen schufte man in staubigen Fabriken, dunstgeschwängerten Sälen, zwischen lärmenden Maschinen und in toddrohenden Bergwerksschächten.

Sicherlich sind das einzelne Stimmen, und es ist aus der Umfrage nicht ersichtlich, wie weit sie für die großen Massen der Arbeiter relevant waren. Es wird aber deutlich, daß die Großstadt vom Proletarier um 1900 nicht uneingeschränkt als seine natürliche Lebenswelt akzeptiert wurde. Dies macht verständlich, warum die Lebensreformbewegung in Deutschland gerade in der Arbeiterbewegung einen wichtigen Bundesgenossen fand – eine Verbindung, die nicht zuletzt aufgrund der gemeinsamen demokratischen Tradition erleichtert wurde. Noch muß die Geschichte der deutschen proletarischen Lebensreformbewegung erst geschrieben werden. Es ist aber bereits heute deutlich, daß die Arbeiterkulturbewegung wesentliche Impulse der Lebensreformer aufnahm. Dies beweisen etwa die proletarischen Organisationen für Antialkoholismus und Vegetarismus, für Freikörperkultur und Nudismus, für Naturheilkunde und Jugendbewegung.[90]

Durch solche Aussagen wird freilich nicht nur eine einseitige Beurteilung der Lebens- und Kulturreformbewegung als sozialkonservativ fragwürdig, dadurch könnte vielmehr umgekehrt auch die Arbeiterbewegung in den Verdacht geraten, antimodernistische Strömungen geduldet und gefördert zu haben. Als Prüfstein dafür erscheint insbesondere die Naturfreundebewegung der Arbeiterschaft geeignet, da sich hier vom Vereinszweck her das großstadtflüchtige oder gar -feindliche Element besonders deutlich in seinem Charakter erkennen lassen dürfte.[91] Karl Renner, 1895 Mitbegründer des Touristenvereins

LIED IM FREIEN

Karl Schneller, Wien

Freut euch, Brüder! Freut euch, Schwestern!
Neu ward uns die Welt entdeckt.
Unser Heute hat das Gestern
jubelnd aus dem Schlaf geweckt.
Freier Menschen froh' Gewimmel
drängt nach Luft und Licht hinaus;
festlich spannt ein blauer Himmel
weite Wölbung segnend aus.

Baum und Busch und Wald und Wiese,
Quell und Bach und Fluß und Strom,
Hügelzwerg und Bergesriese,
Augehölz und Fichtendom:
alle tragen, uns zu grüßen,
feierlich ihr schönstes Kleid;
uns zu Häupten, uns zu Füßen
liegt Natur empfangsbereit.

Selig, wer auf ernstem Gipfel
dankerfüllt ihr Treue schwört,
wer im Sang der Waldeswipfel
ihre süße Stimme hört,
wer auf schwindelnd steilem Pfade
ihren heißen Atem fühlt,
wer den Leib, erlöst im Bade,
jung an ihrer Jugend kühlt!

Selig, wer ewig Reinen
reinen Herzens ganz sich gibt,
wer im großen wie im kleinen
staunend ihr Geheimnis liebt,
wer wie ferne Ahnen wieder
in das Freie schwärmend schweift:
Selig, Schwestern, selig, Brüder,
wer Natur in sich begreift!

Titelseite der Arbeiter-Zeitschrift ›Der Naturfreund‹, die seit 1897 erschien.

49

»Die Naturfreunde« und späterer österreichischer Kanzler und Bundespräsident, hat 1931 im Rückblick auf die anfänglichen Schwierigkeiten der proletarischen Naturfreunde darauf hingewiesen, daß die sozialdemokratische Partei zunächst eher der Ansicht war, hier sollten die Arbeiter auf Abwege gelockt und vom Hauptziel des politischen Kampfes abgelenkt werden.

Renner bekennt sich demgegenüber zur weiteren Sicht der möglichst vielfältigen und umfassenden proletarischen Kulturorganisation, durch welche die engere politische Bewegung erst Inhalt und Kraft gewänne. So ist für ihn gerade die Naturfreundebewegung Rückgewinnung eines dem Arbeiter bis dahin unzugänglichen Bereichs: »Der Proletarier war auf der Höhe des vorigen Jahrhunderts nicht nur ausgeschlossen aus der menschlichen Gesellschaft, in die er sich den Eintritt wieder zu erkämpfen hatte, er war auch ausgestoßen aus der Natur! Als Besitzloser hatte er keinen Teil an Feld und Flur und Wald und Weide, am Boden der Städte. Zusammengepfercht des Nachts in luft- und lichtlosen Elendswohnungen, zusammengeschart untertags in Fabriken und Werkstätten, in welche selten das Auge des Gewerbeinspektors fiel, war er in den Zwischenpausen angewiesen auf elende Wirtshausräume und auf den Tröster Alkohol. Von der unendlichen Natur blieb ihm nichts als die staubige Landstraße zur Arbeitssuche. Es galt dem Proletarier auch die Natur zurückzuerobern, die Natur mit ihrem unversiegbaren Born an Kraft und Schönheit, die Natur mit ihren wunderbaren Gesetzen, die der menschliche Geist allmählich entsiegelt hatte. Welch ein aufreizender Widerspruch: Derselbe Arbeiter, der in der Fabrik berufen war, die Naturgesetze anzuwenden, der in unzähligen Werkstätten die Kraft des Dampfes und die wunderbare Macht, die im Blitz sich offenbart (d. h. die Elektrizität, U. L.) durch geduldige Drähte lenkte, zugleich der Diener und Herr der Naturkräfte, er war von dieser Natur ausgeschlossen. Aber gerade er fühlte in sich die unbändige Liebe zu der Mutter Natur, von der er enterbt war, fühlte die Begeisterung für die Natur, die er beherrschen gelernt hatte, am allermeisten. Es galt bloß, ihn aus dem Alkoholdunst des Wirtshauses einmal herauszuführen und hinauszuleiten mitten in die schwellenden Wiesen, rauschenden Wälder, ihn gegenüberzustellen den Bergriesen, den tosenden Wasserfällen und ihm von den umnachteten Berggipfeln das Firmament mit den kreisenden Gestirnen zu zeigen, um den Jubel der Erlösung aus seiner Seele loszubinden.«[92]

Im ›Naturfreund‹ von 1930: Wandern als vorbeugende Gesundheitspflege für die werktätige Bevölkerung – statt Alkohol »Hinaus in die Natur!«.

Das lebensreformerische Motiv des Antialkoholismus zeigt,[93] daß hier zwei Formen des Traums von der besseren Welt einander gegenübergestellt werden: der Arbeits- und Disziplinverweigerung im Alkoholrausch die der industriellen Arbeitswelt angepaßtere Form des »Wald-und Wiesen-Rausches«. Letzterer brachte gleichzeitig auch eine für die nüchternen organisatorischen Ziele der Arbeiterpartei und -gewerkschaft geeignetere Form der solidarischen Geselligkeit mit sich: »Hand in Hand durch Berg und Land« lautete der von Renner geprägte Wahlspruch der »Naturfreunde«. So stand dem Freiheitserlebnis der Wander-Touristen – »Berg frei!« hieß ihre Grußformel – gleichzeitig ein höheres Maß von sozialer Disziplinierung zur Seite und läßt das Berg- und Wasserwandern durchaus nicht als Flucht, sondern als Anpassung an die Bedürfnisse der Industriewelt wie an die der Arbeiterorganisationen erscheinen. Die höhere Disziplinierung wird folgerichtig von Renner als erhöhte Chance der Partizipation an den gesellschaftlichen und natürlichen Reichtümern gesehen. Die Natur war für die Arbeiter nicht nur Stätte religiöser Erhebung, sondern die für die Regeneration ihrer Arbeitskraft wichtige Erholungslandschaft vor der Großstadt, ein Feld für sportliche Betätigung.

Das Naturerlebnis ist ferner auch Bildungselement und Anstoß für den Arbeiter, sich der bisher vom Bürgertum allein betriebenen Naturwissenschaft zuzuwenden und sich Erkenntnisse der Biologie, Geologie, Höhlenforschung, Paläontologie, Archäologie, Geographie anzueignen. Mit der Bezeichnung »soziales Wandern« wird bald auch die im Gegensatz zum bürgerlichen Wandervogel nicht in eine vergangene Volkskultur flüchtende, sondern eine aktiv an den sozialen und wirtschaftlichen Verhältnissen des Landes teilnehmende (bis hin zum Verteilen sozialistischen Agitationsmaterials in den Dörfern) Heimatschau propagiert.

Doch das Arbeiterwandern wollte nicht nur der Erholung und der Massenbildung dienen, sondern im weitesten Sinne gelebter Sozialismus sein. Die Wiederaneignung des widerrechtlich entzogenen Besitzes an der Mutter Erde durch die Entrechteten wurde nicht nur imaginativ im Gipfelstürmen vollzogen, sondern ganz konkret durch die Schaffung kollektiven Eigentums in Form der Naturfreundehäuser. 1933 waren es in Deutschland – bei 60000 Mitgliedern – 220 Häuser, in Österreich bei 90000 Mitgliedern 100 Häuser,[94] die man voll Stolz und sozialistischer Zuversicht einweihte, da sie in eigener Freizeitarbeit und mit selbst aufgebrachten Geldmitteln errichtet worden waren. Schließlich aber bestätigte sogar die Gründung von Naturfreundegruppen in Amerika und Australien (meist durch deutschsprachende Auswanderer), daß der Internationalismus der Arbeiterklasse kein leeres Schlagwort war – wenn er auch letztlich nur in den späteren internationalen Tourismus einmündete.

Und Massentourismus war es schließlich, was aus den bescheidenen Anfängen des Arbeiter-Naturfreunde- und Arbeiterjugend-Wanderns in den zwanziger Jahren wurde. Gottfried Benn höhnte in dem frühen Gedicht ›Zwischenreich‹:[95]

> »Nach Arbeitstagen,
> wenn der Sonntag naht,
> sollst du dich tragen
> in den Forst der Stadt,
> die Massenglücke
> sind schon tränennah,
> bald ist die Lücke
> für die Trance da.«

Bürgerliche Naturschützer wie Walther Schoenichen wiesen entsetzt auf die »Unkultur« der »Invasion der Massen in die Natur« hin.[96] Ein sich von den Städten in Fluren und Wälder ergießendes »unerzogenes Ausflüglertum« gefährde den ursprünglichen Reiz des Naturhaften, wenn es nicht gelänge, die großen Massen dazu anzuhalten, in der rechten Weise Umgang mit der Natur zu pflegen. Verunreinigungen der Natur seien an der Tagesordnung, Bäume würden vielfach mutwillig beschädigt, Pflanzen zerstört, Felsen beschmiert, und um die von den Massenausflüglern heimgesuchten geheiligten Stätten der Natur würde sich eine üble Geschäftemacherei breit machen. Hier hatten in der Tat die Naturfreunde- und Arbeiterjugendbewegung eine wichtige volkserzieherische Aufgabe, galt es doch, den Arbeitern auch die Belange des von bürgerlicher Seite ins Leben gerufenen und praktizierten Naturschutzes zu vermitteln und so aus dem Naturnutzer einen Naturschützer zu machen. So verteilte 1927 die Breslauer Ortsgruppe der Naturfreunde die folgenden ›10 Gebote für Naturfreunde‹:

»1. Schädige nicht die Natur, die dich durch ihre Schönheit erfreut.
2. Störe ihren Frieden nicht durch Lärmen oder Radaumusik.
3. Papier, Glasscherben, Eierschalen, Blechdosen usw. sind nicht auf Wiesen, im Walde oder am Rastplatz wegzuwerfen. Sammle, verbrenne oder vergrabe Abfälle (Vorsicht beim Verbrennen).
4. Reiße nicht unnötig Pflanzen aus.
5. Abbrechen oder Abreißen von Zweigen schädigt das Wachstum der Bäume und Sträucher. Brich keine blühenden Zweige ab, auch andere Menschen wollen sich am Blütenschmuck erfreuen. (Wer Blüten- und Fruchtzweige von Obstbäumen abbricht, wird gesetzlich bestraft.)
6. Benutze nicht jeden Felsen oder Baum als Stammbuch oder Visitenkarte, um dich deinen Mitmenschen als Naturschänder vorzustellen.
7. Von Blumen nimm nur soviel, als sich ziemt. Bedenke, auch andere wollen sich ihrer Schönheit freuen; auch welken Blumen leicht.
8. Lege keine Sammlung von Pflanzen, Insekten oder anderen Naturkörpern aus Spielerei an; nur ernstlich wissenschaftlich tätige Menschen haben hierzu Berechtigung. Vogeleier darfst du überhaupt nicht nehmen.
9. Das Töten oder Quälen von Tieren aller Art aus Mutwillen

ist grausam. Stellt jeden zur Rede, der z. B. Frösche ihrer Schenkel beraubt oder Fallen für Singvögel stellt.
10. Nur Kinder und unverständige Erwachsene begehen solche Ungehörigkeiten. Ermahne diese zum Schutz und zur Schonung der Natur. Sei Naturfreund!«

Die Naturfreundebewegung versuchte aber auch, diesem von ihr rezipierten bürgerlichen Naturschutz eine eigene proletarische Note zu geben. So stellten sich etwa die Naturfreunde auf die Seite des Landesvereins Sächsischer Heimatschutz gegen die Erschließung der Sächsischen Schweiz durch neue Autostraßen mit dem Argument: »Die Interessen einer kleinen, übersättigten, volksfremden Schicht dürfen nicht den Sieg davontragen über das Wohl der großen, wanderfrohen, natursehnsüchtigen Massen, die in der halbwegs unberührten Landschaft ihren Kraft- und Freudequell haben.«[97] Hier wurde die Natur zum schützenswerten ökonomischen Aktiv-Faktor, war sie doch der Erholungsraum der in ihrer Freizeit stadtflüchtigen Massen.

Die proletarische Naturfreundschaft läßt sich keinesfalls auf Antiurbanismus und Naturromantik reduzieren, noch viel weniger als Zeichen einer Technik- und Industriefeindschaft der Arbeiter deuten. Symptomatisch für die fortschrittsbejahende Haltung der Naturfreundebewegung ist eine in ihrer Zeitschrift veröffentlichte Betrachtung über das österreichische Stubach-Kraftwerk, das von einem Naturfreund gefeiert wird als »ein herrliches Stück moderner Arbeit, modernen Schaffens des menschlichen Geistes«. »Das Stubachwerk«, so heißt es weiter, »ist eines jener in die Augen springenden Werke unseres Zeitgeistes, die uns mit gleicher Andacht erfüllen wie die ewigen Berge selber, die es umgeben und die dem Menschengeschlecht ihre Kräfte dazu leihen!« Voll Stolz bemerkt dazu die Redaktion des ›Naturfreund‹, es sei ein langjähriges Mitglied des Naturfreundevereins, der Nationalrat Wilhelm Ellenbogen gewesen, von dem der Gedanke der Elektrifizierung Österreichs seinen Anfang genommen habe, als er Staatssekretär in der Regierung von Karl Renner (1919/20), dem Gründungsmitglied der Naturfreunde, gewesen sei. Und ganz im Stil naiver Technik- und Fortschrittsbegeisterung beschreibt der Arbeitertourist den abendlichen Blick von der Rudolfshütte zum Stubach-Werk:

»Da blitzen plötzlich in der Ferne die elektrischen Lichter im Tauernmoos auf, da schaut von weitem das ganze mächtige Stauwerk, die gigantische Staumauer wie ein kleines armseliges Spielzeug zwischen der sie einschließenden Bergwelt aus. Sind es aber nicht! Im Gegenteil, es muß uns mit Stolz erfüllen, daß gerade unser kleines Österreich in wenigen Jahren das Neueste auf verkehrstechnischem Wege geschaffen hat und noch immer weiter ausbaut: Seilschwebebahnen, Hochstraßen, mächtige Kraftwerke! Nicht viel über 50 Jahre ist es her, daß der Mensch überhaupt erst begonnen hat, die Scheu vor dem Gebirge und seinen unheimlichen Gewalten zu verlieren, daß er sich getraute, es kennenzulernen, daß er ihm dann sein Herz und seine Liebe geschenkt hat. Und nun siegreich die nächste, die höchste Stufe erklommen hat: es sich zum fügsamen, dienstbaren Werkzeug seiner Intelligenz, seines Geistes zu wandeln.«[98]

Solche Sätze lassen vermuten, daß die Drohung österreichischer Sozialdemokraten Ende 1984, Gewerkschafter gegen Naturschützer marschieren zu lassen, um den Kraftwerkbau in der Hainburger Donauau durchzudrücken, auf eine lange Tradition sozialistischen Naturverständnisses zurückgeht. War es doch insbesondere August Bebel gewesen, der die Elektrizität, »die gewaltigste aller Naturkräfte«, als Sprengmittel der bürgerlichen Gesellschaft sah, das dem Sozialismus die Türe öffnen würde. Hatte er nicht die sozialistische Überflußgesellschaft vor allen Dingen als »Elektrokultur« beschrieben?[99]

Das historische Beispiel der Naturfreunde zeigt aber auch, daß in der Arbeiterbewegung ein antiindustrieller und technikfeindlicher Antimodernismus, wie ihn die bildungsbürgerliche Zivilisationskritik zunächst vertrat, keine Chance hatte. Zustimmend zitierte der ›Naturfreund‹ aus einem bürgerlich-fortschrittsfrohen Vortrag vor dem Zweiten Deutschen Naturschutztage 1927, zwar habe die Industrie lärmerfüllte Großstädte mit menschenunwürdigen Lebensbedingungen geschaffen, aber doch liege die höchste Säuglings- und Tuberkulose-Sterblichkeit nicht in den Industriegegenden, sondern in den reinen Landwirtschaftsgebieten – dank der Aufklärung und Volksbildung: »Also sind Industrialisierung, Verstadtlichung, Landflucht nicht schlechthin als gesundheitlich verderblich zu bezeichnen.« Als menschlicher Lebensraum sei die Natur zu schützen, dabei solle man sich aber »vor einer lediglich romantischen oder sentimentalen Einstellung zur ursprünglichen Natur« hüten.[100]

Die Bejahung des »Rechts der Wildnis« durch Naturerhaltung hatte hier keinen Ansatzpunkt; die technische Gestaltung der Natur galt als eigentliche sozialistische Aufgabe. So pries der schon genannte Nationalrat Ellenbogen die Semmeringbahn als »Kunstwerk« mit »Ewigkeitscharakter«,[101] während der bürgerliche Heimatschutz auf die Ewigkeitswerte von Scholle und Volkstum rekurrierte.

Die großtechnische Ausbeutung der Naturkräfte schien sich noch widerspruchslos mit dem Naturschutz versöhnen zu lassen. Vor den naturzerstörerischen Auswirkungen dieser Naturausbeutung dagegen schloß die historische sozialistische Arbeiterbewegung einschließlich der Naturfreunde beharrlich die Augen, da sie – wie Renner es so kennzeichnend ausdrückte – im Arbeiter den Beherrscher der Natur durch die Technik sah, die dereinst durch den Produktionsfortschritt auch sein eigenes Los erträglich gestalten könne.

So hat es die Arbeiterbewegung nicht ihren Naturfreunden (die erst in den sechziger und siebziger Jahren dieses Jahrhunderts ein neues, wirklich alternatives Bewußtsein entwickelten), sondern ihren anarchistischen Randgruppen zu verdanken, daß sie heute in einer Stunde der notwendigen ökologischen Weiterentwicklung ihrer Positionen auch auf linke, radikal-ökologische Traditionen zurückgreifen könnte.

Kapitel 3
Die religiöse Vision von Ökopax und der Ort von Ökotopia

Wir konnten zeigen, daß die griffige Formel vom Gegensatz zwischen progressiv-proletarischen Emanzipationsforderungen und bildungsbürgerlich-konservativer Widerstandshaltung gegen die Fortschrittsdynamik zu kurz greift: Die bürgerliche Fortschrittskritik blieb schließlich nicht im verneinenden Antimodernismus stecken, sondern brachte Ansätze zu einer ökologischen Korrektur der Industrietechnik hervor; der proletarische Progressivismus andererseits wurde zumindest dadurch gemildert, daß er – stärker als dies bisher gesehen wurde – von lebensreformerischen Elementen durchdrungen war. Und doch waren diese bisher genannten historischen Impulse zu schwach, um eine »grüne« Bewegung zu schaffen, da sie gerade in ihrer reformistischen Ausrichtung keine wirklich radikale Mobilisierung zuwege brachten. Dazu bedurfte es einer geschichtlichen Kraft, die tiefer zielte und wirklich die Vision eines neuen Menschen und einer neuen Welt zum Inhalt hatte. Wir meinen deshalb den wirklichen Ankergrund der heutigen »grünen« Bewegung in der Beschwörung von »Ökopax«, eines Zustandes der Befriedung von Mensch und Natur, zu finden. Es geht hier nicht darum, »grüne« Politik als Pseudoreligion abzuqualifizieren, sondern der verborgenen Kraftquelle – die gleichzeitig freilich auch die latente Gefährdung dieser Bewegung darstellt – nachzuspüren.

»Ökopax« ist die zentrale Botschaft der heutigen »Grünen«. Gemeint ist damit die umfassende Anwendung ökologischen Gleichgewichtsdenkens auf ökonomische und soziale, außen- und innenpolitische Fragen, »die Neugestaltung eines Lebens auf ökologischer Basis«, wie es im »Bundesprogramm« der »Grünen« von 1980 heißt.[102] Diese »ökologische Politik« bedeute etwa auf dem Feld der Außenpolitik »gewaltfreie Politik«, »Friedenspolitik«, auf dem Gebiet der Natur die Erhaltung oder Wiederherstellung einer biologisch intakten Umwelt durch Konservierung der natürlichen Lebensräume und die Verhinderung der weiteren Ausrottung von Tier- und Pflanzenarten: »Unsere Überzeugung ist, daß der Ausbeutung der Natur und des Menschen durch den Menschen entgegengetreten werden muß, um der akuten und ernsten Bedrohung des Lebens zu begegnen«, sagt zusammenfassend das Bundesprogramm. Hier geht es einer Partei nicht mehr um traditionelle sektorale Interessenpolitik, sondern um eine Mission im Einsatz für die höchsten vorstellbaren gemeinsamen Güter, um so die Menschheit buchstäblich vor dem Untergang zu bewahren und als »Überlebenspartei« heil durch die weltgeschichtliche »Wendezeit« (Fritjof Capra) zu geleiten.

Eine solch umfassend verstandene Heilspolitik ist keine Erfindung der »Grünen«, sondern eine wesentliche Frucht der alternativen sozialen Bewegungen in der deutschen Geschichte. Es sind den heutigen Zeitgenossen davon nur noch Teilstücke bewußt. So erinnert etwa Theodor Ebert, bekannt durch seine Veröffentlichungen über »soziale Verteidigung« und gewaltfreien Widerstand, an die Herkunft der heutigen Friedens- und Ökologiebewegung aus den sozialen Bewegungen der Adenauer-Zeit, ohne daß er näher expliziert, daß es vor allem die Naturfreunde, einschließlich der Naturfreundejugend waren, welche damals Naturschutz und Engagement in der Anti-Atomtod-Bewegung zu einer neuen ökopazifistischen Strategie verbanden.[103] So rief der Landesvorstand der Württemberger Naturfreunde (diese hatten schon im Ersten Weltkrieg mit der Parteilinken in der Sozialdemokratie sympathisiert und an Antikriegsdemonstrationen teilgenommen) im Jahre 1961 anläßlich der Tagung des Hauptausschusses der Naturfreunde-Internationale in Stuttgart zu einer Kundgebung unter dem Motto »Schutz dem Menschen, Schutz der Natur« auf.[104] Zwei Jahre später entwickelte sich daraus auf dem Bundeskongreß der Naturfreunde in Heilbronn die erste große Umweltschutzdemonstration in der Geschichte der Bundesrepublik mit der Parole »Natur in Gefahr – Mensch in Gefahr«.[105]

Bereits 1961 schmückte die Stirnwand des Kundgebungssaales ein riesiges menschliches Gesicht, dessen eines Auge als Blumenstern gestaltet war: der Vorläufer des heutigen Sonnenblumen-Symbols der »Grünen«. (Die energiepolitische Konnotation fehlte damit noch.) Und mit der programmatischen Aussage »Schutz dem Menschen – Schutz der Natur« war die Vision von Ökopax gemeint: Als erster Hauptredner sprach damals 1961 der expressionistische Dramatiker Fritz von Unruh (Jahrgang 1885), Kleist-, Grillparzer-, Schiller- und Goethe-Preisträger, ehemaliger Gardeoffizier, den das Erlebnis des Ersten Weltkrieges zum Pazifisten und Gegner jeglicher staatlicher und insbesondere militärischer Autorität gewandelt hatte. Würde mit dem Atomrüsten nicht Schluß gemacht, so seine warnenden Worte, dann stünde uns der sichere Untergang bevor.[106] Diesem beredten Verfechter des Weltfriedens und Vorkämpfers gegen den Atomkrieg trat mit einem weiteren Appell der bekannte Schriftsteller Robert Jungk (er hatte damals schon seine Bücher ›Heller als tausend Sonnen‹ und ›Strahlen aus der Asche‹ veröffentlicht) mit einer Ansprache zur Seite, die in klassischer Weise Positionen moderner ökologischer Politik formulierte: ». . . ich bin darüber erschüttert, in welchem rapiden Tempo diese Zerstörung Europas durch den Wiederaufbau vor sich geht. Ganze Landstriche und Städte werden verwüstet . . . Ist es denn notwendig, daß unsere Flüsse vergiftet, daß unsere Luft verpestet wird? Ist es denn notwendig, daß unsere Wälder abgeholzt, unsere Wiesen zu Ödland verwandelt werden müssen? All das wäre nicht notwendig. Es ist heute möglich, den Fortschritt und den Schutz der Natur miteinander zu versöhnen, wenn man nur ein wenig guten Willen hat, wenn man nur, und das ist das, was unserer Zeit heute am meisten fehlt, ein wenig Liebe hat. Diese Liebe fehlt den meisten Unternehmern, sie denken nur an Gewinn, sie wollen nur möglichst schnell etwas hinstellen und sie denken nicht daran, daß sie damit ihren Kindern und Kindeskindern etwas wegnehmen, das nicht zu ersetzen ist. Denn ein Wald, der einmal abgeholzt ist, ist abgeholzt, die Wiese, die einmal zerstört ist, ein Stück Sumpfland, das um jeden Preis trocken gelegt wird, all das ist nicht wieder herzustellen. Wir haben einen Prozeß vor uns, einen Prozeß der Naturzerstörung, und dieser Prozeß muß uns zur Abwehr aufrufen. Seit Jahren nehme ich am Kampf gegen die atomare Rüstung teil. Die Atombombe ist . . . in Wirklichkeit der ausgeprägteste Ausdruck unserer Lieblosigkeit, unserer neotechnischen Brutalität. Die Atombombe ist das deutlichste Beispiel für einen blinden Fortschritt. Und wir, wir Menschen, denen daran liegt, Fortschritt und Menschlichkeit miteinander zu verbinden, wir müssen für einen sehenden Fortschritt kämpfen. Das heißt, alle Attentate auf das Lebendige abwehren, alle diejenigen, deren Motive nur Gewinn, nur die Macht ist, in ihre Schranken zu weisen.«[107]

Auch Robert Jungks historisches Gedächtnis (er ist Jahrgang 1913) reicht bis zum Ersten Weltkrieg zurück: In einem bewegenden autobiographischen Zeugnis hat er erzählt, daß ihm kein anderer als der durch den Ersten Weltkrieg zum glühenden »Friedenshetzer« gewordene, jugendbewegte Anarchist Ernst

Friedrich mit seinem Berliner »Anti-Kriegsmuseum« die Augen für den Schrecken des Krieges geöffnet und ihm die kindliche Begeisterung für Fahnen, Uniformen, Marschmusik und Sieg und Ruhm auf dem Schlachtfeld endgültig ausgetrieben habe.[108]

Bei Jungk wird punktuell die Verklammerung der sogenannten neuen sozialen Bewegungen mit den alten sozialen Bewegungen der Weimarer Zeit faßbar. Aber auch mit dem Ersten Weltkrieg und den von ihm ausgelösten emotionalen Erschütterungen ist kein Anfangspunkt der deutschen Traditionslinie von Ökopax erreicht, sondern nur eine Phase der Beschleunigung und Radikalisierung.

Die Erinnerung des Historikers reicht weiter zurück: 1913 steuerte der »Lebens«-Philosoph Ludwig Klages für die Festschrift zum Ersten Freideutschen Jugendtag auf dem Hohen Meißner den Beitrag ›Mensch und Erde‹ bei, der als einer der ganz großen Manifeste der radikalen Ökopax-Bewegung in Deutschland angesehen werden muß.[109] Dort wird die »muttermörderische« Verblendung derer, die »in blinder Wut die eigene Mutter, die Erde, verheeren ..., bis alles Leben und schließlich sie selbst dem Nichts überliefert« sind, angeprangert und gegenüber der rationalen Wissenschaft an ein tieferes Wissen appelliert – an »das Wissen von der weltschaffenden Webekraft allverbindender Liebe«. Der Vortrag endete nach der Beschwörung der apokalyptischen Ereignisse des heraufziehenden Weltkrieges mit der Prophezeiung: »Wunder werden zuletzt geschehen um der Gerechten willen, bis endlich die neue und doch ewig alte Sonne durch die Greuel bricht; die Donner rollen nur noch fernab an den Bergen, die weiße Taube kommt durch die blaue Luft geflogen, und die Erde hebt sich verweint wie eine befreite Schöne in neuer Glorie empor.«

1980 wurde – mit einem Vorwort von Bernhard Grzimek – Klages' Kampfschrift gegen die Ratio als einer akosmischen, lebensvernichtenden Macht erneut verbreitet:[110] Mögen diese Gedanken, heißt es im begleitenden Schreiben, »die beabsichtigte Wirkung haben und unsere maßgeblichen Zeitgenossen zu der gründlichen Besinnung und Umkehr anhalten, deren es bedarf, wenn die Menschheit, ihre Kultur und ihre Grundlage in der Natur auf die Dauer erhalten bleiben sollen.«[111] Die apokalyptischen Ängste und Endzeitvisionen, welche die Expressionisten bereits vor dem Weltkrieg seismographisch erfaßt hatten, und die gesteigerte Untergangsfurcht heute – sie bilden den Rahmen, innerhalb dessen der »Friede mit der Natur« als Aufruf zur inneren Umkehr und zur Erneuerung der anthropokosmischen Lebenseinheit einen zentralen Ort einnimmt.

Die lebensvollen historischen Vertreter von Ökopax sind heute Fixpunkte der Hoffnung und Kristallisationspunkte der Erneuerung. So verband sich 1978 mit der Ausstellung »Ascona – Monte Verità« ein »Fest der Alternativen«, die zum »heiligen Berg« bei Ascona am Lago Maggiore pilgerten, um dort vor allem des ersten alternativ lebenden Drop-outs Arthur Gustav (»Gusto«) Gräser zu gedenken und am Ort seines Wirkens Zeichen zu setzen, »daß wir die Mutter Erde – so lange geschändet, entweiht, entheiligt, ausgebeutet, mißbraucht, vergiftet und in jeder Stunde und Sekunde von tödlicher Zerstörung bedroht –, daß wir diese uns allen gemeinsame, uns allen heilige Mutter Erde, den Grund und die Heimat unseres Lebens, wieder ehren, schützen und pflegen wollen«.[112] Gusto Gräser, das Vorbild, wird heute von einem Gelehrten vom Range Martin Greens als ein europäisches Gegenstück zu Mahatma Gandhi gesehen.[113] Die Zeitgenossen freilich belächelten den Wanderprediger und »Diener der Menschen« als »Kohlrabi-Apostel« und »Naturmenschen«.

Gräser war ein Siebenbürger Sachse aus Kronstadt, geboren als Sohn eines Bezirksrichters. Nach einer Kunstschlosserlehre und einer abgebrochenen Malerausbildung finden wir ihn um die Jahrhundertwende im Gefolge der Gründer der vegetarischen Ansiedlung »Monte Verità« bei Ascona. Während sein älterer Bruder Carl Offizier in der österreichischen Armee gewesen war, hatte Gusto bereits als Rekrut den Fahneneid abgelehnt. (»Ich weigere mich zu töten!«) Während der Bruder in der Garnison immerhin einen anarchischen Bund »Ohne Zwang« gegründet hatte (prominentes Mitglied der Erzherzog Leopold Wölfling), lautete Gustos Parole weit radikaler: »Ohne Besitz«. Jahrzehntelang provozierte er die besitz-besessenen Zeitgenossen damit, daß er in härener Tunika über einer Kniehose, mit einem das lange Haar zusammenhaltenden ledernen »Diadem« (der von ihm erfundene subkulturelle Vorläufer des inzwischen zum Modeaccessoir avancierten Stirnbands), bloßfüßig oder in selbstgemachten Sandalen durch die Schweiz und Deutschland zog, in der Hand den Hirtenstab, einzige Habe eine Umhängetasche mit Spruchkarten und zum Essen ein paar Obstkerne. Privatbesitz lehnte er ebenso wie Geld ab, statt in Häusern, zog er es vor, in Kapellen, Felsspalten oder im Zigeunerwagen zu wohnen; er führte eine Ehe ohne Trauschein und

Vegetarische Mahlgemeinschaft in einer Friedensreich-Vision von Gusto Gräser. Die von ihm herausgegebene Postkarte trug auf der Rückseite die Verse: »Komm, Kamerad, wir bieten dir ein Mahl, das stammet nicht aus holder Wesen Qual,/Das hat die Freundschaft mit der sonn'gen Welt, die trauten Bäume, uns bestellt./Sehnst dich heraus aus all der grausen Not? Komm, teil mit uns ein menschenwürdig Brot!«

erzog seine Kinder ohne Schule. Er lebte das *Sein* und verachtete das *Haben;* dem »Hirnfrost« der Zeitgenossen setzte er das »Herztum« entgegen.

1915 wurde er aus Stuttgart nach Österreich abgeschoben und sollte zum Militärdienst eingezogen werden. Er weigerte sich erneut, die Uniform anzuziehen. Es muß ein merkwürdiger Anblick gewesen sein, wie der Mann in seinem Täufergewand im Kasernenhof, ein Buch lesend, zwischen den exerzierenden Kameraden auf und ab ging. Dreimal wurde er vor ein Erschießungskommando gestellt. »Tut, was ihr müßt«, war seine Antwort. Er kam ins Irrenhaus und wurde schließlich als »mit verkehrten Ideen behaftet« entlassen. Den Soldaten, die ihn gefragt hatten, ob es nicht recht sei, in den Krieg zu ziehen, hatte er zur Antwort gegeben: »Tu, was deine innere Stimme dich heißt! Sei nur ganz wahr!« Statt äußerer Autorität gab es für ihn nur das eigene Innere als Instanz: »Euer Inneres macht Vorschriften überflüssig. Aus der Treue zur eigenen Art ergibt sich auch die

Treue zur Gemeinschaft.« 1916 wurde in den Eisenbahnzügen sein großes Lehrgedicht ›Freund, komm heim‹ verkauft, in welchem die Heimkehr zu sich selbst als antiimperialistische Losung beschworen wird; oder wie es in der ebenfalls 1916 entstandenen Version des Gedichts ›Menschen, Heimat braucht die Erde!‹ heißt: Diese innere Heimat der Freude und des Glücks sei »nimmer zu erzwingen«, sondern hier müsse das eigene Herz als »Lebenswaffe« eingesetzt werden. 1919 hatte er seine Nachdichtung von Laotses Tao-te-king abgeschlossen; gleichzeitig verkündete er als »Volkswart« während der Münchner Räterepublik den »Kommunismus des Herzens«.

Wenig schien zunächst von diesem bedürfnislosen Kulturkritiker und Apostel der Demut übrig zu bleiben. Seine »Flatterblätter« hatte der Wind längst verweht; die bürgerliche Jugendbewegung, deren innere Empörung und »Revolution der Seele« er teilte (von ihm ging wohl auch der Anstoß zu Friedrich »Muck«-Lambertys tanzendem Blumenkinderzug durch Franken und Thüringen im Jahre 1920 aus), konnte ihm kein dauerndes Andenken bewahren. Und die »Inflationsheiligen« der zwanziger Jahre, die sich auf sein Vorbild zurückführen lassen, wirken in ihrem rücksichtslosen Egoismus doch eher als Karikaturen ihres sanften Vorläufers denn als seine legitimen Erben. Doch die Lehren dieses einsamen Predigers sind aufgehoben im Werk Hermann Hesses, der auch zu den ersten Empfängern der Gräserschen Tao-Nachdichtung gehört hatte und dem Gräser (freilich ohne Namensnennung) immer wieder als Vorbild der literarischen Gestaltung diente – am unverhülltesten in der Gestalt des Leo in seiner Erzählung ›Die Morgenlandfahrt‹ (1932). Durch ihn erreichte Gräsers gelebte Botschaft des gewaltlosen individuellen Widerstandes und einer einfachen erdnahen Lebensform schließlich doch ein millionenfaches Publikum.[114]

Während Gräser, Friedenskünder der »kommenwollenden Gartenzeit«, erst zur Jahrhundertwende sein exemplarisches Leben jenseits der Konvention begann, hatte 1895 bereits der ebenfalls von Hesse verehrte und geförderte schwäbische Kleinbauer aus Warmbronn, der Grübler Christian Wagner,[115] das Büchlein ›Neuer Glaube‹ in Form eines Katechismus veröffentlicht, in dessen Vorwort es in Generalisierung des ethischen Vegetarismus eines Eduard Baltzer heißt: »Ich habe das Evangelium gepredigt von der möglichsten Schonung für alles Lebendige, und den Krieg angesagt jeder herzlosen Ichlehre«.[116]

Als zentrale Botschaft verkündet das Buch die »Rechtsanerkennung und, daraus hervorgehend, Achtung und Schonung des Lebendigen«.[117] Ausdrücklich bezieht Wagner diesen Gedanken sowohl auf den Menschen als auch auf die Tiere und Pflanzen, die alle aufgenommen sind in seine Botschaft »des Lebens in Liebe«.[118] Insbesondere der Wald und die Blumen sind ihm unmittelbare Widerspiegelung des Göttlichen; radikaler Tierschutz ist ihm selbstverständliches Gebot. Bei Wagner endlich wird die volle Dimension von Ökopax sichtbar: Frage 67 seines ›Neuen Glaubens‹ lautet:

»Was weißt du von der Aufrichtung eines Friedensreiches unter dem Banner des Neuen Evangeliums?

Antwort: Auch die Tierwelt wartet auf ihren Erlöser, ja selbst die Pflanzenwelt und die ganze Natur. – Ja, siehe: Sehnsuchtsvoll und zitternd harren sie schon seit Jahrtausenden auf einen Erlöser, auf einen Heiland, der ihre natürlichen Rechte voll anerkennt und zu voller allgemeiner Anerkennung zu bringen vermag. – Aber wann wird der kommen? – Und welcher Wegbereiter wird sein Johannes sein? – Frage nicht! Ich und du, und der und jener, und jeder volle Mensch ist hiezu berufen, und wer dieser hohen heiligen Berufung nicht folgt, hat dafür Verantwortung und Sünde. – Und dir und mir und jeglichem gilt die Mahnung:

> So lang du ihre Freiheit nicht gepredigt,
> Bist du auch deines Auftrags nicht entledigt,
> Erst wann du sie hast aller Welt verkündigt,
> Bist du vollkommen in dir selbst entsündigt.«[119]

Wagner prophezeit, daß nach einem gewaltigen apokalyptischen Endkampfe »durch der Erde nachgeborene fromme Muttersöhne« ein Reich des Friedens hier auf Erden gegründet werde und damit eine schöne, herrliche Zeit anbreche. Selbst die stumme Natur werde sich darüber freuen, »daß nicht Qual, nicht Blutvergießen, nicht Krieg mehr sein wird«. Dieses »Sehnen der Natur« werde sich dann erfüllen, »wenn der Lindenbaum wieder grünen wird, der einst verdorrte im Grunde«, heißt die kryptische Vorhersage.[120]

Bei Wagner laufen zwei Traditionslinien zusammen und lassen ihn zum beredten Verkünder von Ökopax werden: Er ist zum einen Nachfahre der Romantiker und der von ihnen eingeleiteten »Apokalypse der deutschen Seele« (Hans Urs von Balthasar); zum anderen kommt in ihm der heimische Pietismus in radikaler Form zum Durchbruch, der in apokalyptisch-chiliastischer Erwartung das Reich Gottes, das Friedensreich, in welchem »die Schwerter zu Pflugscharen« (Micha 4,3) geworden sind und die Wölfe friedlich neben den Lämmern weiden (Jesaia 11,6–7), als irdische Existenzmöglichkeit begreift. Wagner macht deutlich, daß die Vorstellung von Ökopax letztlich eine religiöse Dimension hat, daß hier ein die gegebene staatliche und gesellschaftliche Ordnung transzendierender anarchischer Entwurf eines irdischen Friedensreiches konzipiert wird.[121]

Seine Wurzelgründe in der deutschen Geschichte lassen sich bestimmen: Die Tradition reicht zurück zum romantischen Chiliasmus etwa von Novalis, der am Schluß seines 1799 entstandenen Aufsatzes ›Die Christenheit oder Europa‹ die »heilige Zeit des ewigen Friedens, wo das neue Jerusalem die Hauptstadt der Welt sein wird«, besingt; sie ist verwandt mit dem »philosophischen Chiliasmus« eines Kant, wie er besonders in seiner Schrift ›Vom ewigen Frieden‹ durchbricht. Und sie fußt auf der vom deutschen Pietismus beschworenen religiösen Tradition des tausendjährigen Gottesreiches der freudigen Liebe und des Friedens.

Sieht man die »grüne« Politik bis heute vor diesem Hintergrund, so ist sie weit mehr als bloß romantische Gefühlsduselei und rückwärtsgewandter Antimodernismus oder – umgekehrt – eine rein pragmatische Reaktion auf Umweltgefährdung und Zerstörung durch Technik und Industrie. Ihre dynamische Kraft zieht diese Bewegung vielmehr aus dem in säkularisierter Form weiterlebenden Glauben an die Möglichkeit einer apokalyptisch-revolutionären Geschichtswende zur Verwirklichung des Reiches Gottes auf Erden. So sehr auch das heutige »grüne« Programm die ökologische Politik operationalisiert und konkretisiert – es kann nicht übersehen werden, daß hier schon von der Entstehungsgeschichte her eine bestimmte Form politischer Religiosität weiterwirkt. Sie wurde im deutschen »Untergrund« der alternativen sozialen Bewegungen tradiert; in Zeiten politischer, ökonomischer oder ökologischer Krisen vermag sie zum Kristallisationspunkt der Hoffnung zu werden.

Freilich ist auch die problematische Seite dieses Glaubens an eine neue Welt offenkundig: Es steckt dahinter die Weigerung, mit der Welt, unvollkommen wie sie nun einmal ist, den Frieden zu schließen. Abneigung gegenüber jedem Kompromiß, »grüner« Fundamentalismus mit anderen Worten, muß die Folge sein. Die Schwierigkeit einer solchen auf Realitätsverwandlung abzielenden Wirklichkeitsablehnung wird besonders deutlich bei der historisch ebenfalls schon seit Jahrhunderten diskutierten Frage, in welcher Gestalt denn das ökologische Friedensreich als Solidargemeinschaft aller Lebewesen hier und heute Gestalt annehmen könne. Dazu heißt es in dem auf der Bundesdelegiertenversammlung der »Grünen« im Januar 1983 – bezeichnenderweise in Schwaben, diesem traditionell pietistisch-radikalen Raum abgehalten – verabschiedeten Wahlprogramm, den sogenannten »Sindelfinger Beschlüssen«: Es gehe darum, »ganzheitliche Gemeinschaftsprojekte« zu entwickeln, welche »alle Elemente alternativer Lebensgestaltung« verwirklichen und »ein Höchstmaß an Unabhängigkeit von herkömmlichen, fremdbestimmten Wirtschafts- und Gesellschaftssystemen zu gewinnen«. Solche Gemeinschaften sollen »zu Keimzellen einer neuen sozial und ökologisch verantwortlichen Gesellschaft werden«. Als Pilotprojekt stellen sich die »Grünen« den Aufbau des ersten »Ökodorfes« in der Bundesrepublik vor. Ein Foto macht deutlich, daß als Muster einer solchen Keimzelle alternativer Lebensformen die ländliche Kommune gemeint ist.[122]

Landkommunen aber sind Traumgebilde, wenn sie sich auch manchmal zur Wirklichkeit verdichten: Mit ihnen wird der Traum vom »anderen Leben«, von der Ablehnung – nicht *der* Welt, aber der *alten* Welt – und vom »Beginnen« und »Neubau«, vom Aufbau einer neuen Gesellschaft in Worte gefaßt (und manchmal in Taten umgesetzt). Landkommunen können so immer wieder – fast möchte man sagen: gegen jegliche pragmatische Vernunft – zur greifbaren Hoffnung in politischen, ökonomischen, ökologischen und spirituellen Krisenzeiten werden. Ein fundamentalistischer Utopismus gehört somit zu ihrem Wesen, das heißt ein Element gläubiger Hoffnung auf Heil und Heilung hier in *dieser* Welt. So ist es alles andere als Zufall, daß etwa die »Grünen« erneut auf die Kommune verfallen sind.

An diesem Punkt sind nicht einmal Konjekturen notwendig, um den religiösen Kontext auszumachen. Denn in einer Schrift der Emmaus-Bewegung heißt es klipp und klar, es sei *ihre* programmatische Position zum Aufbau ganzheitlicher Großgemeinschaften gewesen, welche die »Grünen« in ihr Sindelfinger Wahlprogramm aufgenommen hätten.[123] Und die Emmaus-Bewegung ist es auch, welche heute das aktive Zentrum bei der

Konzipierung einer »kommunitären Gesellschaft« nach der Vorstellung der »Grünen« ist. Was aber ist Emmaus?

Die Idee der Emmaus-Bewegung entstand nach dem Zweiten Weltkrieg in Frankreich, als 1949 der Kapuzinerpater Abbé Pierre (Henri-Pierre Grouès), 1945 bis 1951 einziger parteifreier Abgeordneter des französischen Parlaments, zusammen mit Obdachlosen, Haftentlassenen und verzweifelten Menschen eine Lumpensammlergemeinschaft bei Neuilly-Plaisance, Département Seine-Saint-Denis, schuf und diese nach dem biblischen Ort Emmaus in Palästina benannte, weil auch dort einst Verzweifelte durch Jesus neue Hoffnung fanden (Luk. 24,13–35). So steht der Name als Symbol für Solidarität und unbürokratische Hilfe. Diese Emmaus-Bewegung ist heute ein konfessionell und parteipolitisch unabhängiges Hilfswerk, bestehend aus selbständigen Gruppen und organisiert in gemeinnützigen Vereinen. In mehr als zwanzig Ländern gibt es nach einer Selbstangabe über 150 Emmaus-Gruppen, das Zentrum der deutschen Emmaus-Bewegung liegt auf dem Dachsberg in Kamp-Lintfort am Niederrhein bei Duisburg. Wie die anderen Emmaus-Gruppen ist auch die Kamp-Lintforter autonom und erhält sich ausschließlich durch die Arbeit ihrer Mitglieder. Die wirtschaftliche Grundlage bildet dabei die Sammlung und der Wiederverkauf von Gebrauchsgegenständen und Altmaterialien, die in der Überflußgesellschaft als Abfall weggeworfen werden (Gemeinschaftsbildung »aus den Sperrmüll-Erlösen der Wegwerfgesellschaft«). Der Erlös wird mit den Notleidenden in unserer und in der Dritten Welt geteilt, ohne daß nach der Herkunft, Religion oder politischen Weltanschauung der Bedürftigen gefragt wird.

Hinter dieser Gegenwartsaufgabe wird aber die Zukunftsvision der deutschen Emmaus-Bewegung sichtbar in Gestalt »einer kommunitären Gesellschaft jenseits von Besitz- und Machtstreben«, bestehend aus einem »Netz brüderlich-schwesterlicher Gemeinschaften«. Die Gruppe auf dem Kamp-Lintforter Dachsberg sieht sich als erste Zelle einer kommenden »neuen Kultur des Friedens«. Jenseits der Verzerrungen durch die institutionalisierte Religion will sie unmittelbar zurück zu den Quellen sozialer und spiritueller Gemeinschaft, wie sie die Apostelgeschichte beschreibt (Apg. 2,42 und 4,32), also auch zur Gütergemeinschaft. Die bürgerliche Kleinfamilie und ihre sozialen und psychischen Strukturen werden ausdrücklich als überlebt abgelehnt. Nicht zuletzt in Erwartung finanzieller Unterstützung von den »Grünen« arbeiten die Kamp-Lintforter an den Vorarbeiten zu einer »ganzheitlichen Großgemeinschaft« von drei- bis vierhundert Personen. Man ist sich dabei der Tatsache bewußt, daß ein solches Großprojekt über den bisherigen wirtschaftlichen Rahmen der Emmaus-Arbeit, der Wiederverwertung von Altmaterialien, weit hinausführt und die Zusammenarbeit mit einer künftigen Öko-Bank und den Parlamentsfraktionen der »Grünen« nötig macht. Trotzdem wird an der nicht zuletzt erzieherischen Bedeutung der Sammlung und Wiederverwertung von Altstoffen festgehalten, weil durch diese praktische Kritik am Kapitalismus eine »ökologische Kreislaufwirtschaft« angeregt werde. Das anvisierte Ziel ist aber »eine andere Republik«: »Eine Gesellschaft aus autarken, untereinander vernetzten Gemeinschaften von 300–700 Menschen, wie wir sie für das Sindelfinger Programm der Grünen beschrieben haben.« Wenn auch eine funktionierende ökonomische Basis als selbstverständliche Voraussetzung dieser Kommuneprojekte gilt, so soll doch der spirituelle Aspekt im Mittelpunkt stehen, sollen die kommunitären Gemeinschaften Orte der »Katharsis und Heilung« sein.

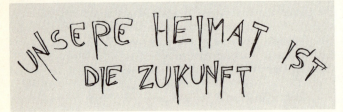

Die Heimat als der Ort der Utopie (Willy Ackermann).

Die Kommune ist in der deutschen Geschichte stets mehr als ein Bezugspunkt der leiblichen Existenz gewesen – und oft von nur zweifelhaftem ökonomischem Erfolg begleitet. Sie war vielmehr ein heiliger Ort, ein sakraler Topos. Ihre Attraktivität lag darin, daß sich in ihr nicht nur alle Kritik am jeweils bestehenden unguten Zustand der Welt konkretisieren ließ, sondern daß durch sie auch die Hoffnung auf den tatsächlichen Anbruch einer neuen Zeit glaubwürdig wurde. Erst unter dieser spirituell-religiösen Perspektive wird verständlich, wieso um die Jahrhundertwende, nach dem Ersten Weltkrieg, in den siebziger und beginnenden achtziger Jahren die kommunitäre Siedlung zum die Herzen und Hände bewegenden Zauberwort werden konnte. Anders als auf der rein politischen Ebene schien hier ein Angelpunkt gefunden, der die Selbstveränderung, die individuelle Bewußtseins-Revolution also, mit der Gesellschaftsveränderung verknüpfte. Hier konnte nicht nur der alte Adam abgelegt, sondern auch die alte Welt des Unheils verlassen werden.

Diese kommunitäre Heilsperspektive wurde von den »Grünen« bis 1984 beharrlich weiterverfolgt – obwohl alle historischen Erfahrungen in Deutschland darauf hinwiesen, daß Kommunen keinerlei Pilotfunktion politischer Art haben können. Aber die durch sie artikulierte religiöse Heilsbotschaft erwies sich bisher stärker als jeder Versuch einer Entmythologisierung der Kommune. So wurde diese Konzeption erneut im Juni 1983 anläßlich der außerordentlichen Bundesdelegiertenkonferenz der »Grünen« in Hannover durch eine Arbeitsgruppe besprochen, in der sich insbesondere Rudolf Bahro (bekannt geworden als Kritiker des »real existierenden Sozialismus« in seinem Buch ›Die Alternative‹) zum Vorkämpfer der Kommune machte. In seinen Ausführungen ›Kommune wagen. 10 Thesen über die Richtung der sozialen Alternative‹ formulierte er seine Kritik an der bisherigen Politik der »Grünen«: »Noch haben wir das Standbein nicht von dem Karussell heruntergenommen. Noch haben wir nicht wirklich begonnen, den Mutterboden einer anderen, einer Friedenskultur zu erzeugen.«[124] Für ihn ist die Kommune vorweggenommenes Friedensreich und Trägerin eines neuen Heils. Er überspringt die säkularisierten Formen ländlicher Kommunen im Abendland und knüpft mit seiner Forderung nach einem »neuen Benediktinertum« unmittelbar wieder an der mönchischen Ordensbewegung an. So wie der Kulturaufstieg Europas einst von den Klöstern als Gemeinschaftszentren neuer Religiosität und Geistigkeit ausging, so soll der »Aufbruch zur neuen Kultur« (Dieter Duhm)[125] von Kommunen seinen Anfang nehmen; sie sollen die Experimentier- und Pionierzentren einer künftigen ökologischen Zivilisation sein.

Wenn noch 1983/84 die »Grünen« den Ausstieg aus Industrialismus und Kapitalismus und den »Einstieg ins Andersleben« vor allem durch kommunitäre Lebenspraxis erreichen wollen, dann wird hier eine erstaunliche Kontinuität subkultureller Tradition in Deutschland sichtbar – angefangen vom radikalen Pietismus mit seinen Realisierungsversuchen der urchrist-

lich-kommunistischen Liebesgemeinschaft[126] über Versuche zu einer alternativen geselligen Lebenspraxis bei den Romantikern[127] zu den kommunitären Experimenten um 1900 und 1920.[128] Im Jahr 1984 hat sich innerhalb der »Grünen« eine »Bundesarbeitsgemeinschaft Kommune-Bewegung« gebildet; die erste, vom Emmaus-Zentrum in Kamp-Lintfort aus organisierte »Kommune-Begegnung« fand im Juni 1984 auf Burg Stettenfels bei Heilbronn statt[129] – wieder in Schwaben, dessen Bedeutung als ein Zentrum geistrevolutionärer Bestrebungen damit erneut unterstrichen wird. Rudolf Bahro bekannte sich dort in seinem Grundsatzreferat ›Spirituelle Gemeinschaft als soziale Intervention‹[130] ausdrücklich zu einer religiösen Politik und damit zu einem Verständnis »grüner« Politik als religiöser Heilsbewegung: »In letzter Instanz zielt die ... Resensibilisierung für den Naturzusammenhang auf die Wiederherstellung der gestörten Harmonie, der Gesundheit im weitesten Sinne, auf Heilung in dem Sinne ab, wo sie mit Heil zusammenhängt.«
Die apokalyptisch-chiliastische Dynamik der Ökopax-Bewegung wurde jedenfalls durch das angebliche Obsoletwerden traditionsverhafteten Denkens im Prozeß der Industrialisierung nicht gebremst, sondern hat im Gegenteil gerade durch die Reibung mit dieser Entwicklung und ihren angsterregenden Folgen bis heute zunehmende Bedeutung gewonnen. Wenn auch Rudolf Bahro auf dem Hamburger Bundestreffen der »Grünen« im Dezember 1984 als »Prophet ohne Jünger«[131] aus dem Bundesvorstand der Partei ausschied und der Partei selbst auf der Hagener Bundesversammlung im Juni 1985 den Rücken kehrte, so muß seine Vorstellung von der »grünen« Ökopax-Bewegung als einer »Milleniumsbewegung zur Begründung einer neuen Kultur«[132] und die daraus resultierende Verweigerungshaltung gegenüber allen Mächten nicht allein von der Warte einer auf »Realpolitik« gerichteten reformistischen Praxis verurteilt werden.
Es gibt zu Recht den Hinweis, daß das Programm der »Grünen« wie einst die klassischen sozialdemokratischen Programme des 19. Jahrhunderts typischerweise in zwei Teile zerfalle – ein radikal-verbales Grundsatz- und ein eher reformistisches Sofortprogramm.[133] Solange die »Grünen« durch den Fundamentalismus nicht zu einer metapolitischen und sektiererischen Heilsbewegung verkommen, können gerade die fundamentalistisch utopisch-religiösen Momente die industriekritische Protesthaltung und den politischen Aktivismus kraftvoll beflügeln.

Erst durch die religiöse Utopie von Ökopax gewinnt das praktische Handeln der »grünen« Bewegung ihre gefühlsmobilisierende universelle Perspektive. Die Tatsache, daß selbst die Sozialdemokratie sich diese Programmatik heute anzueignen sucht, beweist zur Genüge, daß es im Augenblick keine zündendere Zukunftslosung als Ökopax im parteipolitischen Feld gibt.

Kapitel 4
Radikaler Ökosozialismus der Weimarer Zeit: die »Siedlungs-Aktion«

Neben dem reformistischen Ökosozialismus der Sozialdemokratie steht heute der radikale Ökosozialismus eines Flügels der »Grünen«, der eine Lösung der Umweltkrise nur in der Überwindung des Kapitalismus sieht.[134] Es scheint uns, daß dieser linke Ökosozialismus seine eigentlichen Vorläufer in der anarchistischen Bewegung Deutschlands hat. Sicher ist die anarchistische ökopazifistische Betätigung in der Geschichte der Bundesrepublik im Vergleich zu den »Naturfreunden« nur ein fast verborgenes Rinnsal gewesen. Immerhin ist daran zu erinnern, daß sich die Anarchisten in Fortführung ihrer starken antimilitaristischen Tradition an der Anti-Atomtod-Bewegung der Adenauer-Zeit beteiligten[135] und in Rudolf Rocker einen Führer besaßen, der schon in den fünfziger Jahren im Rahmen seiner Kriegsgegnerschaft wie einst Marx darauf hinwies, »daß der blinde Glaube an die unbegrenzte Ertragsfähigkeit der Erde nur eine Illusion« sei, was nicht nur für die Erträge der Landwirtschaft gelte, sondern auch für die Rohstoffquellen.[136]

Das anarchistische Erbe wurde in seiner Bedeutung erst wieder entdeckt, als in den siebziger Jahren die Schriften des Öko-Anarchisten Murray Bookchin von Amerika aus nach Deutschland zu wirken begannen.[137] Seitdem gibt es in Deutschland Versuche, auch die reiche theoretische Hinterlassenschaft des Anarchismus in die Konzeption eines radikalen Ökosozialismus mit einzubringen.[138] Die bisher ungeschriebene Geschichte des Wilhelminischen und Weimarer Öko-Anarchismus verdient höchstes Interesse, weil es hier wohl zum erstenmal in der deutschen Historie zu dem – wenn auch gescheiterten – Versuch kam, einem Flügel der organisierten Arbeiterbewegung eine radikale ökosozialistische Ausrichtung zu geben.

Es ist symptomatisch, daß die ersten Ansätze in dieser Richtung von einer Randfigur des deutschen Anarchismus, betrachtet man dessen Organisationsgeschichte, nämlich von Gustav Landauer ausgingen, der in seinem »Sozialistischen Bund« von 1908[139] nicht die anarchistische Industriearbeiterschaft, sondern eher Intellektuelle und Handwerker, die gegenüber der Industriegesellschaft negativ eingestellt und nicht in sie integriert

Gustav Landauer, der Prophet der anarchistischen Landsiedlung.

waren, durch einen neuromantischen Anarchismus ansprach.[140] Landauers theoretische Aussagen über sein »mystisches« Naturverständnis, das in der Tradition der deutschen Naturphilosophie und des erotischen Monismus Wilhelm Bölsches lag, stehen in unmittelbarem Zusammenhang mit seinem utopisch-völkischen Gemeinschaftsverständnis.[141] Sie führen ihn zu einer neuromantischen und antimodernistischen Variante der vor allem durch Peter Kropotkin literarisch vorbereiteten »sozialistischen Siedlung«.[142]

Mit Berufung auf Proudhon wandte sich Landauer gegen die Geschichtsauffassung von Marx, daß die Masse dann erst reif sei für den Sozialismus, wenn die Verelendung am weitesten fortgeschritten sei. Er teilte vielmehr Proudhons Standpunkt, daß der Sozialismus in jeder Gesellschaft und zu jeder Zeit möglich sei. Deshalb solle man nicht bis Anno Tobak mit dem Sozialismus warten, sondern bereits hier und heute das sozialistische Beginnen versuchen. Als modellhafte Vorwegnahme der sozialistischen Zukunftsgemeinschaft galt ihm dabei die Landkommune.

Landauers ›Aufruf zum Sozialismus‹[143] verhallte nicht ungehört, sondern stieß bei proletarischen Randgruppen auf eine starke emotionale Resonanz. Dies zeigt sich exemplarisch in Landauers Nachruf auf den aus der bayerischen Landwirtschaft kommenden Maurer und Stukkateur Ferdinand Huber, der sich 1911 mit 46 Jahren erhängte. Landauer hatte ihn Mitte der neunziger Jahre als Anarchisten kennengelernt und ihn später für seinen die Siedlungs-Idee propagierenden »Sozialistischen Bund« gewonnen. Landauer berichtet, wie die romantisch-völkische Gemeinschaftsidee des »Sozialistischen Bundes« den eigenbrötlerischen, herben Individual-Anarchisten Huber verwandelt habe: »Er war ganz erfüllt worden von dem, was ich Geist, verbindenden Geist, Gemeingeist nenne, und hatte jetzt etwas, wonach sein Herz mit der späten Leidenschaft des in Einsamkeit starken Mannes lechzte: unsere sozialistische Siedlung.« Und Landauer, für den die landwirtschaftliche Kommune doch eher eine schöne Zukunftsvision denn mögliche praktische Realität war, mußte erkennen, daß solche Träumereien für andere bitterer Ernst geworden waren: »Ferdinand Huber aber und seines Gleichen wollen nicht mehr warten und können es nicht, weil sie arm sind, arm bis ins Herz hinein. Sie wollen anfangen, sei's noch so klein und fordre es noch so große Entbehrungen; sie wollen anfangen! Sie können auf kein drittes Reich warten (Anspielung auf die Zukunftsvisionen der Brüder Heinrich und Julius Hart, den Gründern der »Neuen Gemeinschaft«, U. L.) und auf kein Paradies und nicht einmal aufs sozialistische Dorf (im Sinne von Kropotkin und Landauer, U. L.). Sie hungern nach der Gerechtigkeit; sie sind von allem entblößt, ihnen liegt nichts oder wenig an der Geschichte oder der Zukunft, deren frühe Boten wir sind; wir haben ihnen in greifbarer Nähe etwas gezeigt, was sie selber durch eigene Kraft erlangen, was sie sich erarbeiten können; etwas, was sie ihr ganzes kümmerliches, geplagtes und gehetztes Leben lang nicht gekannt haben: Glück, ein freudiges Leben mit Menschen ihres Schlags, die sie lieben und achten; Arbeit in Gemeinschaft um schönen, reinen Lebens willen. Wir haben es gezeigt; in greifbarer Nähe; erreichbar durch eigene Anstrengung; für die erfüllbar, die das Leben nicht mehr ertragen ohne diese Erfüllung; das wirkliche, erreichte, durchgesetzte Leben in der Gerechtigkeit und Gemeinschaftsfreude ist dem gepeinigten Arbeitsmann unserer Zeiten ein innig ersehntes Bedürfnis, auf das er nicht mehr warten kann.« Für Ferdinand Huber sei die Siedlung »Notwendigkeit und ganzer Lebensinhalt« geworden: »Daß der Versuch, eine Siedlung zu gründen, an der sich zu beteiligen er sofort zugesagt hatte, noch nicht durchgeführt werden konnte und ins Stocken geriet, hat ihn bitter enttäuscht. Er hatte alles auf diese Karte gesetzt.« Krankheit, materielle Not und polizeiliche Verfolgung schließlich trieben ihn, der alles von der ersten Gemeinschafts-Siedlung des »Sozialistischen Bundes« erhofft hatte, in den Freitod.[144]

In Landauers Nachruf auf Huber ist das persönliche Schuldbewußtsein nicht zu überhören. Denn während sich seine Anhänger mit Feuereifer, wenn auch praktisch erfolglos, an die Sammlung von Geldern zum Aufbau einer ersten Inlandsiedlung machten, zögerte Landauer mit dem eigenen Siedeln und verkündete schließlich den Kameraden 1911 in diesem Nachruf, seine Arbeit sei nicht die des Spinnens und Hackens. Der Grund für diese Verweigerung ist deutlich: Mit der zweiten Marokkokrise im Jahr 1911 sah Landauer überdeutlich die Gefahr eines kommenden Weltkrieges; angesichts der ihm vorschwebenden antimilitaristischen Aktionen – sofortige Selbstorganisation der Arbeiter durch einen »Freien Arbeitertag« als Ausgangspunkt eines wirksamen kriegsverhütenden Generalstreikes – mochte ihm die Siedlung als bloßes Traumland erscheinen und die Isolation von den Massen befürchten lassen.[145]

Trotzdem wäre es falsch, bei Landauer einen unüberbrückbaren Gegensatz zwischen Ökosiedlung und Antimilitarismus zu konstruieren. Wenn ihm auch persönlich nicht die Synthese von Siedlungs- und Friedensarbeit gelang, so gab es doch die theoretische Vermittlung über das Werk des von Landauer hochgeschätzten Graf Leo Tolstoi. Hätte Landauer eine Landsiedlung gegründet, dann wäre sie ebenso dem Geiste Tolstois wie dem

Kropotkins verbunden gewesen; denn Tolstoi wurde um die Jahrhundertwende zum wichtigsten Inspirator anarcho-pazifistischer und christlich-anarchistischer Siedlungen.[146] Es bleibt auch offen, ob Landauer, wäre er nicht 1919 erschlagen worden, nicht schließlich doch noch das Hacken und Spinnen in dörflicher Gemeinschaft nach dem Vorbild Gandhis als die seiner Vision von Ökopax angemessenste Realisationsform betrachtet hätte. So aber haben wir nur das Bild, das sein Freund Erich Mühsam aus den aktivistischen Tagen der Münchner Räterepublik überliefert.[147] Im nachhinein gibt es doch noch der früheren Kritik von Landauers anarchistischen und syndikalistischen Gegnern aus der Arbeiterschaft an seinem genossenschaftlich-aufbauenden »utopischen Sozialismus« recht,[148] denn Mühsam zeichnet einen klassenkämpferisch gewandelten Landauer, der die revolutionäre Enteignung von Grund und Boden befürwortet und »vegetarische Siedlungsspielereien« auf gepachtetem, gemietetem oder zinspflichtigem Land als »Resignations-Retiraden« abgelehnt habe.

Der Boden und die Siedlung – das war die antiurbanistische, industriefeindliche und antikapitalistische Erlösungsformel von der deutschen radikalen konservativen Rechten bis zur anarchistischen Linken, wobei insbesondere der Anarchismus landauerscher Provenienz die Landkommune zusätzlich zu den aus dem neuromantischen Erbe stammenden naturgläubigen Inhalten mit einer antimilitaristischen Botschaft auflud und so zum geeigneten Gefäß der Lehre von Ökopax machte.

Als der Erste Weltkrieg vorbei war, kam es in Deutschland, verursacht von Hunger und Arbeitslosigkeit ebenso wie von innerer Sinnleere und »Heimat«-Sehnsucht, zu einer Vielzahl von Siedlungsexperimenten, zumeist aus bürgerlich-jugendbewegtem Geist.[149] Soweit sie der linksbürgerlichen Jugendbewegung zuzurechnen sind, prägte sie Landauers Idee eines friedlich-aufbauenden Sozialismus. So wollte etwa der anarcho-religiöse Landauer-Verehrer Eberhard Arnold in seiner Siedlung Sannerz – der einzigen tolstoianischen Kommune Deutschlands –[150] und später in den »Bruderhöfen« den urchristlichen Liebeskommunismus wiederbeleben, und der Anarchokommunist Heinrich Vogeler beschwor in seinem Barkenhoff bei Worpswede den »Kommunismus der Liebe«.

Hier wird ländliche Siedlung zum Modell einer friedlichen Gemeinschaft, die auf dem Prinzip der Liebe aufbaut. Die oft beschworene Tugend ist das Prinzip der »gegenseitigen Hilfe«, das Peter Kropotkin dem Darwinschen »Kampf ums Überleben« entgegensetzte. Es ist also alles andere als ein Zufall, daß Landauer, der Wilhelm Bölsches ›Liebesleben in der Natur‹ überschwenglich gepriesen hatte,[151] auch Kropotkins ›Gegenseitige Hilfe in der Tier- und Menschenwelt‹ ins Deutsche übersetzte (Leipzig 1908). Das ethische Liebesgebot hatte sozusagen mit der »gegenseitigen Hilfe« seine naturwissenschaftliche Rechtfertigung gefunden. Damit war eine die Natur und die Menschheit – diese als Teil der Natur – durchdringende Kraft gefunden. Sie konnte die Hoffnung auf Frieden unter den Menschen wie auf Frieden des Menschen mit der Natur beflügeln. Erst der optimistische Glaube an das allesdurchdringende Walten der »gegenseitigen Hilfe« ließ überhaupt das sozialistische Beginnen im Zeichen von Ökopax als praktikable Alternative erscheinen.

So zierte 1921 die anarcho-syndikalistische Siedlung »Freie Erde« bei Düsseldorf nicht nur eine Marmortafel mit der Inschrift: »Im Geiste Gustav Landauers besiedelten wir dieses Brachland und nannten es bestimmungsgemäß ›Freie Erde‹«. Die den Grund rodenden Arbeiter errichteten auch sogleich eine Schrifttafel, welche neben Bildungsreminiszenzen an Goethes ›Faust‹ auf die erstrebte naturgemäße Lebensweise hindeutete:

> »Wir lieben den Wald, wir lieben die Flur,
> wir lieben die Erde, die Mutter Natur.
> Wir lieben den Menschen, vom Wahn befreit,
> der großmäuligen Phrasen Besessenheit.
> Wir lieben die *Tat*, die Arbeit, die Kraft,
> die aus dem Chaos ein Neuland schafft.
> Drum helft uns und schützt die erstehende Welt
> und schont uns den Wald, die Flur und das Feld.«[152]

Doch lagen bei diesen anarchistischen Landsiedlungen Landauers neuromantischer Antimodernismus und Kropotkins fortschrittsfreudiger Anarchokommunismus als ungeschiedenes Gemenge beieinander, wobei die Nähe oder Ferne der Kommunarden zur Industriearbeiterschaft wohl den Ausschlag bei der Gewichtung der beiden Elemente gab. Die Düsseldorfer Siedler jedenfalls glaubten an ein Miteinander von Stadt und Land, suchten Formen der Kooperation zwischen ihrer Landwirtschaft und der städtischen anarcho-syndikalistischen Arbeiterbörse zu entwickeln und praktizierten ein »Doppelengagement« in Stadt und Land: Der Siedlungsgründer Waldemar Kutschke ging neben den Siedlungsanstrengungen täglich zur Arbeit am Hochofen in einem der größten Düsseldorfer Stahl- und Eisenbetriebe, und während der Siedler-Aktion nahm er aktiv am Düsseldorfer Metall- und Stahlarbeiterstreik teil.

Anarcho-syndikalistische Siedlung »Freie Erde« bei Düsseldorf: landbesetzende Pioniere und ihre erste provisorische Unterkunft, 1921.

Bei anderen anarchistischen Landkommunarden jedoch nimmt Ökopax massive Züge der Industrie- und Großstadtfeindschaft an.[153] Der Metallbildhauer und Gürtlermeister Friedrich (»Fidi«) Harjes etwa, vegetarischer Antimilitarist und führender anarchistischer Mitsiedler auf Vogelers Barkenhoff, führte 1920 in einem programmatischen Artikel ›Stadt oder Genossenschaft und Kommune?‹ aus:[154] »Die große Krankheit der Menschheit heißt Unnatur Stadt. Heilung allein bringt Natur Land.« Die Unnatur sieht er sowohl im individuellen wie im gesellschaftlichen Körper wirksam. Im Körper des einzelnen sei sie die Quelle von Krankheit: »Je mehr der Mensch sich von der Natur abwendet, desto mehr Gifte entwickeln sich bekanntlich in seinem Körper, soweit er sie nicht gar noch von außen hereinführt.« Aus dieser Erkenntnis sei der Vegetarismus ableitbar, der für Tolstoi die letzte Konsequenz der Gewaltlosigkeit und der Ausdehnung des Prinzips der gegenseitigen Hilfe auch auf die Tierwelt gewesen sei. Die Krankheiten des gesellschaftlichen Körpers aber seien Krieg, Wucher, Ausbeutung, Streiks, Revolutionen. Seine Folgerung: »Wie nun der menschliche Körper von all diesen Leiden nicht durch Medizinen, Pillen und Mixturen geheilt werden kann, im Gegenteil dadurch nur neue Gifte zugeführt werden, die den Zusammenbruch beschleunigen, so werden alle Pillen der Politiker, die sich als Ärzte der Menschheit wähnen, nicht anschlagen. Nur durch die Natur kann Mensch und Menschheit gesunden.«

Harjes glaubte im Gegensatz zu den Düsseldorfer Siedlern nicht an die sozialistische Synthese von Stadt und Land. Hatte Kropotkin etwa die mittelalterlichen Städte vom Geist der gegenseitigen Hilfe beseelt gesehen, dann waren sie für Harjes aus dem Geist des Kampfes aller gegen alle geboren. Sozialistische Gesinnung könne deshalb aus der Stadt heraus nicht gedeihen: »Der Sozialismus wird nur in freien Gemeinschaften und freien Genossenschaften von unten auf wachsen. Alle revolutionäre Betätigung in den Städten, so notwendig sie ist, ist nur Zusammenbruch, Abbau. Als Parallelerscheinungen hierzu sind die ländlichen Siedlungen, welche das Symbol des Neuaufbaus sind, zu betrachten ... Die direkte Aktion in den Städten ist die Kampfeswaffe des Syndikalismus als Mittel zum Niederbruch des heutigen Systems; die direkte Aktion auf dem Lande sind die Kommune und die Genossenschaft.«

Kropotkins Lehre von dem harmonischen Zusammenwirken von »Landwirtschaft, Industrie und Handwerk« wird hier antistädtisch ausgelegt – es gelte, »die Verbindung des Menschen mit der Erde« wiederherzustellen, und zwar nicht durch »Reförmchen« wie bei den Wandervögeln oder Naturheilvereinen: »Es gibt nur eine Radikalkur, die heißt: Reißt die Städte nieder und bildet freie, ländliche Kommunen und freie handwerkliche Genossenschaften.« So werde sich der Sozialismus nicht in und aus der Stadt entfalten können, sondern nur auf dem Land in Kooperation zwischen ländlichen Siedlungen und handwerklich-industriellen genossenschaftlichen Unternehmen.

Harjes glaubt offenbar den Arbeiter wieder aufs Land umsiedeln zu können. Er sieht – verständlich in diesen Zeiten der städtischen Hamsterzüge zu den Bauern – eine blühende Zukunft für seine Agrarkommunen voraus und widerspricht der Behauptung, sie müßten lebensunfähige Inseln im Meer des

Kapitalismus bleiben: »In der heutigen Wüste ›Kapitalismus‹ ist die Zeit bestimmt nicht mehr fern, wo die Kommunen Oasen sind, die das Ziel, die Sehnsucht aller von der Korrumpiertheit des kapitalistischen Systems angewiderten Menschen sein werden.« Waren die Düsseldorfer Siedler mehr durch den Selbstversorgungs-Gedanken motiviert worden, so erzählt Harjes den alten Mythos von der regenerierenden Kraft der Mutter Erde neu. Er war damit kein Einzelgänger, sondern konnte auch das Programm des Bremer »Siedlerbundes Freie Erde« beeinflussen, in welchem es hieß: »Die vernichtende Tendenz der Großstadt, ihrer Industrie und Überzivilisation und der Untergang des Mammonismus lassen sich nicht mehr leugnen. Die Kulturschädlichkeiten haben die Gesundheit und Lebenskraft der Menschen herabgedrückt. Aus der Erkenntnis unseres Niedergangs suchen wir neue Grundlagen für unser Dasein und Rettung durch Zurückeroberung des Naturlebens und Rückkehr oder besser Aufstieg zu den einfachen Grundwerten ... Ziel ist die Verbindung geistiger und körperlicher Arbeit, Werkstatt und Landwirtschaft, Kunst und Handwerk, Wissenschaft und Leben.«[155]
Doch wäre es falsch, solchen lebensreformerischen Antimodernismus für schlicht konservativ zu halten. Denn die Anarchisten reicherten die Idee von der Rückkehr zur Scholle mit revolutionären Inhalten an. Den Weg dazu hatte bereits 1892 Peter Kropotkin mit dem Schlachtruf ›Die Eroberung des Brotes‹ gewiesen, der die revolutionäre Enteignung des Privateigentums an allen Produktionsmitteln im kommunistischen Sinne und insbesondere die Wiederherstellung des kommunalen Besitzes am Boden als dem hauptsächlichen Produktionsmittel beinhaltete. Landauers »Sozialistischer Bund« folgte Kropotkin in diesem Punkte, weil dort – auf Erich Mühsams ausdrückliche Intervention – folgende Einschränkung im Art. 11 der ersten Fassung des Programms aufgenommen wurde: »Diese Siedlungen sollen nur Vorbilder der Gerechtigkeit und der freudigen Arbeit sein: nicht Mittel zur Erreichung des Ziels. Das Ziel ist nur zu erreichen, wenn der Grund und Boden durch andere Mittel als Kauf in die Hände der Sozialisten kommt« – also offenbar durch revolutionäre Enteignung. Landauer selbst soll sich ja, wie Mühsam berichtete, an diese Empfehlung während der Münchner Novemberrevolution gehalten haben.[156]

Freilich stellte sich nach dem Abebben der revolutionären Welle die Frage, wie die sozialistische Siedlungsaktion die

Rückkehr zur reinen Pachtwirtschaft vermeiden könne. Die Düsseldorfer Siedler von der »Freien Erde« hatten »im Geiste Gustav Landauers« den Weg gezeigt: Man mußte zur Landbesetzung schreiten. Sie hatten ein der Staatsforstverwaltung gehörendes Gelände besetzt, es gegen polizeiliche Räumungsaktionen auch handgreiflich verteidigt und schließlich die Duldung und einen neunundneunzigjährigen Pachtvertrag ausgehandelt. Daß es sich hier um keinen Einzelfall im anarchosozialistischen Lager handelte, zeigt der »Volkslandbund Köln, Erdbund für föderative Neukultur« mit seinem Ziel der »Befreiung des Volksbodens«: »Das *Mittel* zum sofortigen Anfang ist die *gegenseitige Hilfe,* nur die *Selbsthilfe* der Landsucher, und nur allseitige Hilfe aller Arbeitenden wird den Ausweg zu neuem Volkslande freimachen, wo mit einem neuen Gemeinschaftsleben der gemeinsame Aufbau der föderalistischen, freien Gemeinde begonnen wird.«[157]

Wir stehen am Beginn der zwanziger Jahre und bisher hörten wir nur von anarchistischen Einzelaktionen. Aber der Hunger nach Brot war in dieser Nachkriegs- und Inflationszeit groß genug, um die Hoffnung auf eine Massenaktion der Arbeiter, auf eine »grüne« sozialistische Revolution auf dem Land zu wecken, nachdem die politische Erhebung in den Städten gescheitert war. Von 1. bis 3. Januar 1921 trafen sich auf Vogelers Barkenhoff die Siedlungs-Revolutionäre zur ersten »deutschen Siedlungskonferenz«, um einen gemeinsamen Aktionsplan zu beraten.

Der aus Stettin zu dem Treffen anreisende Paul Robien erinnerte sich zwei Jahre später noch lebhaft dieser Begegnung: »Ein trüber norddeutscher Regentag. Eine endlose Fahrt von Stettin bis Worpswede, eine Fahrt in Gemeinschaft mit Schiebern und Hamsterern. Endlich am Ziel. Das Anwesen Heinrich Vogelers, den Barkenhoff, in der Dunkelheit zu finden, ist nicht leicht, und es bedarf mehrfacher Fragen. Schließlich leuchten aber doch die Fenster des Künstlerheims und der Mustersiedlung durch die triefenden Bäume. Ich klopfe an. Ein baumlanger Revolutionär öffnet. Ich trete in einen mit expressionistischen Gemälden behangenen, anheimelnden Raum, wo ein halb Dutzend Männlein und ebensoviel Weiblein auf dem Boden hocken. Der Lange ist Friedrich Harjes, wohl jedem Revolutionär durch seine z. T. prachtvollen Artikel bekannt. Der Ältere dort ist Heinrich Vogeler, als Mensch und Gesellschafter schweigsam, aber voller Geist. Zum Geist habe Vertrauen. Wo

Geist ist, kann selbst über Differenzen gesprochen werden. Bald sitze auch ich wie ein Chinese mit untergeschlagenen Beinen am rundlichen Tischchen und greife in die Pfannkuchenschüssel. Es wird gesungen. Heinrich Vogeler wacht auf. Er singt ein altes englisches Lied, das seltsame Erinnerungen an zurückliegende Seefahrten wachruft. Neujahr! Was wird es bringen?«[158]

Für Robien war das Ziel der Konferenz klar: »Volk, um dein Brot ging es hier, um nichts anderes. Um dein Brot, dein ureigenstes Brot, das man dir immer noch brockenweise, vergiftet und verbittert, reicht, an dem sich immer noch ein Heer von Börsengaunern, Schiebern und Zünftlern mästet. Nicht anders wie Eroberung des Brotes lautete die Parole. Alle deine Revolten und Erhebungen werden immer wieder niedergeknüttelt werden und im Sande verlaufen, wenn du deinen Blick nicht auf die Nährquelle, die Scholle, richtest ... Volk, um dein Brot kam ein Häuflein Menschen aus allen Reichsgegenden zusammen, auf eigene Kosten, nichts wollend als an das hohe Wort eines andern (gemeint ist Kropotkin, U. L.) zu erinnern: Eroberung des Brotes! Es schien uns an der Zeit, das Wort einzulösen. Unsere Pläne hatten denn auch nichts Utopisches, Phantastisches, Vermessenes. Nicht die politische Macht – nur erst das Brot, Licht und Luft.«[159]

Kaum drei Dutzend Menschen waren während der Tagung[160] auf der Diele des Barkenhoffs versammelt, um hier einen »Markstein deutscher Freiheitsbewegung« zu setzen und über »die Sicherstellung der Ernährung aller produktiv Schaffenden« zu beraten, wie Robien berichtete. Von der Arbeitsschule Barkenhoff waren u. a. Vogeler und Harjes anwesend; vom Musterbetrieb Sonnenhof, der sogenannten »Siedlerschule Worpswede«, deren Leiter, der Gartenarchitekt Leberecht Migge; dazu der Ornithologe Paul Robien aus Stettin; aus Berlin der Aussteiger und Arzt Dr. Goldberg, Gründer der Berliner Wohnkommune Caverno di Zarathustra.[161] Ihn rechnete Robien zu den seltsamen Gestalten der Tagung (»der asketenhafte Prophet in Christusgewändern«): »Dazwischen brummt und krittelt der Berliner Heilige und wird schließlich, als wir aus seinem Gerede nicht klug werden, auch nicht begreifen, was er eigentlich will, fahnenflüchtig mitsamt seiner weiblichen Hälfte.« Dann sind da einige Hamburger, unter ihnen der Architekt Bejuhr, ein Bekannter von Migge und nach Robien ein »moderner Kritiker von scharfem Geist«; ferner aus Stuttgart Jakob Braun, ein Ka-

Der »Naturrevolutionär« Paul Robien.

merad Robiens aus der Militärzeit in den deutschen Kolonien in Afrika. Schließlich einige Rheinländer, die, so Robien, kein Opfer scheuten, um an dem Kongreß teilzunehmen: »Aus der rußigen Industriehölle kommen sie. Hinaus möchten sie aus dieser teuflischen Umklammerung, hinaus ins Freie, eigenes Brot, reines Brot essen, arbeiten in Sonne und Luft. Fünf Kinder hat der eine, die das Sonnenlicht entbehren, die mit ihm in der Atmosphäre der Industrie keuchen. Wer die Bitternis und Entschlossenheit in den Augen dieser Genossen gesehen, wird begreifen, daß bei den Massen nicht alles verloren.«

Nicht die Gastgeber vom Barkenhoff waren die bestimmenden Akteure auf der Tagung, auch wenn Vogeler dort eine Rede hielt; vielmehr waren Migge und Robien die Hauptveranstalter.

Robien hat zur damaligen Zeit keine praktischen Siedlungserfahrungen vorzuweisen. Er hält ein flammendes Referat,[162] in dessen Mittelpunkt die Vision der überparteilichen »Sozialistischen Siedlungs-Aktionsgemeinschaft« steht: Antimilitaristisch, antikapitalistisch und antiparlamentarisch ausgerichtet und von heftiger großstadtfeindlicher Tendenz, hofft er, die Industriearbeiter zur massenhaften revolutionären Landnahme begeistern zu können. Eindeutig anarchistisch gesonnen, befürchtet er, der Staat könne die Vorteile der Siedlungs-Aktion, insbesondere eine Verbesserung der Ernährungslage, für sich ausnützen und dadurch sein parasitäres Beamtenheer noch kräftigen. Deshalb gelte es, die zehn Millionen Werktätigen, die jetzt noch vom Kapitalismus gelähmt seien, auch gegen den Widerstand ihrer eigenen Parteien und Gewerkschaften zu mobilisieren, »um die Scheidelinie herzustellen zwischen Produktiven und Unproduktiven, zwischen Fleißigen und Faulen, zwischen Gemeinnützigen und Schmarotzern«.

Leberecht Migge dagegen hat den Vorteil der Praxis auf seiner Seite. Ihm und seinen Anhängern geht es vor allem um die Vorführung des »Sonnenhofes«, der den Beweis liefern soll, daß die Selbstversorgung auf der Basis von Intensiv-Gartenbau tatsächlich zu verwirklichen ist. Migge[163] hatte wohl als erster, ausgehend von seinen praktischen Erfahrungen als Gartenarchi-

Antimilitaristisches aus Paul Robiens Fotoalbum. Das Foto trägt die Unterschrift: »Jagd auf den Homo sapiens demoralis«.

tekt, die Zugkraft eines »grünen« Programms erkannt: 1919 veröffentlichte er ›Das grüne Manifest‹,[164] unterzeichnet mit »Spartakus in Grün, an dem der rote sterben soll«. Es ist ein scheinbar antiurbanes Konzept, das die Konsequenz zieht aus der Hungersnot nach dem verlorenen Weltkrieg: »Die alte Idee hieß Stadt. Es lebe die neue, die Generalidee des 20. Jahrhunderts: ›Land‹!« Migge will den Prozeß der Verstädterung rückgängig machen, beschwört die »Expropriation der Städte« durch das Übersiedeln ihrer Bewohner und Gewerbe aufs Land, appelliert an die »neuen geistigen Bestrebungen, die alle zutiefst im Anti-Stadtgedanken wurzeln«, und setzt der Großstadt, dem »Konzentrationslager alles blühenden Lebens«, die Vision des »Neu-Lands« entgegen: »Ich sehe: das grüne Land der Jugend, der Gesundheit und des Glücks.«

Und doch ist Migge kein fundamentalistischer Antimodernist! Im praktischen Teil seines Manifests sieht er die Lösung der Ernährungsfrage in der »Technisierung des deutschen Bodens«, was für ihn heißt, durch gärtnerische Intensivierung aller Landwirtschaft sowie durch Anwendung wissenschaftlicher Erkenntnis und maschineller Bodentechnik »Amerika *und* China«, also östliche Kultivierungserfahrung und westliche Zivilisation mit dem Ziel gewaltiger landwirtschaftlicher Ertragssteigerung zur Synthese zu versöhnen. Von der chinesischen Landwirtschaft,[165] in ihrer Intensität eher Gartenwirtschaft zu nennen, wußte er sowohl aus der Literatur (etwa durch Johann-Heinrich Plath: Die Landwirthschaft der Chinesen und Japanesen im Vergleich zu der europäischen, München 1874) wie über persönliche Vermittlung von Chinakennern und -reisenden (so durch den Orientalisten Richard Wilhelm und den Gartenarchitekten Camillo Schneider). Migge interessierten an der chinesischen Intensivkultur vor allem drei wichtige Punkte: die Terrassierung zur Verhinderung des Humusverlustes, die Bewässerungssysteme und die Fäkaliendüngung (letztere besonders nach dem Fehlschlag der Rieselfelder in den deutschen Großstädten).

Gerade an der Fäkalienwirtschaft wird ein interessantes Modell des Recycling sichtbar, geht es hier doch um eine möglichst umweltschonende Rückführung verbrauchter Stoffe in den Gartenhaushalt (Migge: »Vierzehn Liter Wasser sind für einen Scheißhaufen zu viel!«). Die Chinesen dagegen hatten den »Fortschritt« des Wasserklosetts nicht mitgemacht, sondern selbst in großen Städten die »trockene« Kompostierung der Fäkalien, das heißt ihre Mischung mit Holzasche, Sand, Löß, Küchenabfällen und Laub beibehalten und sowohl bei der Mischung der menschlichen Fäkalien mit Enten-, Huhn- und Schweinedung (Pferde- und Rinderdung fehlten zur Beimischung) wie bei der Lagerung von Fäkalien, bis diese reif und förderlich für den Gemüseanbau waren, umfassende Erfahrungen gesammelt.

Aber nicht nur von den Chinesen schöpfte Migge Anregungen für seinen Muster-Selbstversorger-Garten »Sonnenhof«. Er kannte, wie sein ›Grünes Manifest‹ zeigt, auch die europäischen Intensivkulturen, insbesondere in Treibhäusern, auf die bereits Kropotkin in seinem Werk ›Landwirtschaft, Industrie und Handwerk‹ hingewiesen hatte. Alle diese historischen Fertigkeiten aber wollte Migge der Sicherstellung der Ernährung der deutschen Bevölkerung nach dem verlorenen Krieg und den Gebietsabtretungen im Gefolge des Versailler Friedensvertrags dienstbar machen. Von Eskapismus kann also hier keine Rede sein!

Sein ›Manifest‹, liest man es genauer, richtet sich nicht gegen *die* Stadt, sondern gegen die Großstadt des 19. Jahrhunderts mit ihren Mietskasernen, ihrer ungelösten Abfallbeseitigung, ihrer lichtarmen Bebauung, deren ungezügeltes Wachstum, wie im 1. Kapitel dargestellt, zur Jahrhundertwende den heimatschützerisch-antiurbanen Protest mit ausgelöst hatte. Migge will nun – hierin ein echter Gefolgsmann der Gartenstadtbewegung und Kropotkins – eine neue Synthese von Stadt und Land in der »Landstadt«. Der Stadtfeind entpuppt sich als Stadtreformer. Migge ist dann auch tatsächlich durch seine weitere praktische Wirksamkeit zu einem Erneuerer der städtischen Gartenkultur geworden.

Im persönlichen Temperament sind Migge und Robien sehr verschieden. Robien über Migge in seinem Barkenhoff-Bericht von 1923: Er sei »Bürger, und man wird nicht warm in seiner Nähe«. Auch in ihren politischen Ansichten gibt es Trennendes: Robien ist sehr viel antimodernistischer ausgerichtet als Migge, der Siedlungstechnokrat. Auf ihn geht ja auch die Formulierung zurück, die »Siedlungs-Aktion« sei »auf hochtechnisch gartenbaumäßiger Grundlage« durchzuführen. Migge ist, trotz gewisser anarchistischer Elemente in seinem Denken, kein Staatsverneiner wie Robien. Der Reformer und der Revolutionär, so könnte man überspitzt sagen, hatten sich in Worpswede vereint zur »Siedlungs-Aktion«. Daß das gegenseitig abstoßende Element dabei vielleicht überwog, mag die Tatsache erhellen, daß die von ihnen beiden angekündigte Schrift ›Aktionsplan‹ nie erschien.

Gemeinsam ist ihnen zweifellos aber der Glaube an die individuelle und genossenschaftliche Selbsthilfe und die Bereitschaft, dabei nicht auf den Segen von Staat oder den sich damals von der bestehenden Siedlerbewegung immer mehr distanzierenden sozialistischen Parteien und Genossenschaften zu warten.[166] Gemeinsam ist ihnen auch das schon resignative Element, nicht in der Stadt – wie dies die gleichzeitige proletarische Wiener Siedlerbewegung tat,[167] sondern auf dem flachen Land, bevorzugt auf Ödland, zur Aktion zu schreiten. Migge scheint sich auch mit seiner legalistischen Vorstellung durchgesetzt zu haben; denn in der gemeinsamen ›Entschließung der Siedlerkonferenz Worpswede Neujahr 1921‹[168] taucht zwar die Forderung nach »Neuverteilung des Grund und Bodens, der Mutter Erde an die Produktiven und an die Besitzlosen« auf, doch wird als Weg dazu lediglich auf die bereits gesetzlich erlaubte Enteignung von Brachland verwiesen und zur praktischen Verwirklichung dieser rechtlich möglichen Maßnahme, nicht dagegen zur Landbesetzung aufgefordert. In Artikel 155 der Weimarer Reichsverfassung hieß es: »Grundbesitz, dessen Erwerb ... zur Förderung der Siedlung und Urbarmachung ... nötig ist, kann enteignet werden.«

Und doch fügt sich Robien nicht ganz dieser Kompromißhaltung ein. Wenn Migge bereits völlig an die politisch nichtrevolutionären Verhältnisse angepaßt ist – »nicht Landnahme, sondern Ertragssteigerung wurde seine bodenreformerische Losung«[169] –, so will Robien noch die von den Sozialdemokraten trotz der entsprechenden Forderung in ihrem Erfurter Programm schon vertagte Sozialisierung des junkerlichen Großgrundbesitzes offenhalten oder gar wieder in Fluß bringen.

»Siedlungs-Aktion« – das bedeutete eigentlich den Aufruf zur Eroberung des Brotes: »zur sofortigen Besetzung aller Domänen«,[170] also zur »direkten Aktion« im anarcho-syndikalistischen Sinn. Robien nennt als Ziel der »Siedlungs-Aktion« eine »provisorische Aufteilung aller Bodenfläche unter die Arbeitenden als einzige Möglichkeit, eine *Revolution zu sichern*«.[171] Nicht die Fabrikbesetzung, wie sie 1920 die italienischen Anarchisten praktizierten, um sich der Produktionsmittel zu bemächtigen und mittels Arbeiterselbstverwaltung die Regie zu übernehmen,[172] sondern die Landbesetzung müsse die revolutionäre Losung sein und damit »eine Ablösung der feudalen Nutznießer durch die Landbebauer selbst«.[173]

Freilich seien dazu, wie Robien meint,[174] die vom Staat und den sozialistischen Organisationen gezähmten Arbeiter noch nicht in der Lage; aber es sei doch ein erster Schritt in diese richtige Richtung möglich: Die Junker sollten erleben, wie das Volk mit dem Ruf »Brot!« in Massen heranrücke – der Aktionstag sollte der kommende Feiertag zum 1. Mai sein. Statt »in die giftgefüllten Schanklokale« der Städte sollte der Demonstrationszug diesmal hinausführen aufs Land »vor die Zwingburgen der Reaktion«: »Das wäre noch keine Eroberung, aber eine *Mahnung, ein Auftakt* gewesen. Man stelle sich das richtig vor: die Städte, die Grabgewölbe der Arbeiterschaft, sie leeren sich, die Heere ziehen dahin zwischen grünenden Saaten, sie machen Halt vor den feudalen Zwingburgen, feierlich, ernst, entschlossen ist ihre Haltung. *Brot! Sonne! Luft!* sind die Losungsworte. Welche Regierung hätte diesen Zug vereiteln, mit Maschinengewehren auseinandertreiben können, diesen feierlichen Kreuzzug gegen den materialistischen Stadtgeist!«[175]

Robien hatte kurz vorher mit einigen Junkern verhandelt, die sich bereit erklärt hatten mitzumachen, sobald die Arbeiterarmee anrücke – sie forderten als Ausgleich vor allem, daß sie (wegen der Verschuldung ihrer Güter!) nun mit dem »Börsenmann« abrechnen können. Was nötig war, das war die Bereitschaft von sozialistisch orientierten Parteien und Gewerkschaften zum Mitspielen: »Von den Parteien bzw. Gewerkschaften wäre nichts weiter zu fordern als die Beihilfe: z. B. Überlassung eines Bureaus, Verbreitung der Aufrufe, Bekanntgabe der Resultate.«[176]

Robien wurde von der Worpsweder Siedlerkonferenz beauftragt, mit den Gewerkschaften Kontakt in dieser Sache aufzunehmen und sie zum korporativen Anschluß an die Siedlungs-Aktion aufzufordern. Er wandte sich direkt an die Leitung des Allgemeinen Deutschen Gewerkschaftsbundes und unterbreitete ihr einen Aufruf mit der Bitte um Nachdruck in ihren Publikationsorganen, einen »Hinweis auf die Verseuchung des großstädtischen Industrialismus, auf den Seuchenpfuhl der Großstadt überhaupt«.[177] Ein Abdruck wurde jedoch abgelehnt mit dem Bemerken, der Aufruf bestehe zu neun Zehnteln aus »kommunistischen Phrasen«. Robien konterte mit einem ›Offenen Schreiben an den Vorstand des Allgemeinen Deutschen Gewerkschaftsbundes‹ im anarchistischen Organ ›Der freie Arbeiter‹.[178] Darauf eröffnete Alexander Knoll von der Gewerkschaftsleitung – »selbst ein Siedler im landläufigen Siedlersinne«, so Robien – einen Briefwechsel mit ihm. Auch diese Korrespondenz blieb ohne Resultat, und die Aufforderung zum Anschluß an die Siedlungs-Aktion wurde von der Gewerkschaftsleitung erneut entschieden zurückgewiesen. Und sie verweigerte den Siedlungs-Aktivisten ein Zimmer ihres »Generalkommandos« (in Berlin?) zu Werbezwecken, so

Titelblatt von einer der drei Agitationsschriften Paul Robiens, die 1921 in Wien gedruckt wurden, gezeichnet von Heinrich Vogeler.

daß man zur Vorbereitung des Unternehmens auf eine »elende Kneipe« ausweichen mußte, wie Robien berichtete.[179]

Die geplante Umfunktionierung der Demonstrationszüge zum 1. Mai 1921 in eine Aufforderung zur Landsozialisierung wurde ein völliger Fehlschlag. Wiederum Robien: »Ein paar Gläubige fanden sich ein, die sich aber bald als total politisch vergiftet, als nörgelnde Besserwisser, als naturfremde Eigenbrötler entpuppten. Den Hauptgedanken wollte man nicht erkennen. In den meisten Städten ergab sich dieses Fiasko. Das geben wir unumwunden zu. An einigen Plätzen hatte man mehr Erfolg.«[180] Robien hat selbst beschrieben, wie er die zum »Erlösungsplan« hochstilisierte Mai-Aktion erlebte: »Als dann die Stunde schlug, da weilten wir mit einem Häuflein von Naturgläubigen draußen, dort, wo auch ihr (Arbeiter, U. L.), im Feldlager vereint, vor den Zwingburgen unserer Peiniger, an diesem Tage weilen solltet. Wir werden den Tag nicht vergessen. Sonne, Blumen, Vogelscharen, Kinderjauchzen, reine, echte Naturfreude um uns – wie ihr es alles kosten solltet, soweit ihr der Natur noch nicht ganz entfremdet seid.«[181]

Weit war diese Idylle von der dramatischen Aktion entfernt, für welche Robien in den drei Broschüren ›Siedlungs-Aktion‹, ›Arbeitsfreude‹ und ›Auf zur Tat!‹ unermüdlich agitiert hatte: »An einem festen Tage, nachdem alle Vorbereitungen getroffen sind, strömen die Massen aufs Land, in dichten, geordneten Zügen, mit Troß und Geräten, um das Land ihrer Urväter in Besitz zu nehmen!«[182] In Wirklichkeit war es nur ein Häuflein von etwa 25 Personen, darunter einige Frauen, die dann verspätet im Juli 1921 zur Landbesetzung schritten und die bereits besprochene Düsseldorfer Siedlung »Freie Erde« in Verwirklichung der Robienschen Ziele gründeten.

Nachdem die revolutionäre Landenteignung keinen Anklang bei den Massenorganisationen der Arbeiterschaft gefunden hatte, war Robien zu einem weitgehenden Kompromiß bereit und forderte 1922 die Arbeiterorganisationen auf: »Kauft... Güter, kauft sie mit Hilfe des Scheingeldes, so lange es möglich ist, so lange die Geschäftspresse von derartigen Angeboten strotzt.«[183] Wieder aber weigerten sich die Gewerkschaften, ihre Gelder in ein solches Unterfangen zu stecken.

Es ist von anderer Seite gezeigt worden, daß sich damals die sozialdemokratische Partei bewußt aus der Siedlerbewegung heraushielt und damit auch den Verfall der sozialistischen Genossenschaftsbewegung in Kauf nahm. Gründe für diese siedlungsfeindliche Haltung seien die anderslautende sozialdemokratische Programm- und Strategieentwicklung gewesen (Diskreditierung utopischen Denkens und konstruktiver Detailalternativen), aber auch die wirtschaftlichen Bedingungen. Es war die ökonomische Rationalität des Wohnungsbaus im Rahmen der Gemeinwirtschaftsbewegung allein gefragt, jedoch »nicht integrale Siedlungsmodelle, in denen auch noch Reform der Lebenskultur und vor allem die Bodenfrage mit im Spiel geblieben wären«.[184] Robien charakterisiert diese Verkürzung sehr gut, wenn er über die (fiktive?) Besprechung der Siedlungs-Aktion mit einem Gewerkschafter in seiner Broschüre ›Siedlungs-Aktion‹ berichtet: »Wir haben ihn gezwungen, über die ihm ziemlich gleichgültige Materie nachzudenken. Er springt mitten hinein in die Sache und meint, es drehe sich um die Wohnungsfrage.«

So hatte Robien nicht unrecht, wenn er die Schuld am Scheitern der Siedlungs-Aktion der sozialistischen Gewerkschafts- und Parteibürokratie zuschob, welche die ihr zugesandten Aufrufe einfach unterdrückt habe. Robien schloß seine Korrespondenz mit Knoll vom Allgemeinen Deutschen Gewerkschaftsbund mit der zusammenfassenden Feststellung ab: »Die ganze Pfiffigkeit und Naturfremdheit der Gewerkschaftsbürokratie, die ganze Gemeingefährlichkeit des seelenlosen Marxismus leuchtet aus diesem Schriftwechsel hervor. Er offenbart uns die ungeheure Kluft zwischen dem engstirnigen, parasitären, nichtsnutzigen Bureaukratentum, das aus der an sich gesunden Gewerkschaftsbewegung hervorgegangen ist – und dem natürlich empfindenden, selbstlosen, ein vorbildliches Leben führenden Revolutionär. Kurz: es läuft auf einen Kampf zwischen zwei Weltanschauungen hinaus, auf einen Kampf zwischen Marx und Kropotkin, der erst jetzt voll aufflammen wird ... Marx begeisterte sich für den Industriekapitalismus, Kropotkin lehrte als Naturforscher die Eroberung des Brotes als erste Bedingung für den Aufstieg des Menschentums, für jede revolutionäre Bewegung.« Marx, so Robien weiter, erkenne nicht die Bedeutung »der Scholle, der Allmutter Erde«, er gehe nicht von der »landwirtschaftlichen Produktion als Hauptfaktor menschlichen Daseins« aus, obwohl man nur »auf dieser realsten und natürlichsten Plattform ein Gebäude aufrichten« könne. Dies zeige die »Naturwidrigkeit« der Marxschen Lehre. Denn heute sei »die vernünftigste Tätigkeit ... die Beschäftigung mit der ... Muttererde«.[185]

Als Robien dies 1921 schrieb, ging er offenbar noch davon aus, daß sich wenigstens der Anarchismus und Anarcho-Syndikalismus voll für die Siedlungs-Aktion einsetzen würden. Nun hatte sich in der Tat die anarchistische Zeitung ›Der freie Arbeiter‹ seit 1919 für Landsiedlungen begeistert und ausführlich Vogeler, Harjes und Migge von den Worpsweder Siedlern zu Wort kommen lassen, ebenso Robien und andere siedelnde Gruppen und Einzelpersonen. Auch die syndikalistische ›Schöpfung‹ bekannte sich schon in ihrem Untertitel ›Sozialrevolutionäres Organ für das sozialistische Neuland‹ zum Siedlungswesen und setzte sich unter der Redaktion von Fritz Köster lebhaft für die Landsiedlung, insbesondere auch für das Düsseldorfer Experiment »Freie Erde«, ein. Selbst ›Der Syndikalist‹ wurde 1921, als Max Schulze-Sölde in den Reihen der Anarcho-Syndikalisten als charismatischer Jugendführer für Siedlungen warb, in dieser Richtung mitgerissen.[186] Die Siedlung war schließlich durch Landauer und Kropotkin eine anarchistische Forderung geworden, und es ist nicht zu leugnen, daß es eine enge Verschwisterung gab zwischen dem lebensreformerischen Gedanken der Selbstverwirklichung und der voluntaristisch-anarchistischen Selbsterlösung vom Kapitalismus, zwischen der lebensreformerischen Selbstzucht und der anarchistischen Herrschaftsfreiheit, zwischen lebensreformerischer Heilssuche durch Bewußtseinsreform und anarchistischer Kulturrevolution.[187] Gemeinsam war den Lebensreformern und Anarchisten außerdem ein stürmischer Tat-Aktivismus, der Ich-Kult und ein quasi religiöses Sendungsbewußtsein. So ist es auch kein Zufall, daß lebensreformerisch angehauchte »Inflationsheilige« nach dem Ersten Weltkrieg – wie etwa der genannte Schulze-Sölde – gerade bei den Anarchisten und Syndikalisten ihre Proselyten machten.[188] Näher stand dabei der Lebensreform der reine Anarchismus, der sich als alternative Kulturbewegung verstand; ferner dagegen der Anarcho-Syndikalismus, sofern er eine klassenkämpferisch ausgerichtete Wirtschaftsorganisation war.

So kann es nicht wunder nehmen, daß als erster Fritz Kater von der Geschäftskommission der Freien Arbeiter-Union Deutschlands im ›Syndikalist‹ davor warnte, die syndikalistische Organisation auf Landsiedlung zu verpflichten. Denn er könne nicht sehen, daß damit heute schon dem Sozialismus gedient werde; befände sich doch alles ertragsfähige Land in der Hand von Privatpersonen, von Gemeinden oder in Staatsbesitz und müßte durch Siedlungsgenossenschaften für teures Geld erworben werden (Landbesetzung schloß er damit stillschweigend aus): »Wohin würde es führen, wenn die Gewerkschaften ihre zunächst überflüssigen Gelder hergeben wollten, um Siedlungs- und andere Genossenschaften lebensfähig zu gestalten? Die Gelder würden bei der Land- und Häusersiedlung verwendet werden müssen, dem Monopolisten des Bodens das nötige Land usw. *abzukaufen*. Das ist die Enteignung gegen Bar- oder Abzahlung ... *Unsere Gewerkschaften aber haben andere Aufgaben* ..., als sich an Häuserbauen, Landkäufen und sonstigen Unternehmungen in der kapitalistischen Gesellschaft finanziell und korporativ zu befestigen ... Es ist zunächst nötig, die Monopolisierung des Bodens, der Gruben, Fabriken, Werkstätten und Verkehrsmittel aufzuheben und so den Weg für die Gemeinwirtschaft frei zu machen.«[189]

Kater konnte sich langsam mit dieser Ansicht in der anarchosyndikalistischen Föderation durchsetzen. Im März 1922 wurde der inzwischen von der ›Schöpfung‹ zum ›Syndikalist‹ übergewechselte Fritz Köster gezwungen, dort die Redaktion niederzulegen. Die Kritik der Geschäftskommission und der Pressekommission der Föderation an seiner Tätigkeit lautete, daß er trotz Ermahnung Artikel über Siedlungsfragen gebracht habe, die grob gegen die syndikalistische Weltanschauung und die syndikalistischen Kampfziele wie -mittel verstießen; in Zukunft werde der ›Syndikalist‹ keine Siedlungsartikel mehr veröffentlichen, sondern allein die wirtschaftlichen und politischen Kämpfe beleuchten.[190] Der ›Syndikalist‹ ging auch in den folgenden Jahren von seiner prinzipiellen Ablehnung der Siedlung als syndikalistischem Kampfmittel nicht mehr ab.[191]

Diese Einstellung aber spiegelte letztlich nur die Tatsache wider, daß eine Sozialisierung des Großgrundbesitzes in der Weimarer Zeit nicht mehr auf der Tagesordnung stand und auch der letzte Versuch in dieser Richtung, die Worpsweder »Siedlungs-Aktion«, fehlgeschlagen war. Wenn Kater den Weg des Landkaufs als »unsozialistische ›Expropriation‹« ablehnte, dann war er damit gar nicht so weit von Robien entfernt, der im Januar 1922 die »Siedlungs-Aktion« für endgültig gescheitert erklärte: »Siehst du, wie der grüne Ring immer weiter um sich greift? Siehst du, wie die lieben Menschlein sich abmühen? Anstatt in der Kneipe zu sitzen, karren sie Mist, treffen Vorbereitungen zum Frühjahr. Die es nicht tun, sind die Dümmeren. Aber eine Siedlungs-Aktion in unserem Sinne ist das nicht. Den Feudalen tut ihr dadurch, daß ihr euren Kohl baut, keinen

Abbruch. Das Brot erobert ihr nicht mit euren Schrebergärten. Die paar Grünkramhöker, die ihr dadurch ausschaltet, weinen nicht um euch. Das größere Werk ist ungelöst ... Alle Siedler, die da siedelten um des Siedelns willen, um sich selber auszuschließen aus der Tretmühle des Kapitalismus, sie kämpfen hart, sie kämpfen einen verzweifelten Kampf, sie kämpfen zwar unseren Kampf, aber nicht den Kampf der geschlossenen Siedlungs-Aktion.«[192]

Und selbst Robiens Hoffnung, daß trotz des Scheiterns der »Siedlungs-Aktion«, trotz der Zersplitterung der Siedlerbewegung selbst (»Siedler-Chaos«)[193] der grüne Ring immer weiter um sich greife – auch diesen Trost mußte er fahren lassen, als mit der Währungsreform von 1923 die Inflationskrise überwunden war und der erneute wirtschaftlich-industrielle Aufschwung den Miggeschen Selbstversorgungsgedanken auf eigener Scholle obsolet machte.

Mit der »Siedlungs-Aktion« brachte die Weimarer Zeit die Vision einer »grünen« Revolution hervor, mit Robiens und Migges Werben um Arbeiterparteien und Gewerkschaften erstmals die Perspektive eines rot-grünen Aktionsbündnisses, dessen Motor die anarchistische Arbeiterbewegung werden sollte. Das rot-grüne Bündnis scheiterte von vornherein an der Unvereinbarkeit von anarchosyndikalistischer sozialer Revolution und sozialdemokratischer Reform, anarchistischer Staatsablehnung und kommunistischer Staatseroberung. Aus Robiens Perspektive läßt sich zusammenfassen: Man könne nur »resigniert auf den Tag warten, bis die Kommunisten, Sozialisten und Sozialdemokraten auf die Idee verfallen, erst Brot und dann Sessel zu erobern«.[194] Was folgte, war Paul Robiens Alleingang als Pionier des Öko-Anarchismus.

Kapitel 5
Alternativer Ökoanarchismus: die »Naturrevolution«

Alternatives *Denken* schien den sozialen Bewegungen in Deutschland zu Recht immer zu wenig. Ihnen kam es auf alternatives *Leben* an! Dies galt und gilt insbesondere für die Ökologiebewegung, ist doch hier der ganzheitliche Handlungs- und Lebensvollzug Teil der programmatischen Forderung selbst, und diese kann wiederum ihre Legitimität nur in der Verwirklichung erweisen. In diesem Sinne einer Einheit von ökologischem Denken und Leben ist Paul Robien der erste radikale deutsche »Grüne«. Die Tatsache, daß sein Name bisher unbekannt war, sagt nichts gegen diese Behauptung, sondern wirft nur ein Licht auf unsere bisher mangelhafte Kenntnis der Geschichte der deutschen Alternativbewegungen. Leberecht Migge, der »Spartakus in Grün«, ist dem »Naturrevolutionär« Robien noch nicht grün genug.

Robien hat sein Schlüsselerlebnis während der die »Siedlungs-Aktion« begründenden Worpsweder Tagung am Jahresanfang 1921: »Migge greift mich an ... (Seine) Offenbarung ist kurz die: Wozu Naturschutz? Ein blühender Garten ist ebenso schön wie eine Heidelandschaft. Also restlose Kultivierung, Tod und Vernichtung aller Lebensformen, die sich nicht an die Gartenkultur anpassen. Diese Offenbarung Migges wirkt ernüchternd. Blitzartig erkenne ich, daß das Siedeln, wie es neuerdings Mode wird, zum Verhängnis wird, denn: Die Siedler erstreben die Erfassung aller Ödländereien und Sümpfe und das sind gerade die Lebensgebiete der herrlichen Tier- und Pflanzenformen. Die Siedlung bedeutet also, ins äußerste Extrem getrieben, Tod und Vernichtung der natürlichen Fauna und Flora auf Kosten eines Gartenideals, das allenfalls einseitigen Naturschutz betreiben kann.«[195]

So kommt Robien zu einer Revision der »grünen Revolution« Migges. Sollten nach dessen Konzept die Städte von drei »grünen« Kreisen umgeben sein,[196] die nacheinander die noch stadtsässigen »grünen Selbstversorger«, dann die landsässigen Selbstversorger und schließlich die landwirtschaftlichen Genossenschaftsgüter mit Überschußproduktion umfassen, so ordnete Robien Migges erste und zweite Siedlergruppe dem ersten Kreis zu,[197] Migges dritter Kreis wird folglich seine zweite Zone; in der dritten Zone – der äußersten Peripherie der stadtfernen Agrikulturlandschaft also – müsse dagegen der Naturschutz stärkere Berücksichtigung finden. Robien stellt deshalb Migge schon in Worpswede die Idee der »Naturschutzsiedlung« entgegen: Die Naturreservate sollen von der Besiedelung nicht erfaßt werden, nur das schon vorhandene Kulturland; nur auf ihm solle die Miggesche intensive Gartenbaukultur zur Steigerung der Erträge betrieben werden: »Dem allgemeinen Naturschutz wäre die größte Beachtung zu widmen. Wir dürfen nie von der Nivellierungssucht befallen werden, nie brutal und gewissenlos die Naturdenkmäler ausrotten. Die Natur wird da bald ihre rächende Hand erheben. Die Kultivierung der Heiden und Moore, die Trockenlegung der Sümpfe darf nicht ins äußerste Extrem getrieben werden ... Derartige kurzsichtige Eingriffe haben sich immer bald gerächt. Die verkarsteten Gebiete Südeuropas sprechen eine zu deutliche Sprache. Der Naturschutz, zu dem ja auch der Schutz des Menschentums gehört, darf unter keinen Umständen vergessen werden. Wir wollen nicht den Raubbau des Kapitalismus fortsetzen, sondern unser Schutzschild ausbreiten über die Naturgebilde.«[198]

In der Formulierung »Naturschutz« und »Menschenschutz« wird erneut das Programm von Ökopax sichtbar. Wer war dieser Paul Robien, der seine kompromißlosen Forderungen auch in der Praxis verwirklichte? Robien erzählte einmal eine Geschichte aus seiner frühesten Jugend: Auf dem Bauernhof habe ein baumlanger Maurer mit finsterem, verschlossenem Wesen aber mächtiger Stimme und auffallend aufrechter Haltung gewohnt, »dieser Mensch war etwas besonderes, er hob sich durch irgend etwas von der Menge ab«. Dann hörte er Gerüchte, dieser Unheimliche habe die höchstzulässige Zuchthausstrafe abgesessen – wegen Totschlags. Nun sei er »vogelfrei«. Und der erwachsene Robien bekennt: »Dieser Typus des ›Vogelfreien‹, also des außerhalb der menschlichen Gesetze Stehenden, hat mich zeitlebens interessiert. Das wäre ja, sagte ich mir, das Ideal, sich außerhalb der menschlichen Gesetze zu stellen. Ist dazu aber erst eine jahrzehntelange Zuchthausstrafe, irgend ein Verbrechen ... erforderlich ...? Kann man sich nicht selber für ›vogelfrei‹ erklären?«[199] Der von der Gesellschaft Ausgestoßene – der sich freiwillig aus der Sozietät Ausgrenzende: in diesem Spannungsbogen von »vogelfrei« und »frei wie ein Vogel« scheint Robiens Leben verlaufen zu sein.

Er wurde am 2. September 1882 in der ostpommerschen

Kreisstadt Bublitz-Abbau geboren – vermutlich als uneheliches Kind der unverheirateten Wilhelmine Ruthke (den Namen Robien legte er sich später als Pseudonym zu). Der Vater soll angeblich der Generalfeldmarschall Alfred Graf von Schlieffen oder einer aus seiner Sippschaft gewesen sein, so zumindest weiß die Familienlegende zu berichten: ein Schicksal also, das dem des Anarchisten und Dichters B. Traven ähnelt, der angeblich ein uneheliches Kind Kaiser Wilhelms II. gewesen sein könnte.[200]

Von einer vater- und freudlosen Jugend Robiens ist die Rede, jedoch war der Onkel Albert Ruthke, Schneidermeister in Stettin, eine wichtige Bezugsperson. Die Schulbildung ging nicht über die Volksschule hinaus. Alle seine naturwissenschaftlichen Kenntnisse hat er sich also autodidaktisch erworben. In der Enge seiner Jugend müssen suchende Unzufriedenheit und Unstetheit ihre Wurzeln geschlagen haben. Mehr als zwanzig Berufe habe er ausprobiert, aber mit keinem davon Glück gehabt.[201] Es haben sich aber Träume der Weite und Freiheit eingenistet, so daß er, nach eigenem Bekenntnis, ein Freund der »revolutionären Romantik« wurde.[202] Es zog ihn hinaus in die Weite.

Zur See rackerte er sich als Schiffsheizer ab, kam dabei nach den USA und nach Mittelamerika, wo seine romantischen Erwartungen angesichts der elenden, ausgebeuteten Existenz der Indianer in Mexiko zusammenstürzten. Er nahm als Marinesoldat am Kampf gegen den Herero-Aufstand (1904–1907) in Deutsch-Südwestafrika teil – nicht als begeisterter Nationalist, sondern selbst angesteckt von den Phantasien des Meuterns: »Der Seemann ist's, der in allen Nationen den frischen herben Lufthauch in die stagnierende Fäulnis trägt. Ich denke an die Kluft zwischen Armee und Marine. In ihr wachsen noch Rebellen. Das Meer kennt keine Sklavenketten. Gar zu bunt wurde uns an Afrikas Küste der Tropenkoller eines brutalen Offiziers. Ein Plan wurde von den ›verschworenen Zwölf‹ erwogen: die ganze Gesellschaft bis auf einen zu überrumpeln, um Mitternacht – o belebende, fesselhassende Romantik! – sollten die Verschlußteile der Mordgeräte ins Meer versinken, die Waffen beschlagnahmt werden. Dann auf, (das Kanonenboot) ›Habicht‹ als Schoner vertakelt, fort von Afrikas Küste! Drüben in Mexiko würden wir an Land gehen.«[203]

Mexiko, auch Schweden, aber vor allem immer wieder England, wo er den freien Geist des Landes im Gegensatz zum preußisch-deutschen Obrigkeitsstaat schätzte, blieben ideelle und reale Stationen seines frühen Lebens. Robien war, ähnlich wie sein anarchistischer Gesinnungsgenosse Theodor Plivier, der ebenfalls die Abenteuer in allen Weltmeeren und vieler Herren Länder gesucht hatte,[204] zunächst ein rein gefühlsmäßiger Rebell. Erst der Erste Weltkrieg hat ihn politisiert und zum Antimilitaristen und Sympathisanten Karl Liebknechts gemacht, auch hier noch – ähnlich wie Heinrich Vogeler – ein empörter Einzelgänger.[205]

Nach dem Krieg änderte sich daran zunächst nicht viel, denn 1919 und 1920 müssen sich seine politischen Aktionen darin erschöpft haben, daß er den Reichswehrminister Noske (1919/1920) und den General und Chef der Heeresleitung Seeckt (1920–1926) mit Schriftstücken bombardierte, in denen er sie »der tausendfachen Bedrohung durch Mordwaffen anklagte« und vergebens hoffte, daß sie gegen ihn einen Beleidigungsprozeß anstrengen würden, damit er dort Zeugnis wider sie ablegen könne. Er protestierte auch bei den Konsulaten der Entente gegen die ausbleibende deutsche Abrüstung, die der Versailler Friedensvertrag bestimmt hatte.[206]

Doch Paul Robien war nicht nur Gefühlsrebell und Empörer, sondern auch wissenschaftlicher Ornithologe dank seiner Fähigkeit zur stillen Naturbetrachtung. Vielleicht geht sein Pseudonym Robien auf Erfahrungen seiner Jugendzeit zurück, wo der einsame Junge nicht nur die Rächerphantasien eines Robin Hood träumte, sondern wie einst Robinson geduldig Vögel belauscht hatte. Das Rotkehlchen etwa heißt auf englisch »Robin«. Sein 1908 geborener Sohn jedenfalls, der wie der Vater Ornithologe wurde, erinnerte sich später: »Die lebendigen Vorgänge in der Natur interessierten ihn seit frühester Jugend. Vor 1910 schon begann er systematisch wissenschaftlich zu arbeiten. Neben seinen Beobachtungen in freier Natur zog er eine große Anzahl Vogelarten auf, um das Tier in seiner ganzen Entwicklung und Lebensart kennenzulernen. In der Stettiner Stadtwohnung wurde den gefiederten Freunden ein ganzes Zimmer geopfert. Meine ersten Kindheitserinnerungen sind Eulen und Spechte, Pirole und Kuckucke, Nachtigallen und Blaukehlchen, die im tiefsten Winter ihre Lieder sangen.«[207]

Diese Erinnerung des Sohnes blendet allerdings die Entfremdung von der Ehefrau Emma, geborene Wendland, und die tiefe seelische Krise Robiens aus; Anfang der zwanziger Jahre lebte Robien in einer Stettiner Heilanstalt, dem »Arndtstift«, ohne aber direkt zur Gruppe der Asozialen und Gescheiterten zu zählen. Denn er war durchaus in der Lage, mittels seiner selbst erworbenen Kenntnisse seinen Lebensunterhalt zu bestreiten. Nach dem Ersten Weltkrieg wurde er Angestellter der Stadt Stettin mit dem Auftrag, die »chaotische Vogelsammlung eines noch chaotischeren Museums ... zu ordnen, nebenher Forschungen zu betreiben, naturwissenschaftliche Kenntnisse in Wort und Schrift zu verbreiten«.[208] Aber er hatte eine ausgesprochene Abneigung gegen rein museale Tätigkeit: Naturwissenschaftliche Museen, so sagte er einmal, seien »Totenkammern«, »draußen – das grüne, schwellende Leben ist nur dazu da, um getötet, mumifiziert in Spiritus ersäuft und vergiftet zu werden«; so würden Naturwissenschaftler, Sammler und Naturalienhändler selbst zu Verursachern des Tiermords. Der Naturforscher sei bisher ein »Leichenforscher« gewesen; überall stoße man in den naturwissenschaftlichen Büchern auf die brutale Geringschätzung der Tiere, auf ihre Einordnung als Sammelobjekte.[209] Er dagegen war Anhänger der schon im 19. Jahrhundert zur Blüte gelangten Freiland-Ornithologie,[210] er wollte beobachten und dabei »keinem Lebewesen ein Haar, eine Feder krümmen«. Damit wurde er nicht nur zum lebenslangen Gegner der »Jägerarmee«, sondern erlebte nach dem Ersten Weltkrieg die deutsche Nicht-Abrüstung und dann Wiederaufrüstung aus einer höchst eigenartigen Perspektive: Sein ornithologisches Beobachtungsfeld, die Ödländereien, waren oft Truppenübungsplätze und Schießstände. Dort nahm er ganz konkret das Wiederaufleben des deutschen Nachkriegsmilitarismus vor allem als akustisches Phänomen wahr. Der kriegsvorbereitende »Höllenlärm« des Übungsschießens vertrieb sehr brutal seine gefiederten Sänger. Frieden mit den Menschen – Frieden mit der Natur: Dies wurde Robien hier zur erlebten Erkenntnis.

Und so suchte er erstmals nach Gesinnungsgenossen: Er trat in Briefverkehr mit dem Antimilitaristen, Tierschützer und Lebensreformer Hans Paasche, dem Verfasser der bis heute bekannten ›Forschungsreise des Afrikaners Lukanga Mukara ins innerste Deutschland‹.[211] Angesichts der gleichen pazifistischen Prägung durch den afrikanischen Kolonialkrieg schrieb ihm dieser: »Ich staune über die Parallelität unserer Leben.«[212] Paasche wurde im Mai 1920 von Reichswehrsoldaten ermordet, damit endeten die gemeinsamen Pläne, Naturschutz und Siedlung zu verbinden.

Die deutsche Remilitarisierung machte Robien schließlich zum Anarchisten. Bis dahin hatte er lediglich auf seinen Schiffsreisen mehrfach Berührung mit Vertretern des Anarchismus gehabt. Außerdem hat er einmal 1908 bei der Feier zu Ehren der Berliner Märzgefallenen eine rote anarchistische Zeitung in die Hand gedrückt bekommen.[213] 1922 aber erkannte der Gegner Noskes: »Im scharfen Betonen jeden Antimilitarismus muß der Unterschied liegen zwischen den Sozialisten und Syndikalisten bzw. Anarchisten.«[214] Damit schloß sich Robien dem politisch linken Flügel der nach dem Ersten Weltkrieg äußerst populären »Nie-wieder-Krieg«-Bewegung an. Es ist bezeichnend, daß sein erster Artikel im anarchistischen Organ ›Der freie Arbeiter‹ 1920 als positive Reaktion auf einen zwei Nummern vorher gedruckten Hauptartikel ›Neue Kriegsvorbereitungen. 1914–1920‹ erschien, der die alte Kampfparole »Krieg dem Kriege!« als Losung ausgegeben hatte.[215]

Darüber hinaus erfuhr Robien damals von den Vorbereitungen zur Abhaltung des dritten Internationalen Anti-Militaristischen Kongresses zu Ostern 1921 in Den Haag, durch welchen Anarchisten und Anarcho-Syndikalisten die antimilitaristische Bewegung im internationalen Maßstab neu beleben wollten.[216] Robien ging selbst zum Kongreß, auf dem ein »Internationales Anti-Militaristisches Bureau gegen Krieg und Reaktion« als internationale »revolutionär-antimilitaristische« Einrichtung geschaffen wurde. Diesem schloß sich in Deutschland u. a. die syndikalistische »Freie Arbeiter-Union Deutschlands« korporativ an. Auch Robien wurde Mitglied. Nicht nur zahlendes: Er nahm bereits vor dem Kongreß mit dem vorläufigen Büro Kontakt auf und bat um Adressen von englischen und französischen Genossen, um ein internationales Netz von Beobachtungsstationen im antimilitaristischen Sinne zu errichten. Er erhielt die Adressen nicht – vermutlich aus Furcht vor Spitzelei. Dem Kongreß selbst sandte der österreichische Anarchist und Antimilitarist Pierre Ramus eine Denkschrift Robiens zu, »des Inhalts, daß zunächst der Hauptherd des Militarismus gelöscht werden müßte, was um so leichter sei, als die Welt den Anfang dazu bereits gemacht habe. Also die Herausgabe der letzten Patrone, des letzten Mordgeräts in Deutschland als erste Forderung«, da die Phrase vom bereits entwaffneten Deutschland eine Lüge sei.[217] Doch er hörte nie wieder etwas von seinem Vorschlag und zeigte sich enttäuscht vom Wirken des »Internationalen Anti-Militaristischen Bureaus«.

Sein dezidierter Antimilitarismus führte Robien an die Seite der Weimarer anarchistischen Arbeiterbewegung. Aber er hoffte auch, deren Antikapitalismus in einen »grünen« Antiindustrialismus umformen zu können. Er war sich dabei des Neuartigen dieser proletarischen Ökopax-Synthese durchaus bewußt: »Meines Wissens ist in der gesamten sozialistischen Literatur auch noch niemals ernstlich der Raubbau des Kapitals an den Naturschätzen erörtert worden. Die unglaubliche Naturfremdheit der meisten Schreiber ist wohl die Ursache, daß dieser Verbrechenszug des Kapitalismus bisher unbeleuchtet blieb, wenigstens von Seiten des Proletariats.« Dieses kämpfe immer noch den »Kulturkampf« der Produktionssteigerung, »diesen Narrenkampf«, anstatt den »Naturkampf«.[218] Bisher habe allein das Bürgertum das ökologische Problem gesehen: »Heute ist das Bürgertum der Träger des Naturschutzgedankens. Das muß einmal gesagt werden. Wir wollen absehen von jenem spielerischen Naturschutz, den gewisse Kreise betreiben, absehen von dem kleinlichen Bestreben, unter Beibehaltung des für uns unerträglichen Wirtschaftssystems irgendwelche gefährdeten Tier- und Pflanzenarten vor dem Gifthauch der Unkultur zu schützen. Wir wollen nur jenes unleugbare Verdienst hervorheben, das sich gewisse Naturforscher im Kampf um die Erhaltung der Naturdenkmäler erworben haben.«[219]

Robien war das, was man heute einen radikalen »Ökosozialisten« nennt, und seine Kritik am konventionellen Naturschutz richtete sich nicht nur gegen dessen Vernachlässigung der industriekapitalistischen Rahmenbedingungen des Naturschutzes, sondern auch gegen seine nationalistische Verengung. So ist es zu erklären, daß Robien sich in seinem Handeln gegen die Politik des deutschen Begründers der Naturdenkmalpflege, Hugo Conwentz, stellte. Dieser fand einst als Staatsvertreter auf der Ersten Internationalen Naturschutzkonferenz 1913 in Bern keinen Weg zum internationalen Naturschutz, sondern äußerte die Ansicht, der Naturschutz sei Teil des Heimatschutzes und deshalb eine nationale Aufgabe. Jeder Eingriff einer ausländischen internationalen Naturschutzzentrale stelle einen Eingriff in die nationale Souveränität dar.[220] Im Widerstand gegen diese Position fand sich Robien im Einklang mit Paul Sarasin, der diese Konferenz einberufen hatte, und seiner Forderung nach Internationalisierung des Naturschutzes. Später sah er seine eigene Naturschutzstation bei Stettin im Rahmen einer Weltaktion zur Sicherung von Massenbrutstätten der Vögel an allen Küsten, in

Deltagebieten und auf allen wichtigen Brutinseln der Erde. Er nahm sogar vor dem Zweiten Weltkrieg erfolgversprechenden Kontakt mit auswärtigen Ländern in dieser Sache auf. Wie für Sarasin war für ihn Naturschutz nur als »Weltnaturschutz« vor dem Menschengeschlecht sinnvoll.[221]

Aber Robien konnte nicht übersehen, daß die Arbeiterbewegung, welche politisch den Internationalismus auf ihr Banner geschrieben hatte, dem revolutionären Naturschutzgedanken denkbar ferne stand, weil sie selbst Teil der industriekapitalistischen und urbanen Welt war. Jeder einzelne Arbeiter war bereits zutiefst der Natur entfremdet, »domestiziert« zum »Rädersklaven« und »Herdenmenschen«, wie Robien spottete:[222] »Unsere Wege kreuzen sich. Er, der Industrieproletarier, ausgerüstet mit der blauemaillierten Kaffeekanne und dem säuerlichen, kärglich bestrichenen deutschen Brot, strebt seiner Giftmühle zu. Ich, ausgerüstet mit Rucksack, Fernglas und Zeltbahn, dem zweitägigen Proviant, strebe dem Bahnhof zu. Wir waren Arbeitsgefährten. In dunklen Eingeweiden, in Kesseln und Bilgen der Dampfschiffe fronten wir uns elenden Lohn. Dann trennten sich unsere Wege. Er zog hinaus ins Menschenschlachtfest (des Ersten Weltkrieges, U. L.), ich irrte experimentierend in Europa umher. Beim Versuch, eine großzügige Siedlungs-Aktion in Gang zu bringen, die giftschlürfende Menschheit an die Heilquelle Natur zu führen, sahen wir uns flüchtig wieder. Seitdem sind wir (uns) fremd geworden.«[223]

Der anti-modernistische »romantische Individualist« Robien hatte sich von der fortschrittsoptimistischen Hauptströmung abgekoppelt. Denn die Arbeiterorganisationen wollten, wie im 2. Kapitel dargestellt, mit einer »grünen« Politik nichts zu schaffen haben. Und die Politiker erst recht nicht. Sie bezeichnet Robien mit dem stehenden Ausdruck »naturfremd«, und dies gilt ihm auch für die russischen Kommunisten, denen er anläßlich der Hungersnot von 1921 in früher und klarer Erkenntnis der Umweltzerstörungen in der Sowjetunion bescheinigt, das »naturfremde, naturfeindliche System« des Privatkapitalismus imitiert zu haben, ebenfalls auf die Industrialisierung um jeden Preis zu setzen, statt Kropotkins Rat der landwirtschaftlichen Intensivkultur zu befolgen.[224] Wie jeder prinzipientreue Anarchist und Syndikalist war Robien natürlich auch Gegner der sowjetischen Partei- und Staatsdiktatur und der sie stützenden Roten Armee.[225]

In dieser Situation muß ihm als einziges Vehikel seiner »grünen« Politik der rebellische Anarchismus erscheinen, träumt er vom Bündnis der Naturwissenschaft, »sofern sie sich freigehalten hat vom nationalen Wahn«, mit dem »ihr nahestehenden, parteilosen, revolutionären, weil (durch den Antimilitarismus, U. L.) arterhaltenden herrschaftslosen Sozialismus«.[226] Das Aktionsbündnis von Anarchismus und Naturschutz ist Robiens großes Ziel zu Beginn der zwanziger Jahre: »Auf beiden Seiten wird gefehlt. Ein Anarchismus ohne naturwissenschaftliche Erkenntnis, ohne Erkenntnis der Notwendigkeit des Naturschutzes ist ebenso undenkbar wie eine Naturwissenschaft ohne Erkenntnis der Notwendigkeit der Herrschaftslosigkeit des Menschen. Wir müssen uns da auf einer Basis einigen.«[227] Robien argumentiert dabei unmittelbar als Naturforscher für die Anarchie: Für ihn gebe es keine Grenzpfähle, sondern »nur einen ethnographischen Staat, nur Faunengebiete«.[228]

Die »Siedlungs-Aktion« war Robiens erster Versuch, mit dem naturnahen, weil siedelnden Flügel der Anarchisten und Syndikalisten zur Tat zu gelangen. Er war allerdings klug genug zu sehen, daß die Anarchisten nur eine politische Sekte waren, und so suchte er schon hier, vergeblich wie wir sahen, durch überparteiliche Aktionseinheit und Appelle an Partei- und Gewerkschaftsführer seine Vorstellungen auf breiter Basis durchzusetzen. Doch die »Siedlungs-Aktion« sollte nur ein erster Schritt sein, um aus den »Stadtmenschen« wieder »Erdmenschen« zu machen. Der »Erdbewegung« der Siedler aber sollte die »Naturbewegung« folgen,[229] radikaler als die vorausgehende: »Es scheint, als müsse sich die Menschheit in zwei Lager scheiden – für oder gegen die Agrarrevolution. Manch einer, der da im Schoße der Steinstadt, in den Industriepalästen, als Intellektueller sein Brot findet – *sein* Brot ist es allerdings nicht –, mag da nicht mitmachen, da er eingestellt ist auf eine andere Revolution, die Stadt-Revolution, die bisher aber immer kläglich zusammengebrochen ist, da den Rebellen der Boden unter den Füßen fehlt. Ist nun diese Stadtrevolution, diese politische Revolution, die Vorgängerin, die Wegbereiterin für die Agrarrevolution? Ist die Agrarrevolution der Vorbote der allgemeinen Naturrevolution, die das gestörte Gleichgewicht in der Natur wieder herstellen will, den Menschen als Art unter Arten gelten läßt?«[230]

Die »Agrarrevolution« wollte er mit der »Siedlungs-Aktion« in Gang bringen, die »Naturrevolution« dagegen mit einer alternativen Öko-Siedlung, der sogenannten »Naturschutz-Siedlung«, deren literarische Utopie er in dem Propagandaheft ›Arbeitsfreude‹ 1921 entworfen hatte.

Der Tatmensch Robien will aus der Utopie Wirklichkeit machen. Ein Jahr nach dem Worpsweder Siedlerkongreß beruft er 1922 nach Berlin einen »Kongreß der Naturrevolutionäre« ein. Nach seiner eigenen Vorstellung soll der antikapitalistisch gewendete »Naturschutz« im Mittelpunkt des Kongresses stehen.[231] Es müsse die Forderung an den Staat gerichtet werden, »unverzüglich 600–1000 neutrale Naturschutzreservate freizugeben (Sümpfe, Moore, Seen, Inseln, Halbinseln), an deren Rändern eine Siedlung als Ernährungsbasis für die Beobachter und Schützer, Leiter und Schüler errichtet werden soll. Jeder Kreis soll ein Schutzgebiet freigeben, die Kreise an der Meeresküste deren zwei. Größere Inseln, wie beispielsweise Rügen mit seinen vielen Landzungen und Halbinseln, deren mehrere.« Daneben ergeht die Forderung an die Landwirte, »ohne Geld, nur durch Lieferung von Gut und Materialien, durch Stellung von Handwerkern den Aufbau der Warte vorzunehmen und sie auf drei Jahre – bis zur ausreichenden Ertragfähigkeit der Siedlung – sicherzustellen«. Die verlangte »Neutralität« der Reservate bedeute Freiheit von jedem Staatseingriff; sie sollen staatsfreie Gebiete sein, vorweggenommene Orte der Anarchie also. Und dies in internationalem Maßstab. Um diesen Aspekt zu betonen, gründet Robien gleichzeitig einen »Internationalen Bund ›Naturwarte‹«, der als Veranstalter des Berliner Kongresses firmiert.

Robien betont, daß im Gegensatz zur »Siedlungs-Aktion« von diesem Kongreß keine »größere Lösung des sozialen Problems« zu erwarten sei; vielmehr werde es eher zur Verwechslung der neuen »Naturschutz-Siedlung« mit dem schon bekannteren herkömmlichen Siedlungs-Gedanken kommen, insbesondere bei den Arbeitern beziehungsweise Sozialisten, da man sich in diesen Kreisen – anders als im Bürgertum – bisher nie um Naturschutz gekümmert habe.[232] Den Bürgerlichen aber wiederum fehle, wie er im Geleitwort zum »Kongreß der Naturrevolutionäre« ausführt,[233] jede kühne Initiative »gegen das staatlich sanktionierte Raubbausystem« an der Natur, deshalb könne ihr Naturschutz nur »Halbwerk« sein. Und wieder sieht er selbst außerordentlich deutlich, daß die entscheidende Aufgabe dieses Kongresses die Vorbereitung eines grün-roten Bündnisses sein müsse: »Zum ersten Male in der Geschichte tritt eine revolutionäre Bewegung für den Naturschutz ein, tritt sie mit naturwissenschaftlichen Waffen in die Schranken. Wir werden den Marxisten eine Möglichkeit geben zu beweisen, daß es ihnen bis zu einem gewissen Grade auch Ernst ist, die Menschheit als natürliche Art wieder hochzubringen.«

Robien spricht hier alle sozialistischen Parteien an, deren heillose Zersplitterung er beklagt und die er in diesem einen Punkt des Naturschutzes zu gemeinsamer Politik zu bringen sucht, um so wenigstens punktuell die »Einigung des Proletariats« zu bewerkstelligen »gegen die Naturverwüster, die staatlichen und privaten«. Robien war sich jedoch klar, daß die in diese Richtung strebenden Kräfte noch schwach waren. Er wollte deshalb alle linken »Grünen« – Vegetarier, Rohköstler, Naturalisten und sonstige Lebensreformer – sammeln; es komme dabei darauf an, sagt er, »die kleinste Energiemenge aufzufangen«, um sie dann als Hebel zu benützen und durch sie die sozialistischen Parteien und Gewerkschaften an die Ökologie heranzuführen.

Der von Robien mit dem Kameraden Stern »notdürftig arrangierte« »Naturschutz-Kongreß« fand dann am 1. und 2. Januar 1922 im Berliner Gewerkschaftshaus (Engel-Ufer 15) tatsächlich statt.[234] Im späteren Rückblick mußte Robien erkennen, daß dieser Versuch, eine linke »grüne« Aktionseinheit aus zersplitterten lebensreformerischen Sekten zu schaffen, gescheitert war: »Ich verließ Berlin mit der Hoffnung: Nie wieder! Nie wieder dieses Sprachen- und Ideengemengsel, lieber stahlhart schaffen am Werk, am Tatbeispiel, als dieses Zusammentrommeln von lauter Richtungsvertretern.«[235]

Gleich nach der Tagung hatte Robien dagegen noch zweckoptimistisch geäußert: »Wer diese Tagung sehenden Auges miterlebt hat, hat eine Offenbarung erlebt ... Er hat die Umrisse der werdenden Neufront, die sich gegen die dogmatische, naturfremde Lehre des Marxismus von selbst aufrichtet, gefühlt. Er hat Menschentypen geschaut, wie sie wohl selten ein Kongreß vereinigen dürfte. Alles, was nur einigermaßen mit unserer Idee in Zusammenhang steht, war da vertreten: naturgläubige Individualisten, die nur allzu recht haben mit ihrer Behauptung, daß die Zusammensetzung einer Gemeinschaft, die in Harmonie leben will, das schwierigste Werk ist; dann kommunistische Anarchisten, weniger empfindlich im Seelenleben, aufopferungsfähig bis zum äußersten, hinausstrebend aus der steinernen Umklammerung (der Städte, U. L.); dann solche, die den

Verderb der Stadtkultur noch gar nicht erkannt haben; dann die vielen Gruppen der Wanderer, politisch undefinierbar oder jeder Politik abhold, unter ihnen wohl einige, die zum ersten Male mit dem Anarchismus in Berührung kamen; dann die vielen Siedler und Lebensreformer, Antialkoholiker, Antinikotiniker, Vegetarier, Rohköstler usw. Auch der Mann mit der geheimnisvollen ›Hingabe‹ (der Holländer Peter »Hingabe« hatte diesen Spitznamen erhalten, da er dieses Wort auf Hausmauern und Handzettel schrieb, U. L.) verteilte unermüdlich seine Rätselzeichen. Dazu die vielen Neugierigen, die geborenen Störenfriede, Nörgler und Polemiker – die die Sache an und für sich ganz übersprangen und ihre konfusen Meinungen dazwischen warfen. Kurz: ein Bild buntester Beweglichkeit.«[236] Insgesamt also die bekannte Erscheinung der »bunten Alternativen« unter den etwa zweihundert Anwesenden.

Robien hatte am Tage vor dem Kongreß noch die politischen Parteien ersucht, Pressevertreter zu entsenden, aber nur die kommunistische ›Rote Fahne‹ war vertreten. Dazu »hier und da ein Sowjetstern, Arbeiternaturfreunde, das waren so Anzeichen des Hinübergreifens ins Politische«, wie Robien anmerkte. Erstaunlich war immerhin, daß diesmal – im Gegensatz zur »Siedlungs-Aktion« im Mai – das rote Gewerkschaftshaus einem Mann zur Verfügung gestellt wurde, der dort der Lehre des »naturfremden Propheten« Marx die neue Losung von der »Naturrevolution« entgegenschleudern wollte. Wiederum hat Robien sorgfältig das Erstmalige dieser »grünen« Politik im »roten« Lager festgehalten: »Zum ersten Male wohl hat das rote Gewerkschaftshaus eine solche Versammlung gesehen. Zum ersten Male ist wohl über ein derartiges Thema ›Naturschutz‹ (hier) verhandelt worden. Man braucht sich nur die vielen Reden und Debatten vergegenwärtigen, die in diesen Räumen geschwungen wurden. Debatten über Gegenwartsangelegenheiten, Lohnforderungen, politische Parteikonflikte usw. – Naturschutz? Das war den meisten, die gekommen waren, noch ein unklarer Begriff, um so mehr, als er sich in einigen Punkten gegen die landläufige Siedlungsidee, die sich bereits eingelebt hatte, wenden mußte.«

So erklärt es sich Robien auch, daß überhaupt nur die wenigsten der Zuhörer die Grundgedanken seines Einleitungsreferates über ›Die Naturwarte. Eine Forderung der Naturrevolutionäre‹ begriffen. Willigere und begeistertere Zuhörer habe dagegen der nachfolgende Vortrag über ›Die Siedlung als Ernährungsbasis‹ gefunden, der von dem Worpsweder Karl Frank aus dem Umkreis Migges an Stelle des verhinderten Worpsweder Anarchisten und Siedlungspraktikers Friedrich Harjes gehalten wurde. Frank stellte die sanfte Agrikultur der Chinesen (bewässerter Intensiv-Gartenbau) der »europäischen Eisenkultur« gegenüber: »Die Liebe zur Erde« sei die einzige Vorbedingung, daß diese auch freigiebig dem Menschen ihren Überfluß abgebe. Bei der Diskussion hat dann Robien klarzulegen versucht, daß im Zusammenhang mit dem Naturschutz die Siedlung ihren festen Ort habe, da durch sie die autarke Ernährungsgrundlage der »neutralen« Naturschutzwarten ermöglicht werde; er dachte dabei an etwa 5 Hektar Kulturland, eventuell auch erst zu schaffendes, als Ernährungsbasis für den Leiter und die Schüler auf der Warte.[237]

Da auch der als nächster Redner vorgesehene Führer des Breslauer »Naturalisten-Bundes« Walter Barnet, der die radikalen Vegetarier auf dem Kongreß vertreten und über ›Die Vorteile der giftfreien Süß-Frucht-Ernährung in gesundheitlicher, menschlicher und wirtschaftlicher Hinsicht‹ sprechen sollte, nicht erschien, seine jungen Vertreter zwar die Grüße des Breslauer Bundes übermitteln, aber nicht selbst vortragen konnten, sprang der »Naturmensch« und Rohköstler Berthold Kunkel aus Berlin in die Bresche – »ein kraftstrotzender Prophet der neuen Lehre (der Ernährung allein durch Baumfrüchte, U. L.), barfuß, barhäuptig, nur notdürftig mit dem Kulturstoff bekleidet«. »Rückkehr zur Natur«, so führte dieser aus, sei eigentlich das falsche Wort, sondern es gehe um den »Fortschritt zur Wiederartwerdung« des Menschen, zur »Wiedergesundung«. Robien meint, mit Kunkel sei das »Extrem aller Lebensreform« anschaulich geworden: »Dort, in den fruchtschwangeren Obst- und Nußbaumhainen, kann der wiedergeborene Artmensch den Frieden finden, das Erdenglück.« Die »Naturwarte« könne nur den Weg dorthin weisen durch »Anbahnung eines natürlichen Lebens«.

Doch Robien nennt auch die Gefahren, die mit den neuen Heiligen der Inflationsjahre wie dem anwesenden Peter »Hingabe« oder Kunkel, vermutlich ein Jünger Gusto Gräsers, verbunden waren: daß nämlich »der neue Mensch wieder an göttliche Mission, anstatt an natürliche« glaube. Die Resakralisierung der Welt durch den Natur-Kultus wollte er als nüchterner Naturwissenschaftler nicht mitmachen. Er verfolge zwar die Bestrebungen der Vegetarier und Rohköstler mit dem allergrößten

Interesse; denn für die Naturerhaltung seien sie wertvolle Bundesgenossen, schreibt er. Aber vor dem aus Asketentum »herauswachsenden Gottmenschentum« habe er als »Kosmosmensch« ein heilloses Grausen bekommen. Auch habe er seine Bedenken gegenüber der Besserwisserei der Lebensreformer: Wesentlicher als der Kampf gegen das Gift des Nikotins sei doch der gegen das Gift des Militarismus.[238]

Das als Abschluß und gewissermaßen programmatische Abgrenzung eines linksradikalen ökologischen Bewußtseins vom bürgerlichen Naturschutz gedachte Referat über ›Die Naturwissenschaft und der Naturschutz unter dem Raubbausystem des Kapitalismus‹ sah sich Robien mangels eines anderen Referenten selbst genötigt zu halten. Aber auch hier vermerkt er, daß der Sinn dieser Ausführungen nicht allen Anwesenden klar geworden sei: Naturschutz von linker politischer Position her war ein Novum.

Was die tatsächlichen Ergebnisse der Tagung betraf, so meinte auch Robien zurückhaltend, da müsse man erst abwarten. Immerhin hätten über sechzig der Anwesenden die Bereitschaft zur Mitarbeit erklärt. Nach einem anderen Bericht wurden sogar einige Ortsgruppen des »Internationalen Bundes ›Naturwarte‹« gegründet.[239]

Am nächsten stand 1922 Robiens Bestrebungen zweifellos der »Volksland-Bund. Erdbund für föderative Neukultur« in Köln, der den »Naturschutz« in sein Programm aufnahm und mit dem Begriff »natursozialistisch« dem Gedanken einer linken »grünen« Politik so nahe kam, wie es überhaupt in der Weimarer Republik möglich war.[240] Ein Weiterwirken der Gedanken der Berliner Tagung gerade bei diesem Bund ist daran zu sehen, daß der Proudhonist Vogt, Bevollmächtigter des Bundes, der auch auf dem Berliner Treffen gewesen war, für den 12. März 1922 »alle Freilandsucher und Föderalisten« zu einem »Natur-Siedlertag« nach Köln aufrief.

Für den 9. April desselben Jahres wurde erneut von den Kölnern zu einem »Natursiedler-Tag« eingeladen. Nun sollte der Bericht erfolgen über den Stand der Vorarbeiten zur »Naturschutz-Siedlung, zur 1. neuen Volksland-Gemeinde«: Man habe inzwischen Siedlungsland im rechtsrheinischen Gebiet, nahe Siegburg-Hennef, gefunden; die Bodengüte dieses von Heide und Holz bestandenen »Urbodens« sei aber lediglich für Spätgemüse geeignet, und die Siedler müßten sich dort als echte »Kolonisatoren« betrachten. Der nächste »Natursiedler-Tag«

wurde dann zum 7. Mai 1922 nach Köln einberufen. Die Initiatoren berichteten, daß Anfang Mai die erste »Auswanderungsstaffel« die Stadt verlassen und die »Naturschutz-Siedlung« im unteren Westerwald gründen würde, »um auf Bergödland – der Muser Heide – zur Gewinnung von Neuland den Spaten in die Erde zu stecken und die notwendigen praktischen Siedlungsvorbereitungen zu treffen«. Auf dem folgenden »Natursiedler-Tag« am 7. Mai wird dann der siedelnde »Vortrupp« ausgewählt. Anläßlich der Einladung zum nächsten »Natursiedler-Tag« am 2. Juli in Köln erfahren wir schließlich, der Vortrupp des Bundes sei am 13. Mai zur »Tat« geschritten. Trotz der siedlungsfeindlichen Lokalbehörden habe die erste »Siedlerstaffel« mit der Arbeit begonnen. Da aus der anarchistischen Presse keine weiteren Berichte mehr über diese Westerwalder »Natursiedlung« vorliegen, ist anzunehmen, daß das Unternehmen (am Widerstand der Behörden gegen die Landbesetzung?) scheiterte. Eine »Erdbund-Gruppe Bremen« scheint nicht einmal bis zum Siedlungsbeginn gekommen zu sein.

An dieser Stelle lohnt ein Blick über die deutsche Reichsgrenze. Zwar gab es die Naturschutz- und Naturreservatsbewegung auch im Ausland, aber die deutschen Beobachter hatten bis dahin gemeint, daß die emotionalen Wurzeln einer »grünen« Politik nur in Deutschland vorhanden waren: »Während in Deutschland, gemäß der germanischen Seele, sich schon seit Jahren eine entschiedene Bewegung zur Natur, zum Natürlichen zurück bemerkbar macht, die in aufsteigender Linie von den Wandervereinigungen über die Siedlungsbestrebungen zur Naturwartenbewegung führt, die nicht nur Freude an der Natur, Berührung mit der Scholle, sondern Verbrüderung, Friede mit der Kreatur erstrebt, schienen die romanischen Völker, obwohl und vielleicht auch gerade weil reicher an edlem Rebellenblut, ihre Kräfte nur in politischen Kämpfen zu erschöpfen. Um so freudiger berührt uns die Kunde, daß auch die romanischen Völker beginnen, sich zur Allmutter zurückzufinden, an der sie viel gesündigt haben, trotzdem sie ihnen reichere Gaben bot als uns, den Bewohnern karger Landstriche.« Und allen südlichen Ländern voran gehe Frankreich. Als verwandte Bestrebungen werden aufgezählt die »naturistes«, die ähnlich wie der deutsche Naturalistenverband von Walter Barnet sich als Anhänger der natürlichen Heilweise und Hygiene betrachteten, als einziges Heilmittel nur die natürlichen Einwirkungen von Sonne, Wasser, Luft und Erde gelten ließen und Vegetarier und Rohköstler seien. Dann gebe es die nicht-vegetarischen »naturiens«, welche eine natürliche Gesellschaftsordnung errichten wollten. Dann die Gruppe der »néo-naturiens« mit einer gleichnamigen Zeitschrift (Le Néo-naturien. Revue des idées philosophiques et naturiennes, Orléans 1922 bis mindestens 1927), welche nicht nur über den Berliner Naturschutz-Kongreß Robiens berichtet habe, sondern für eine natürliche Lebensweise, für Temperenzlertum und Tierschutz eintrete und anarchistische und kommunistische Zeitungen zur Lektüre empfehle.[241]

Ein weiterer Kenner ergänzte diese Aufzählung mit dem Hinweis auf das Brester Blatt ›Le Sphinx. Journal Naturien Néo-Stoicien‹ und das in Orléans erscheinende Organ des individualistischen »Naturphilosophen« Ernest Armand ›L'en dehors‹.[242] Schlußfolgerung des deutschen Verfassers nach diesem ergänzenden Bericht über die naturrevolutionäre Bewegung in Frankreich: »Die Liebe zur Natur, von der wir in Nordfrankreich hier zwei weitere kräftige Beweise haben, ist das untrüglichste Zeichen, daß in einem verfallenen Volke noch Keime einer besseren Zukunft liegen.«

Es ist unbekannt, in welchem Maße der »Internationale Bund ›Naturwarte‹« mit diesen französischen Gruppen Kontakt pflegte. Robien schreibt jedoch nach Errichtung der »Naturwarte« Mönne: »Im Ausland hat besonders der Néo-Naturien in Paris (sic! U. L.) unsere Idee aufgefaßt und fördert sie, als wenn wir selber es täten. Die Worte Le Fèvre's (u. a. Verfasser des ›Manifests des Néo-Naturien‹, U. L.) sind unsere eigenen Worte.«[243]

Die erste Kunde über die Entstehung einer »naturrevolutionären« Bewegung in Frankreich hätte der Erwartung einer Internationalisierung des »Bundes Naturwarte« Auftrieb geben können. Doch schließlich blieb die einzig relevante Konsequenz aus der Berliner Tagung die Errichtung einer ersten »Naturwarte« durch Robien im Mai 1922 auf der Mönne-Insel bei Stettin: Ihre Flagge war – wie könnte es anders sein – grün mit einem weißen N in der linken oberen Ecke.

Was verstand Robien damals unter einer solchen »Naturwarte« – ein Wort, in das als semantische Bestandteile die traditionelle Vogelschutzwarte wie das Naturschutzgebiet eingegangen sind?

»Die Naturwarten ähneln den Naturschutzgebieten insofern, als auch sie rettende Inseln inmitten der Ausbeutung und Nivellierung und wissenschaftliche Beobachtungsstationen sein sol-

Zeitschriftentitel des französischen Individualanarchisten Armand: Wandern in der »freien« Natur als Protest gegen die kollektiven Zwänge von Kirche, Militarismus und Kapital.

len. Sie unterscheiden sich jedoch merklich von ihnen dadurch, daß der Leiter jeder Warte selber Wissenschaftler sein muß und von einigen Schülern umgeben ist, die er zu gleicher Aufgabe heranbildet; ferner dadurch, daß das kapitalistische System insofern ausgeschaltet ist, als die Wärter kein Gehalt beziehen, sondern ihren Unterhalt durch ihrer Hände Arbeit einem Stückchen Gartenland abgewinnen, und die Warten weder durch Kauf noch Pacht erworben, sondern vom Staat als Volkseigentum – als erste Etappe sozusagen auf dem Wege der Wiederherstellung des natürlichen Rechtszustandes, der in der Rückgabe des Grund und Bodens an das Volk gipfelt – zur Verfügung gestellt werden sollen. Die Naturwarten sind also nicht nur Zufluchtsstätten für die bedrängte Tier- und Pflanzenwelt, sondern sie bieten auch dem nach Gesundung, nach Einheit mit der Natur zurückstrebenden Teil der Menschheit die einzige Möglichkeit, sich reinzuhalten von den physischen und moralischen Giften der Kultur, denen Herren und Knechte, Ausbeuter wie Ausgebeutete, nicht mehr entsagen können noch wollen!«[244]

Lebensreformerische Kulturkritik verbindet sich hier mit den politischen Zwecken der »Siedlungs-Aktion« zum Dienst an der Idee des Naturschutzes und der Naturbeobachtung.

Die Mönne-Naturwarte selbst lag im 5 Kilometer breiten Mündungsgebiet der Oder zwischen Stettin und Altdamm.[245]

Paul Robiens »Naturwarte« auf der Mönne bei Stettin. Das erste »Haus«, ein Wohnschiff, 1922.

Die 350 Morgen große Insel gehörte der Stadt Stettin und war weitgehend öde, der Boden bestand aus torfig-saurem Alluvialboden, und nur ein kleiner Teil von ihr war dauernd hochwasserfrei. Eine Landbesetzung lag nicht vor, Robien erhielt vielmehr durch Hilfe einiger ihm wohlgesonnener Regierungsvertreter im Frühjahr 1922 ein Wohnschiff für den Sommer und 12 Morgen Gartengrund zunächst probeweise zur Verfügung gestellt. Aber er konnte dort doch – abgesehen allerdings von der entscheidenden Landbesitzfrage[246] – seinem Ideal eines »neutralen Vorpostens« sehr nahe kommen: »Neutral – darunter verstehen wir: außerhalb der Staatsordnung zu leben, nirgends, bei keiner Behörde amtlich gemeldet zu sein, frei von Zins und Steuer zu sein, von welchen Dingen wir nicht die blasse Ahnung haben, ein Haus ohne baupolizeiliche Genehmigung zu errichten – und mit der Umwelt nur den Verkehr zu pflegen, der gerade notwendig ist.«[247]

Freilich wurde die Naturwarte Mönne nicht die frohe und gemütliche Gemeinschaftssiedlung, die er sich in seiner Utopie »Arbeitsfreude« erträumt hatte. Anfang 1923 schrieb er im Rückblick: »Nur mit dreien sind wir auf der Station. Diese selbst ist, gemessen an Worpswede, ein armseliges, nicht einmal regensicheres Blockhaus, stets von steigenden und fallenden Wassermassen, von ewigen Winden umtobt.« Zwar war beabsichtigt gewesen, wenigstens einen wissenschaftlichen Arbeitsraum, eine Kabine für jeden zu bauen, aber da die erwartete Hilfe durch Materiallieferungen von Landwirten der Gegend fast ganz ausblieb, fehlte es dazu an Mitteln während der galoppierenden Inflation. Erst 1926 konnte dann mit staatlicher Hilfe das feste Stationshaus errichtet werden. So sei die »Naturwarte« auch äußerlich eine bescheidene »Missionsstation« in fremdem, chaotischem Lande. Und doch sieht Robien hier die tatkräftigen Anfänge einer vom Reden zum Handeln schreitenden »grünen« Bewegung, die freilich noch ohne Widerhall im Volk sei: Die Siedler-Aktionen von »Worpswede und Mönne – zwei Marksteine deutscher Freiheitsbewegung, von der Masse, selbst von der Jugend nicht erkannt und von politisch denkenden Mitkämpfern übersehen – sie lassen sich trotz alledem nicht auslöschen.«[248]

Robien hielt dank seiner zähen Beharrlichkeit, dank der Unterstützung von Freunden und der ab 1926 einsetzenden Staatshilfe auf der Mönne durch – bis ihn und seine Lebensgefährtin, die Lehrerin Eva Windhorn, dann plündernde Russen Ende

Die erste Hütte (1922–1926) auf Robiens »Naturwarte«, ein Blockbau.

1945 erschlugen. Aber die zunehmende Isolation von den »politisch denkenden Mitkämpfern« aus der Arbeiter- und Jugendbewegung verhinderte, daß er mit seiner Tat das Startsignal für eine wirklich »naturrevolutionäre« Bewegung in Deutschland gegeben hätte. Auch Robiens praktische ornithologische Arbeit konnte sich nicht entfalten. Die weiteren geplanten Dauerstationen an den Massenbrutplätzen, an den Raststätten der Zugvögel und auf den Vogelinseln längs der pommerschen Küste (vorgesehen waren solche Stationen auf der Lebe-Nehrung, am Kamper-See bei Kolberg, auf Hiddensee und auf dem Darß) zum Zwecke des Vogelschutzes und der Vogelforschung scheiterten am Widerstand der naturschutzfeindlichen Behörden, am Verhalten von Privatvereinen und an der politischen Wende von 1933.[249]

Es scheint uns, daß die politische Vereinsamung Robiens schon vor 1933 mehr war als nur die typische Erscheinung des Zerfalls von Sekten in noch kleinere Weltanschauungsgrüppchen. Es gab einen grundsätzlichen geistigen Webfehler in der damaligen »grünen« Ideologie, die sie für jegliche Arbeiterorganisation (und dazu zählten schließlich die Anarchisten und Syndikalisten auch) als Bündnispartner unerträglich machte. Die damalige »grüne« Bewegung schleppte ein unreflektiertes Erbe an romantisch-reaktionären Vorstellungen mit sich herum, welche die Entfremdung zwischen ihr und der Arbeiterschaft notwendigerweise zur Folge haben mußte. Auf der anderen Seite ist aber auch nicht zu übersehen, daß die Arbeiterorganisationen einem noch allzu naiven Fortschrittsglauben anhingen und der Meinung waren, der Sturz des Kapitalismus allein reiche aus, um die schon sichtbar gewordenen schädlichen Folgen des Industriesystems zum Verschwinden zu bringen. So mußten sie mit Unverständnis oder Ablehnung auf die grundsätzliche »grüne« Kritik Robiens an Konsumorientiertheit, Wachstumseuphorie, Technikbegeisterung und Industrieglauben reagieren. Die Betonung der schwachen Stellen der jeweils anderen Seite erwies sich dabei gewichtiger als die Erkenntnis möglicher gemeinsamer Strategien.

Das feste Wohnhaus (1926–1945) auf Robiens »Naturwarte«.

Da die damals von den Kontrahenten eingenommenen Standpunkte bis heute nicht an Aktualität im Zwiespalt zwischen Ökonomie und Ökologie verloren haben, seien sie abschließend vorgeführt: Robien provozierte die Arbeiter-Anarchisten offenbar am meisten mit seiner Kritik an der proletarischen Konsumorientiertheit, welcher er die Forderung nach einem »Abbau der Bedürfnisse« entgegensetzte.[250] Ebenso stieß er auf Ablehnung mit seiner prinzipiellen Kritik am Fortschrittsglauben, der sich bis zu radikaler »Kulturfeindschaft« steigerte.[251] Seine naturwissenschaftlich ausformulierte These vom Überlebensrecht aller Tier- und Pflanzenarten einschließlich des Menschen rief wegen ihres asketischen und industriefeindlichen Grundzugs auch bei den Anarchisten heftige Kritik hervor. Der ›Freie Arbeiter‹ schrieb 1925, Robiens erbitterte Polemik gegen den Kapitalismus teile man ja: »Aber von dem Punkte an, wo diese Polemik gegen den Kapitalismus zur Polemik gegen Technik und Kultur und gegen die fortschreitende Menschheit wird, können wir Robien mit dem besten Willen nicht folgen. Wir glauben nicht, daß es ein ›verhängnisvoller Irrtum‹ sei, die Erde als einen Kampfplatz des Menschen zu betrachten, und das ›Greifen nach den Sternen‹ ist uns nicht ein im naturrebellischen Strafgesetzbuch verpöntes Verbrechen, sondern vielmehr der höchste Triumph menschlichen Fortschrittes.« Robien sei »ein *Utopist,* halb Luddit (Maschinenstürmer, U. L.), halb Asket, dazu ein bißchen Robinson und Menschenhasser ... Er sieht nicht ein, daß der Maschinen*besitzer* der Feind ist, sondern er läuft Sturm gegen die Maschine ... Daß die Maschine in der kapitalistischen Ära zum *Fluch* des Arbeiters wird, ist ein Gemeinplatz ... Aber es handelt sich darum festzustellen, ob die Maschine *immer* ›schlecht‹, d. h., ob sie auch in der sozialistischen Gesellschaft denselben Fluch bedeutet ... Also nicht die Unternehmer, nicht die Bourgeoisie, sondern die *Maschinen* sind (nach Robien, U. L.) schuld am Elend des Proletariats ... Gewiß, erst die Maschinen ermöglichen überhaupt die Existenz des Kapitalismus, erst sie bedeuten jene Entwicklung der Produktivkräfte, ohne die es keine große Industrie, keinen Weltverkehr und keinen Welthandel, keinen modernen Militarismus gibt. Aber deshalb, weil man von einem Raufbold ein paar Messerstiche erhalten hat, ist die Nützlichkeit des Messers durchaus nicht widerlegt, und deshalb, weil die Maschine Voraussetzung des Kapitalismus ist und in ihm Unterjochung und Höchstausbeutung des Proletariats bedeutet, ist ihre Nützlichkeit an sich, ihr Segen für eine *sozialistische* Menschheit keineswegs bestritten. Im Kapitalismus bedeutet Arbeitsersparnis (durch die Maschine, U. L.) Arbeitslosigkeit, im Sozialismus dagegen Verkürzung des Arbeitstages, Maximum persönlicher Freiheit.« Das gleiche gelte für den von Robien ebenfalls abgelehnten Taylorismus (die optimale Ausnutzung der Arbeitskraft durch wissenschaftliche Betriebsführung): »... heute, bei einer acht- und mehrstündigen Arbeitszeit ist er ein infames Verbrechen an der körperlichen und geistigen Gesundheit der Arbeitermassen. Aber im Sozialismus bedeutet er die Reduzierung der täglichen Arbeitszeit auf ein solches Minimum, daß wir uns heute vielleicht überhaupt davon noch keine Vorstellung machen.«

Aber Robien sei nicht nur ein Maschinenstürmer, sondern auch ein »Metaphysiker«, der zur historischen Analyse unfähig sei und statt dessen im »Naturrebellentum« die feste Warte besitze, von der aus er »gut« und »schlecht« undialektisch bestimmen könne. Er müsse deshalb übersehen, daß die Fortentwicklung der Technik, der Produktivkräfte nicht das Ende der Menschheit bedeute, sondern lediglich – wie Marx es richtig erkannt habe – über die Verschärfung von Ausbeutung und Klassengegensatz zur Abschaffung des Kapitalismus führe: »Das will und kann Robien nicht einsehen. Und daher gibt es für ihn nur einen Weg: *Zurück* von der Technik und der Kultur, zu *Barbarei* und *Unkultur*. Daher ist seine Utopie durch und durch unrevolutionär und ungenießbar für revolutionäre Proletarier.«

Auch die Forderung nach Bedürfnisreduzierung gieße das Kind mit dem Bade aus: »Robien kommt in eine Stadt, in der 30 Prozent der Einwohner obdachlos sind. Anstatt nun die Reichen zu zwingen, überflüssige Räume abzugeben und neue Häuser zu bauen, macht er alle 100 Prozent obdachlos. Zu was gibt's Höhlen in naturrebellischen Waldesgründen? Tausende gehen in Fetzen – also weg mit den Kleidern! Tausende haben keine Zahnbürsten – weg mit den Zahnbürsten! Tausende haben keine englischen Klosetts – weg damit, es lebe die Mistgrube! Das ist die konterrevolutionäre Utopie von Rousseauschen Waldmenschen, die am liebsten auf allen Vieren gehen möchten, nicht aber das Ziel von revolutionären Arbeitern. Die ›Bedürfnislosigkeit‹, zu der Robien sie erziehen will, ist die Selbstgenügsamkeit der ... Tiere ..., sie ist das Zurückwerfen der Menschheit in die Nacht völliger Kulturlosigkeit, sie ist die leibhaftige Reaktion. Es ist gut und richtig, sich von kapitalistischer Modeblödheit und Luxusidiotie zu emanzipieren, aber die warme, schöne, behagliche Kleidung, die gute, wohlschmeckende Nahrung, das angenehme, sinnvoll und hübsch eingerichtete Wohnzimmer, der moderne Verkehr, Dampf, Gas, Elektrizität, das gute Buch, die Seife und das Klosett mit Wasserspülung sowie Badewanne und Kleinauto sind sehr gute und nützliche Dinge für *alle* Menschen, die für *alle* erkämpft werden sollen. Wenn man sie heute nicht hat und, anstatt für ihre Eroberung zu kämpfen, mit asketischer Bedürfnislosigkeit gegen sie donnert, so erinnert das sehr an den bekannten Fuchs, dem die zu hoch hängenden Trauben zu sauer waren.«

Robiens »tragischer Heroismus« sei direkte Folge seines Mißverständnisses des gesellschaftlichen Prozesses: Obwohl man das lächerlich Tragische seines Tuns verstehen könne, »müssen wir warnen vor dieser Mentalität der Negative und des Rückwärtsschauens, die nichts zu suchen hat in dem fortschrittpulsenden Herzen einer aufsteigenden Klasse. Die Kultur schreitet fort, so wie sie seit Jahrtausenden fortschreitet, unaufhaltsam, unabänderlich und gewaltig. Und diejenigen, die ihr in die Speichen greifen wollen, schmettert sie in einen Winkel, wo sie, einsam und verlassen, dem harten Boden mühselig ihr karges Brot abringend, in seltsamem, hoffnungslosem Heroismus leben als die Propagandisten und zugleich Petrefakten einer längst vergangenen Zeit, die, wenn man ihnen das Mäntelchen von Sentimentalität und Erkenntnisleuchten, mit dem sie (ihr) asketisches Rückwärtsertum behangen haben, von den Schultern zieht, dastehen in der wenig idealen, dafür aber um so behaarteren Nacktheit des Neandertaler-Menschen.«[252]

Robien und seine Anhänger reagierten auf diese Absage mit der Gegenutopie,[253] auf der Grundlage der »Naturrevolution« werde jenseits von Kapitalismus und traditionellem Sozialismus »*eine neue, eine wahrhafte Kultur*« erwachsen, deren Gradmesser nicht (wie der Robien-Kritiker es verteidigt hatte, U. L.) im Seifenverbrauch liegt, sondern darin, was der Mensch leistet als Bebauer der Scholle, als Förderer *gemeinnütziger* Technik und Wissenschaft, als Pfleger der Kunst, stets aber in Rücksicht auf das natürliche Lebensgesetz«.

Die Trümpfe lagen trotzdem in der Hand von Robiens Gegnern. Robien trieb die Stadt- und Industriefeindschaft so weit, daß er nicht nur eine unüberwindbare Kluft zwischen dem einzelgängerischen »Naturrebellen« und dem domestizierten Arbeiter-Massenheer der »Räderslaven« konstatierte,[254] sondern

Paul Robien beim Abkochen: der »naturrevolutionäre« Protest gegen die »Domestikation« des proletarisch-städtischen »Rädersklaven«.

auch grobe antisemitische Ausfälle machte. Lediglich die Überlieferung, daß Robien später auf der Mönne polnische Juden versteckt und ihnen zur Flucht verholfen haben soll, relativiert etwas seine üblen frühen Aussagen. In diesen lassen sich zwei Stereotype des Juden erkennen: Einmal wird der Jude dem verhaßten Industriekapitalismus gleichgesetzt und ihm die Schuld an der Inflationskrise zugeschoben. Die Juden, schreibt Robien, setzen sich »zum allergrößten Teil aus Schiebern, Börsenjobbern, Spähern, Korruptionshyänen zusammen« – »man soll sie wie Freiwild behandeln und erledigen«.[255] Zum anderen macht Robien offenbar den jüdischen Intellektuellen in den Arbeiterparteien dafür verantwortlich, daß diese nicht die »Agrar-« und »Naturrevolution« erstreben, sondern die »Stadtrevolution«, die für Robien die Fortführung des naturfeindlichen Industriesystems und nicht den Bruch mit ihm bedeutet. So ist es zu erklären, daß er schreibt, die jüdischen Intellektuellen in den Arbeiterparteien seien »Entwurzelte, die keinen natürlichen Boden mehr kennen, auch keine Sehnsucht nach Kornfeldern und schwarzen Erdschollen haben ..., die zum (großstädtischen, U. L.) Babel streben, anstatt zur natürlichen Volksgemeinschaft, die friedlich für sich schafft und nicht zum Sklaven der Steinwüsten mit ihren tausend Institutionen bis zum Volksparlament herabsinkt«. Der Jude sei eben für die schändliche »Kulturrevolution«, »während das Endziel aller Revolutionen nur die Eroberung der Erde, der Luft, des Lichtes, die Befreiung von der wahnsinnigen Industrialisierung mit ihren Giften und Gasen, kurz die Naturrevolution sein kann«. Der Jude sei aber auch deshalb der Feind der Arbeiterschaft, weil er nicht zu den »hart Schaffenden«, sondern zu den Raffenden gehöre.[256]

Wenn auch die Pressekommission des ›Freien Arbeiters‹ den Abdruck dieser antisemitischen Äußerungen damit rechtfertigte, daß schon bei dem Anarchisten Bakunin antisemitische Ausfälle gegen den Juden Marx und andere jüdische Führertypen zu verzeichnen gewesen seien, lehnten doch zahlreiche Zuschriften fast einmütig Robiens Ansichten ab.[257] Zu Recht wurde in diesem Zusammenhang darauf hingewiesen, daß Robiens Antisemitismus nur verständlich werde durch die Gleichsetzung des Juden mit dem Geist des Industrialismus – deshalb müsse hier die grundsätzliche Kritik an Robien ansetzen: Auch die Anarchisten erstrebten die »Kulturrevolution und sind entschiedene Befürworter der Technik, in der wir einen hervorragenden Kulturhebel erblicken ... Die Industrie (man sagt immer so und versteht darunter das gesamte industriell-technische Wirken) ist in Wahrheit ... die natürliche Befreierin von der Sklaverei der Natur.« Ein anderer erprobter Altanarchist, Berthold Cahn, nannte die Sache beim Namen: Robien sei schlicht ein »Rassist« und sein blindes Vorurteil gegen die Juden nicht mit der anarchistischen Weltanschauung vereinbar, die auf freiem, vorurteilslosem Denken beruhe.

Die heftigste Gegenreaktion aber löste Robiens Artikel ›Der jüdische Nimbus‹ bei dem führenden anarchosyndikalistischen Theoretiker Rudolf Rocker aus. Er hatte ab der Jahrhundertwende im englischen Exil die jüdische Arbeiterbevölkerung, besonders im Londoner East End, schätzen gelernt und war zu ihrem spirituellen und politischen Führer geworden. Die gefühlsmäßige Beziehung wurde noch dadurch vertieft, daß er dort seine Frau fand, die ihm sechzig Jahre seines kämpferischen Lebens zur Seite stand. Kein Wunder, daß dem 1919 nach Deutschland Zurückgekehrten ob Robiens Artikel die Zornesader schwoll und er in einem flammenden Artikel ›Der Nimbus des Blödsinns« gegen das »borniertes und blöde Vorurteil den Juden gegenüber, das sich auch – traurig aber wahr – bis in die Reihen der Arbeiter« erstrecke, verurteilte und an seiner eigenen Erfahrung mit dem jüdischen Proletariat maß, dessen »unbegrenzter Idealismus«, »tiefe Überzeugung« und »unermüdliche Opferwilligkeit für die Sache der Freiheit« ihm unvergeßlich bleiben werde. Und damit jeder verstand, daß hier eine klare Grenzlinie gezogen wurde, endete sein Artikel mit den Worten: »Ich habe lediglich gesprochen, damit bei den Genossen des Auslandes nicht der Gedanke Fuß faßt, daß die deutschen Anarchisten glücklich im Lager des Antisemitismus und der völkischen Reaktion gelandet sind.«[258] Unverständlicherweise verweigerte die Redaktion des ›Freien Arbeiters‹ die Aufnahme dieses Gegenartikels – eine Verletzung der Genossensolidarität, die wohl nur dadurch verständlich ist, daß sich die »Föderation kommunistischer Anarchisten Deutschlands« unter Rudolf Oestreichs Führung und die Anarcho-Syndikalisten um Rocker organisatorisch und persönlich auseinandergelebt hatten. Rocker jedenfalls brach nach diesem Vorfall nach eigenem Bekunden jeden weiteren Kontakt mit den »Oestreich-Anarchisten« ab.[259] So hatte der dumme Artikel Robiens einen zusätzlichen Spaltkeil in die deutsche anarchistische Bewegung getrieben, ohne aber Robien selbst neue Freunde zu bringen.

Vielmehr kam es, nachdem ›Der Syndikalist‹ mit dem Sturz seines Redakteurs Fritz Köster schon 1922 mit Robien gebrochen hatte, 1925 auch zum fast völligen Ende der Beziehungen zum ›Freien Arbeiter‹, der bis dahin Robien noch allein zur Veröffentlichung seiner politischen Ansichten zur Verfügung gestanden hatte und in dem er, insbesondere in den Jahren 1921 und 1922, fast in jeder Wochenausgabe seine Meinung an herausragender Stelle hatte publizieren können. Damit aber war die Phase einer anarchistisch-»naturrevolutionären« Kooperation zu Ende, die Chance zur Schaffung eines sozialistisch-»grünen« Programms und einer darauf fußenden Bewegung vertan.

Es zeigte sich, daß industrie- und stadtkritische Positionen nur dann eine Resonanz in der Arbeiterschaft gefunden hatten, solange die Inflationsjahre nach dem Ersten Weltkrieg die Ernährungsfrage in den Vordergrund des Interesses rückten. Mit der Rückkehr der Geldwertstabilität und mit der Gesundung der Wirtschaft verschwand die industriekritische Stimmung in der Arbeiterschaft wieder.

Das rot-grüne Bündnis zwischen Robien und den sozialistischen Arbeiterorganisationen einschließlich des Anarchismus scheiterte, weil die »Naturrevolution« massenfeindlich, stadtfeindlich und industriefeindlich eingestellt war. Unversöhnlich standen sich schließlich 1925 die Standpunkte gegenüber. Der ›Freie Arbeiter‹ entwarf das Ideal eines heroisch-kämpferischen Proletariers und stellte es Robiens scheinbar lächerlichem, täglichem Lebenskampf auf der Mönne entgegen: »In einem furchtbaren Ringen, im größten Klassenkampf der Weltgeschichte, messen Proletariat und Bourgeoisie ihre Kräfte. Solche Kämpfer brauchen wir, die im Betrieb, auf den Rednertribünen, in den Zeitungsstuben, im grauen proletarischen Alltag, der erfüllt ist von dem Qualm der Fabrikschlote und dem Heulen der Sirenen, entschlossen und treu ihren reizlosen Pfad heldenmütiger Pflichterfüllung gehen als namenlose, bescheidene Soldaten der Revolution. Aber wer in dieser Epoche anstatt gegen Bourgeoisie und Kapital gegen Engerlinge und Drahtwürmer kämpft, der ist ein Deserteur, ein Fahnenflüchtiger seiner Klasse, der, abseits vom Wege der Revolution, den Pulsschlag der Natur fühlt und nicht das Zittern der Welt unter dem ehernen Tritt der proletarischen Kohorten.«[260]

Mit dem gleichen revolutionären Selbstverständnis des Proletariats hatten auch andere Arbeiterorganisationen sich bereits von Robien abgegrenzt: Der ›Unionist‹ etwa, das Organ der Allgemeinen Arbeiter-Union, hatte behauptet, der an der Revolution verzweifelnde Robien sei mit seiner Naturwarte zum Zwecke seiner eigenen Rettung einen Kompromiß mit den »Sklavenzüchtern« eingegangen und wolle die Sklaven selbst ihrem Schicksal überlassen. Der Arbeiter-›Naturfreund‹ äußerte, Robien kenne nicht die »Klassenkampfnotwendigkeiten«: »... auch ein steter Kampf zum Schutz der Natur stürzt keine konterrevolutionäre Welten«.[261] Und Fritz Oerter schließlich hatte über Robien im ›Freien Arbeiter‹ vermerkt, die Errettung vom wirtschaftlichen Chaos durch Selbstversorger-Siedlungen sei nur einem verschwindenden Teil der Arbeiter möglich: »Aller Grund und Boden ist von Eigentümern mit Beschlag belegt. Vom bloßen Tubablasen stürzen die Mauern dieses Besitzrechts nicht ein. Dies kann nur durch eine große soziale Erschütterung, den sozialen Generalstreik, die soziale Revolution geschehen.«[262]

Robien aber konnte auf alle diese Angriffe antworten: »... ich gehörte der neuen Menschheit an, bin Naturschützer durch und durch«;[263] denn er kämpfte einen anderen Überlebenskampf, den ökologischen: »Wir kennen nur einen Krieg, einen Krieg des Kosmosmenschen gegen den das Gleichgewicht in der Natur in blinder Vermessenheit störenden Kulturmenschen, einerlei, unter welcher Maske er sich verbirgt, einen Krieg der Reinen, Aufrechten, gegen die Brunnenvergifter, die nur die Luft verpesten, uns foltern mit teuflischen Geräuschen, uns auf Schritt und Tritt quälen bis zur Verzweiflung. Alle sonstigen Ideale: Befreiung der Arbeiterklasse, der materiellen, die Natur bis auf den letzten Rest verderbenden Masse erscheinen uns, weil falsch und kurzsichtig, nichtig.«[264]

Ein zentrales Problem bei dieser Auseinandersetzung zwischen »grüner« und roter Weltanschauung lautete: War ein weiteres wirtschaftliches Wachstum nötig, um auch dem Proletariat eine angemessene Bedürfnisbefriedigung zu gewähren, oder waren bereits die Grenzen des Wachstums erreicht und allein eine erdgebundene Mangelwirtschaft noch ökologisch vertretbar? Robien war ein Prophet des Untergangs, der sich nur noch von einer radikalen antimaterialistischen Wende Rettung versprach. Deshalb bekannte er sich uneingeschränkt zur »Kulturfeindschaft«. Denn er identifizierte die bestehende Kultur mit Kapitalismus und Militarismus. Zu seinem kulturkritischen Ansatz gehörte auch, daß er sich gegen die Begeisterung für Technik und Maschinen wandte, weil sie zur inneren Verarmung des Menschen führten und die Individualität zerstörten.

Bei seiner Absage an den »Götzen Progresso«[265] waren aber doch immer entscheidend seine ökologischen Bedenken: »Wir sehen nicht ein, daß die Erdoberfläche in ein Feld von Kunstbeeten, in einen Wald von Schloten und Windrädern verwandelt werden soll, in dem nur noch tausendfach gespaltene, künstliche Menschen statt der vielen edlen Tierformen leben sollen, mit denen der Mensch zusammen ein Ganzes bildet.«[266] In solchen Aussagen ist der Kerngedanke von Robiens Konzeption von Ökopax erfaßt, wie ihn ein Anhänger von Robien zusammenfaßt:[267] »Die Anhänger des radikalen Naturschutzes, als dessen Begründer Paul Robien zu bezeichnen ist, nehmen sich die Freiheit, rücksichtslos und konsequent bis zum äußersten den ganzen Umfang der Naturverwüstung darzustellen – *wobei der Mensch als Art unter Arten zum ersten Male in diesem Zusammenhang berücksichtigt wird* –, ihre wahren Ursachen aufzudecken und danach die neuen Ziele und Wege einzustellen.« Formulierungen wie »Tierformen..., mit denen der

Mensch zusammen ein Ganzes bildet« oder: »der Mensch als Art unter Arten« verweisen auf den besonderen ökologischen Sinn von Robiens Kulturkritik, nämlich durch die Absage an den Fortschritt zur »langsamen Entwicklung und Anpassung« zu gelangen, damit die »Erhaltung aller Arten im natürlichen Prozeß« möglich werde.[268]

Robiens Konzeption von Ökopax beinhaltet also als ganz wesentlichen Beitrag zur Geschichte ökologischen Denkens das Abgehen von einem anthropozentrischen Weltbild durch Anerkennung des Lebensrechtes aller Pflanzen und Tiere, ohne daß er dabei aber einem anthropofugalen Vernichtungsquietismus erlegen wäre. Selbst sein von den Arbeiterparteien belächeltes Lebensexperiment, die »Naturschutzwarte« Mönne, nahm exemplarisch die in den späten zwanziger Jahren vom staatlichen Naturschutz propagierten »biologischen Forschungsstationen« vorweg, in denen – ausgehend vom Gedanken der »Lebensgemeinschaft« – in der ungestörten Natur eines Naturschutzgebietes die Wechselbeziehungen zwischen Boden, Klima, Pflanzen und Tieren durch dort lebende Forscher ergründet werden sollten.[269]

Die Anhänger eines sozialdemokratischen Ökosozialismus, die auf Technisierung und Modernisierung setzen und wie die vorgeblich »konservativen« bürgerlichen Anhänger eines technokratisch und kapitalistisch verstandenen Fortschritts an die Versöhnung von Ökologie und Ökonomie glauben, sind zumindest bis jetzt den Beweis schuldig geblieben, daß auf einem solchen Wege das Ziel von Robiens radikalem arterhaltendem Naturschutz verwirklicht werden kann. Robien hat die Konsequenz besessen, in Kenntnis der durch die industrielle Zivilisation heraufbeschworenen Zerstörung der Natur und Gefährdung des Menschen sich als Kulturfeind zu bekennen. Die Tatsache, daß Robien bereits im Jahr 1929 auf die Gefahren der Ölverseuchung der Meere, der Vergiftung der Wälder und des drohenden Weltuntergangs durch einen Atomkrieg – erste Vorahnung eines nach heutiger wissenschaftlicher Erkenntnis von einer nuklearen Eiszeit zu erwartenden Ökozids und Genozids – hinwies,[270] zeigt, daß die vehemente Artikulierung von Zukunftsängsten nicht mit den neuen sozialen Bewegungen ihren Anfang nahm.

Kapitel 6
»Menschen der Gandhi-Tat«

Mahatma Gandhi mit seiner Synthese aus »gewaltlosem Widerstand« und einer ökologisch angepaßten, »sanften« Technologie ist sicher die beeindruckendste Persönlichkeit der modernen Ökopax-Bewegung. Wie ernst nahm man seine Lehren zu seinen Lebzeiten in Deutschland?

1930, also während der Weltwirtschaftskrise, wurde in Hamburgs Straßen eine ›Flugschrift der Gandhi-Bewegung in Deutschland‹ vertrieben, in der es unter der Überschrift »Gandhi in Deutschland, in Europa!« hieß, Gandhis Sache sei nicht national oder patriotisch und damit auf Indien beschränkt, sondern eine »Sache der Menschheit«. Deshalb habe er auch in Europa und Deutschland eine Botschaft zu verkünden – nämlich die einer anarchischen Revolution der Menschlichkeit. In Europa und Deutschland kenne man bisher nur die antikommunistische Revolutionsfurcht des Bürgertums und die kommunistische Idee der politischen Macht-Revolution. Gandhi aber sei in ganz anderem Sinne revolutionär – »als Schöpfer einer neuen Menschheit«: »Gandhi ist von Grund auf Mensch! Er sieht in allem Tun, was er beginnt, den Menschen! Einfach und ohne viel drum und dran sagt er den Menschen, was zu tun ist! Und – was das Große und Größte an ihm ist: Er geht als Vorbild voran! Er sagt nicht nur, er tut auch, was er sagt, zuerst, als Vorbild! Darin ist die Größe seiner Sache zu erblicken! – «[271]

Die Flugschrift endet mit dem Aufruf, man möge mit den Verfassern Kontakt aufnehmen zum Zwecke des Ausbaus der Gandhi-Bewegung, denn es müsse »doch endlich einmal in Deutschland der Gedanke Tat werden, wollen wir nicht ganz im Materialismus untergehen«. Die Verfasser berichten, sie hätten auch bereits mit der indischen Gandhi-Bewegung selbst direkte Verbindung gesucht.

Die deutsche Gandhi-Bewegung hat keine zentrale Figur wie etwa die französische mit Romain Rolland. Sie konnte deshalb bisher auch leicht übersehen werden. Nicht von außen importiert, sondern autonom entstanden, war sie – nach dem Vorläufertum von Gusto Gräser – ganz ausschließlich in der deutschen Alternativbewegung der Weimarer Zeit verwurzelt. Ihren Höhepunkt erreichte sie während der Weltwirtschaftskrise der Jahre 1929 bis 1933. So wie in den Inflationsjahren nach dem Ersten Weltkrieg kurzzeitig Erlösungssehnsucht und Hungerkrise die Bereitschaft für Industriekritik und Selbsthilfe wachsen ließen, so erneut in den Jahren der großen wirtschaftlichen Depression. Verstärkend kam hinzu, daß gerade zu dieser Zeit – im Dezember 1931 – Gandhi nach seiner Teilnahme bei der Londoner Round Table Conference über Indiens Zukunft auf der Rückreise auch die Schweiz zu Vorträgen besuchte und damit zumindest indirekt auf das deutsche Sprachgebiet einwirkte.

Empört schreibt damals Rolland in sein Tagebuch, die deutsch-schweizerischen Nudisten unter Werner Zimmermann möchten Gandhi mit Beschlag belegen; man müsse ihn vor ihnen bewahren. Verwirrte Köpfe, »Gottessöhne« kröchen jetzt wie Schnecken aus der Erde.[272] Jener hiermit verunglimpfte deutsch-schweizer Lebensreformer Zimmermann veröffentlichte damals als Willkommensgabe für Gandhi ein Schriftchen ›Mahatma Gandhi‹, in welchem er die Übereinstimmungen seiner eigenen siebenjährigen Bemühungen mit den Lehren Gandhis betonte: Auch ihm – Zimmermann – gehe es um »Erkennen und Befolgen der Wahrheit, der inneren Lebensgesetze auf jedem Gebiet«, um »Gesundung des einzelnen wie der Volksgemeinschaft, Vegetarismus, Freiwirtschaft, verstehende und tätige Liebe statt Vergewaltigung«.[273] Die Erwähnung etwa der Gandhi völlig fernliegenden und unbekannten Freiwirtschaftslehre von Silvio Gesell in diesem Zusammenhang macht deutlich, daß die Autorität »unseres großen indischen Freundes und Bruders« dafür benützt wurde, die Respektabilität lebensreformerischer Ansichten und Praktiken zu erhöhen.

Dennoch ist nicht zu übersehen, daß eine durch die Genese der Gandhischen Positionen aus der industriekritisch-lebensreformerischen Tradition Englands sich erklärende grundsätzliche Übereinstimmung von dessen Lehren mit den alternativen Strömungen Europas bestand. Deshalb ist es alles andere als zufällig, wenn Vertreter der klassischen deutschen Tradition von Ökopax, wie wir sie in den eingangs zitierten Hamburger »Menschen der Gandhi-Tat« vor uns haben, in Gandhi eine Leitfigur erblicken konnten: War er doch das lebende Vorbild für einen pazifistischen Antiindustrialismus. Schließlich hatte Gandhi gerade in der Weltwirtschaftskrise auch eine Chance dafür gesehen, daß seine Ideen in Europa stärker an Boden gewinnen könnten, da die Armut doch von den systemstabilisierenden ökonomischen Zwängen befreie.[274] So fand auch das

Werbeplakat der Hamburger Gandhi-Bewegung, um 1930.

berufliche Aussteigertum der Hamburger Gandhi-Menschen eine gewisse Rechtfertigung durch den Mahatma selbst.

Betrachtet man die drei jungen Männer näher, die da Ende der zwanziger Jahre nächtens durch Hamburgs Straßen zogen, der Schriftsetzer und Schildermaler Willy Ackermann mit Pinsel und Kleistertopf die Wände anpinselnd, der ausgestiegene Studienreferendar Herbert Fischer das Flugblatt ›Wo sind die Menschen der Gandhi-Tat in Deutschland‹ daraufklatschend und der vagabundierende Student der Volkswirtschaft Werner Einecke schließlich das Blatt glattstreichend, und stellt man sich dann alle drei vor, wie sie behend flüchten oder später, gefaßt und von den »Udels« (wie man in Hamburg die Polizei nannte) verhört, von ihrem Anführer Ackermann damit verteidigt werden, »daß der Staat und die Technik nichts als reine Scheiße« seien[275] – dann wird hier doch eine sehr deutsche Erscheinung sichtbar: Sie war weniger durch Gandhi als durch die Einflüsse des deutschen Anarchismus und das Imponiergehabe der »Inflationsheiligen« geprägt.

Werner Einecke erinnerte sich an seine erste Begegnung mit jenem Gandhi-Jünger Ackermann bei der »Prophetin« Gertrud Bolm, einer Nachfolgerin des großen »Inflationsheiligen« Lou Haeusser: »Wieder einmal war ich bei Gertrud Bolm zu Besuch, da wurde plötzlich gegen die Tür gepocht und draußen stand eine große, dürre Gestalt mit Prophetenbart und langen

Haaren, die mit einem Band an der Stirne zusammengehalten wurden. Er hatte schielende Augen und sah wie Rasputin aus. Dieser ›Wahrheitsmensch‹ sagte mit einer stolzen und tönenden Stimme, indem er seine wehmütigen, melancholischen Augenwimpern nach unten drückte: Ich möchte gern heute Nacht ein Quartier. Da hat wohl keiner was dagegen, wenn ich hier schlafen tue. Ich kann auch auf dem Fußboden liegen. Damit trat er auch schon ohne besondere Umstände ein, ging ins Wohnzimmer und setzte sich, vergnügt aus seinen braunen Augen grinsend, und frech dir nichts mir nichts in einen Sessel. Aufmerksam blickte er sich um und nickte anerkennend mit dem Kopfe. Fein hast du es hier, Gertrud, sagte er, und ein Klavier hast du auch? Damit erhob er sich und schlug ein paar Klimpertöne an. Klingt gut, brummte er dann, aber Blockflöte ist besser, herzhafter. Die ganze Klassik, na, wie heißen sie doch, diese Kerle, Beethoven und Bach – alles heute veraltet – bürgerliche Musik – nichts mehr für unsere Zeit – wir sind viel zu überkandidelt – unsere ganze Kultur ist Scheiße – ja, wir haben eben den höchsten Berg erreicht – nun geht es abwärts – da krepieren die Menschen wie Fliegen – was wir brauchen, Kinder: neue Barbaren müssen kommen, Menschen, die sich alles selber machen, urwüchsige Kerle brauchen wir, keinen Staat, keine Kirche, keine Beamten und keine Maschinen. Die Maschinen powern uns aus, an der Technik krepiert die Menschheit noch. Und diese armen Menschen! Diese Proleten! Lassen sich ausbeuten, verkaufen die Freiheit an einen Dickwanst von Unternehmer, bloß um ihr Fressen zu haben. Diese Harlekins – arme Menschen! Na, und die Bürger? Lauwarmes Pack, wenn man sie anstiert, gehen sie auf wie Schweineblasen. Die sind rettungslos verloren, wenn die Notzeit kommt. Und darin muß ich Lou recht geben: Die große Katastrophe kommt, daran ist nicht zu rütteln.«[276]

Dieser Willy Sophus Ackermann war zwar Proletarier seiner Herkunft nach, doch der Anarchismus und die »Inflationsheiligen« hatten ihn gelehrt, den Massenmenschen zu überwinden: »Es ist so, daß man ein Original sein muß – die meisten sterben als Kopie«, war sein Wahlspruch.[277] Für diesen proletarischen Gandhi stand nicht die Liebe im Mittelpunkt, sondern er war ein Egozentriker und Bürgerschreck, der durch seinen Ichkult und seine Selbstverliebtheit oft auch die Freunde vor den Kopf stieß.[278] Und doch faszinierte er: »... etwas Elementares, Riesenhaftes ging von ihm aus, er war wie ein überdimensionales

Tier«, »bei ihm war der ganze Körper immer an allem, was er tat, beteiligt, weil er ganz unmittelbar war und direkt am Nabel der Welt hing«.[279]

In einer Art Zirkusrolle, die er in den zwanziger Jahren auf der Straße spielte, sieht Einecke Ackermanns Wesenszüge besonders deutlich gespiegelt, nicht zuletzt auch seinen hohen Grad von Menschenverachtung:[280] Ackermann trat vor dem Hamburger Dom als »Arabas, der Viehmensch« auf. Er trug dabei einen roten Russenkittel, Bart und Haare hatte er sich in Manier der »Inflationsheiligen« lang wachsen lassen. Als Arabas mußte er ab und zu wie ein Tier brüllen und Heu aus einer Futterkrippe fressen. Den zahlenden Zuschauern wurde weisgemacht, er lebe nur von Gras; in Wirklichkeit spuckte er, wenn immer er sich eine neue Portion Heu einverleibte, die alte in einem kleinen Klumpen heimlich wieder aus. Der Werbeslogan lautete: »Hier sehen Sie Arabas, halb Mensch, halb Vieh! Meine Herrschaften, sehen Sie die große Attraktion! Dieser Mensch ist unter Tieren aufgewachsen.« Ehe die Vorstellung begann, wurde er den Leuten in einem Verschlag gezeigt, und er stieß dabei brüllende Laute aus. Als einmal ein Neugieriger zu dicht herankam, erhielt er von Arabas einen furchtbaren Schlag mit einer Flasche auf die Hände. Ein anderer »Inflationsheiliger«, der Maler Franz Kaiser, kommentierte dies gegenüber Einecke so: »Ackermann ist doch ein Prolet! Der springt Dir, wenn Du es verlangst, mit dem nackten Arsch ins Gesicht. Dazu gehört für den weniger Überwindung, als wenn Du ohne Schlips und Kragen über die Straße gehst.« Ackermann war offensichtlich durch die harte Schule des Lebens gegangen, und dabei hatte sich sein kindlich-brutaler Egoismus zweifellos als Überlebenshelfer erwiesen.

Geboren wurde er nach der Jahrhundertwende in einem Hamburger Hinterhaus als viertes von fünf Kindern eines Setzers.[281] Der Vater verlor bei einem Betriebsunfall alle Finger einer Hand und wurde arbeitslos. Willy lernte früh die Not kennen. Schon als Säugling, erzählt er, sei er ein Schreihals gewesen. Deshalb habe ihm der Bäckerjunge aus dem Keller Semmeln zugeworfen, damit er sich beruhige; die Mutter darauf: »Schrei mal fest zu, dann haben wir wenigstens was zu futtern.« Zur Armut kam der Konflikt mit dem Vater, einem »jähzornigen Kerl, immer schlagbereit«. Wenn das Kind bei der Arbeit zuschaute und nicht kapierte, daß der Vater etwa ein paar Nägel brauchte, sagte dieser »nicht von wegen: ›Nun hol mal endlich ein paar Nägel!‹ Ne, er gab einem eine in die ... Das war meine Erziehung, wenn man so sagen will.« Noch im Jahr 1924 ist die Rede von »Scenen und blutigen Schlägereien zwischen Willy und dem alten Ackermann, der dem Suff ergeben war«.[282]

Ähnliche Erinnerungen sind ihm aus der Sonntagsschule geblieben, in welche die Kinder ab Herbst gehen mußten, damit sie an Weihnachten von der Kirche ein paar neue Socken erhielten. Unter dem Kreuz, das im Schulraum an der Wand hing, lehnte der Rohrstock direkt zu Füßen des Gekreuzigten. Und wehe, wenn da ein Kind das Vaterunser nicht konnte oder beim Aufsagen stockte – da zog ihm der Pfarrer eine drüber. Willy wurde hier der Widerspruch zwischen der christlichen Lehre der Liebe und der unchristlichen Wirklichkeit klar.

Schon als Junge verdiente er sich ein paar Groschen, indem er bei den Nachbarn die Türschilder und Klinken putzte, für sie zum Einkaufen oder Kohlentragen ging. Nächtelang lag er an den Quais auf den Kohlensäcken und wartete auf die Schute, den Kohlenkahn, damit er morgens der erste war, der das Brennmaterial mit einem zweirädrigen Karren ausfahren konnte. In die Lehre kam er zu einem Glasmaler und Ätzer. Aber auch dort setzte sich die autoritäre Welt von Elternhaus und Schule fort. Der Meister brachte ihm nicht viel bei, sondern zog ihn lieber zu Dreckarbeiten im Haushalt heran. Doch jetzt entdeckte Willy in der nachrevolutionären Welt von 1919/20 Alternativen: Da waren die Studenten der Hamburger Kunstakademie am Lerchenfeld. Dort herrschte ein Hauch von Boheme und ideologischem Radikalismus. Entscheidender war aber noch der Kontakt mit dem Hamburger Anarchismus, insbesondere der anarchistischen Arbeiterjugendbewegung.[283]

Schon als Junge ging er gerne in die Natur. Mit seinen paar verdienten Pfennigen fuhr er bis zur Endstation der Straßenbahn, tippelte dann los und erlebte die Natur: »Menschenskinder, das ist doch was ganz anderes als diese blöde Stadt!« Nun wurde er sogar für ein paar Monate organisiertes Mitglied in der antiautoritären proletarischen Jugendbewegung Hamburgs. Diese hatte sich gerade dort nicht ins Schlepptau der Erwachsenenorganisationen nehmen lassen, sondern unter Nichtberücksichtigung der ideologischen Trennungen der »Alten« und unter Betonung des gemeinsamen »Klassenkampfes der Jugend« ein Kartell geschlossen. Aber auch hier fand er nicht sein Glück: Man habe zwar viel von Max Stirner und der anarchistischen Freiheit geredet, doch ihm nicht einmal einen Groschen geliehen, damit er mit der Straßenbahn ins Grüne fahren konnte. »Quasselbrüder« seien sie gewesen, keine »neuen Menschen«. Am Wochenende habe man die große Freiheit erfahren, aber am Montag seien dann alle wieder brav zu Blohm und Voss gegangen und hätten »denen den Arsch geleckt«.

Und doch verdankte er der Jugendbewegung eine große Begegnung – die mit dem »Inflationsheiligen« Louis Haeusser. Mehr aus Jux, um einen Wanderredner zu hören, war die Jugendgruppe in den Vortrag des »Propheten« gegangen. Aber Willy merkte, »daß der wirklich mit Herz und Hand dabei war«. Zum ersten Mal schien ihm Haeusser das Stirnersche Credo »Ich hab meine Sach auf Mich gestellt« überzeugend vorzuleben. Neben der anarchistischen Lehre wurde Haeusser zur Richtschnur für Willys Handeln. In Haeusser verehrte er die volkstümliche Kraftnatur ebenso wie seinen Humor. Ehe Haeusser im Gefängnis Vechta von der Staatsgewalt kaputtgemacht worden sei, sagt Ackermann, sei seine Wirkung kolossal gewesen (»Er war wie ein Löwe.«): »Haeusser war mir der liebste Freund. Er konnte mich hin und wieder hart anpacken und zur gleichen Zeit konnte ich ihn dabei lieben.« Denn auch wenn er hart sprach, habe er es nie aus Gehässigkeit getan. So hatte auch er nun einen wahren Vater gefunden. Und dieser konnte das bloße Reden nicht leiden, »obwohl er manchmal selbst (gerne) Theater machte«.

Ackermann in der Rückerinnerung: »Das hat mir imponiert, daß da endlich mal ein Kerl da ist, der nicht nur schwätzt, sondern etwas tut ... Der fürchtete sich in keiner Beziehung, hat sich selbst nie berücksichtigt ... Entweder jetzt oder nie ... Das hat mir an ihm so gefallen, daß er energisch war und sich selbst nicht geschont hat, in keiner Weise ... Lou hat sich gegen sich selbst aufgelehnt, hat sich kasteit, hat sich das Leben nicht leicht gemacht, aber er hat aus einer strahlenden Freude heraus das Schwere auf sich genommen. Er ist nicht irgendwie zerbissen gewesen. Wir müssen den anderen dankbar sein, daß sie uns quälen – aber sie stürzen in den Abgrund, und wir werden dabei stark.«

Der vagabundierende Prophet, Laotse- und Tschuangtse-Leser Haeusser muß Ackermann als der wahre Freie erschienen sein, und so lockte auch ihn diese Freiheit der Landstraße. Als ihm eines Tages sein Meister eine Ohrfeige geben wollte, warf er ihn in einen Eimer mit Säure und ging auf und davon. Erst als ihm die Einsicht dämmerte, daß er feige gekniffen habe und die Eltern nun einen Prozeß wegen Bruch des Lehrvertrags am Hals hätten, kehrte er zurück. Der Prozeß wurde zum großen Erfolg, Willy hielt seine »erste Feuerrede«, und der Meister bekam Lehrverbot. Er hätte die Lehre anderswo fortsetzen können – doch als der Frühling kam, schien ihm diese Arbeit sinnlos und leer, wollte er sich dem Leben selbst als seinem Lehrmeister anvertrauen: »Ich wollte das Leben allewo gestaltet sehen. Ich war nie irgendwie gebunden an etwas Festes... Mein Steckenpferd war das Ungebundene, auf der Suche nach dem Leben ... Ich fühlte mich als Saatkorn, das irgendwo einen Grund suchen wollte. Aber einen Grund, auf dem man gedeihen, bis zum letzten auswachsen kann zum Wohle des Ganzen.«

So wurde ihm die Landstraße zum Bedürfnis und Erlebnis. Schon als Jugendbewegter hatte er am bürgerlichen Wandervogel kritisiert, daß der »nur für *sich* etwas Interessantes« haben, nur »unter *sich* sein« wollte. Er dagegen fühle sich erst in einer Gegend wohl, wenn er auch die dortigen Menschen miteinbezog. Das unterschied auch, so sagt er, seine Haltung vom passiven Tourismus: Als er in den folgenden Jahren kreuz und quer durch Deutschland tippelte, habe er immer das Gespräch mit den Menschen gesucht. So wurde ihm die Landstraße zur Schule der Sach- und Menschenkenntnis, aber auch zum Ort der asketischen Selbstüberwindung. Er machte »Wach- und Tippel-Tests«. (Devise: »Etwas durchdrücken und dabei lachen.«) Als er durch seine Fahrten immer mehr Menschen kennengelernt hatte, bei denen er bequem Unterschlupf finden konnte, kämpfte er gegen die Verlockung solch einfach zu erlangender Quartiere: »Wenn einer etwas anbot, was bequem war, das hab ich abgelehnt; ich wollte gegen meinen schwachen Kerl angehen.« Bewußt mied er Bekannte, tat den Schritt ins Neuland, nächtigte lieber irgendwo in einem Treppenhaus. In einer Versammlung renommierte er gar: »Freunde, der Mussolini schreibt in seinen Erinnerungen, er habe mal drei Tage hintereinander gehungert; da bin ich aber noch stärker als der Mussolini, denn ich habe schon mal fünf Tage lang gehungert und gedürstet.«[284] Aber er lernte auch die Demütigungen der Landstraße kennen – von den Hofhunden der Bauern bis zu jenem für ihn unvergeßlichen Augenblick, als seine damalige Gefährtin Clara Stark – die Frau des »Inflationsheiligen« und Haeusser-Nachfolgers

Leonhard Stark – 1924 an einer Fehlgeburt auf der Landstraße niederkam.

Die Industriellentochter Clara Stark war es auch, welche Akkermann zum echten »Inflationsheiligen« machen wollte. Sie sparte Geld für ihn, damit er die Zeitung ›Der starke Ackermann‹ im Stil des ›Haeusser‹ und ›Stark‹ herausbringen könne. Ackermann dagegen strebte danach, die Lehre in die Tat umzusetzen, und mißtraute dem bloßen Wort. Nicht, daß er Reklame für Haeusser abgelehnt hätte – so hatte er zusammen mit Clara Stark im Frühjahrs-Wahlkampf 1924 von Haeusser den Auftrag, nach Stettin zu gehen und dort zu »rütteln« (sein Vortrag: ›Ackermann, der Freund Louis Haeussers‹). Er imitierte Haeussers Redestil und verkaufte dessen Zeitungen. Clara opferte sich für die heilbringenden Männer. 1924 notiert sie: »Tagsüber Stadtreisende, um Kundschaft zu bringen für Willys Reklameschilder« – in der ›Haeusser‹-Zeitung von 1924 findet sich die Anzeige: »Willi Ackermann ... empfiehlt sich als Reklamemaler, Schriftmaler, Schildermaler«[285] – »nachts Haeusser- und Stark-Zeitungen verkauft in hohen und niederen Lokalen«. Erst der Abgang des Kindes auf der Landstraße ließ sie erwachen: »Nicht in einem anderen findest Du das Glück, sondern nur *allein in Dir selbst* ... Endlich frei (von) der Versklavung durch den Mann.« Sie schrieb am 12. Februar 1925 ihren Abschiedsbrief an Willy, der ihr durch sich ihre Freiheit habe künden wollen: »Es ist schön von dir, daß Du mir meine Freiheit geben willst durch Dich, doch ich habe sie bereits gefunden.«[286]

Aber nicht nur für sie war 1925 das Landstraßenleben zu Ende, sondern auch für Ackermann: Die Inflationskrise war vorbei und die Weimarer Republik stabilisiert, die »Inflationsheiligen« mußten sich nach einem neuen Tätigkeitsfeld umsehen. Ackermann nahm noch im selben Jahr die Oberpostdirektorentochter und Lehrerin Frieda Pohl aus Breslau zur Gefährtin. Zusammen mit dem ausgestiegenen Studienreferendar Herbert Fischer – Friedas Verlobter, ehe Ackermann sie ihm ausspannte – ließen sie sich in Hamburg nieder. Ihre Existenz gründeten sie – wie heute die Emmaus-Bewegung – darauf, daß sie zunächst Altmetall sammelten und es dem Produktenhändler verkauften, sich dann für das Geld ein Zimmer mieteten und dort Reklameschilder herstellten. (Die Firma »Reklame-Ackermann« brachte es sogar zum eigenen Telephon.) Das heißt, Willy malte, Frieda und Herbert verkauften und suchten Kunden.

Daß Ackermann seine alte Tätigkeit wieder aufnahm, hatte, wie Werner Einecke berichtet, eine besondere Bedeutung: »Ackermann hatte einen beneidenswerten Abstand von unserem Kulturbetrieb; von Beruf war er Schildermaler. Er, der die deutsche Sprache nur notdürftig beherrschte, konnte einen Buchstaben, ein H oder A, noch mit dem Staunen eines Eingeborenen betrachten; ihm war das Geheimnis der Sprache und der Schrift bewußt, und zwar deshalb, weil der wesentliche Teil seines Lebens noch in einem Ablauf von Gefühlen und Erlebnissen bestand, und nicht in einem Gewirr von Namen und Beziehungen. Die Zeichen, die Bezeichnung, der Name war ihm eine kultische Handlung. Ihm fehlte jedes Verständnis für die Abstraktion der Bezeichnung, auf der sich unser wissenschaftliches Gebäude aufbaut. Aus dem gleichen Grunde haßte er die gesamte Technik.«[287]

Diese konkrete Kulturkritik hatten diese Aussteiger bereits mit dem Aufbau ihrer Hamburger Existenz auf dem Sperrmüll praktisch erweitert. Nun gründeten sie als organisatorische Verfestigung ihrer gegenkulturellen Existenzweise die »Wende-Punkt-Gemeinschaft«. Ihr kurzgefaßtes Programm: »Wir leben wie die neuen Barbaren, immer freiweg.«[288] Es waren Deutschlands erste Stadtindianer, die in einem bemerkenswerten Flugblatt unter dem Titel ›Wir neuen Barbaren!‹ über ihr Selbstverständnis äußerten: »Wir sind ein neues Volk, ein neu entstehender Volks-Stamm, eine neue Rasse – Wilde –, eine Art Indianer – eine Art – ja es fehlen ja die Worte! Damit hat Spengler nicht gerechnet, als er den Untergang prophezeite! Rom ging durch die Germanen unter, jede Kultur fand ihre Barbaren, von denen sie überflutet, überblutet wurde. Dies Schicksal könne dem Abendland höchstens durch die östlichen Völker drohen! Darauf aber ist Europa nicht gefaßt, daß mitten aus ihrem Asphalt-Urwald aufschießen könnte, – bildlich zunächst, wer weiß wie lange *nur* bildlich.«

Praktisch erprobten sie ihre »barbarische« Existenz im Herzen der alten Großstadtkultur durch eine Resteverwertung der Überflußgesellschaft – der dadaistische »Inflationsheilige« und Ackermanns Freund-Feind Franz Kaiser hat dies später in Hamburg unter dem Schlagwort »Aus Unrat mach Hausrat« zur Kunst systematisiert.[289] Sie kauften Dachlatten, Nägel und Stouts (Kokosnußfaser-Säcke) und bastelten daraus Betten, Stühle und Tische: »Wir stellen unvergleichlich billige originelle Möbel und kunstgewerbliche Gegenstände her«, heißt es in ei-

Flugschrift der Hamburger Gandhi-Bewegung, »herausgegeben von der Wende-Punkt-Gemeind-Schafft«, 1930.

ner Annonce. Sie sammelten Lumpen und Reste, sie strickten, häkelten, webten daraus am selbstgemachten Webstuhl Gewänder und Teppiche: »Wir weben aus Stoffresten und gebrauchten Seiden-Strümpfen farbige Decken, Vorleger, Vorhänge usw.«[290] Wie bunte Schmetterlinge seien sie in ihren Neuschöpfungen herumgelaufen. Obwohl sie von den Abfällen der Großstadt lebten, drängte es sie aufs Land. Schon die Flugschrift ›Wir neuen Barbaren!‹ endet mit der antiurbanen Vision von Ökopax: »Und während in den stinkenden Ruinen die letzten Ratten Großstadt spielen, singt im freien Land ein neues Volk in neuer Sprache –, während die Sense klingt und alle Tiere fröhlich dienen und heil'ger Blitz aus starker Wolke springt.«

Aus weggeworfenen Kisten und Kasten bauten sie am Rande Hamburgs auf dem Schrebergartengelände von Hummelsbüttel eine Hütte und strichen sie mit bunten Farben an. Auf »eigenem« Grund und Boden bauten sie dort Gemüse und Brotgetreide an. Ihr Vergnügen aber war der Frühsport über die Hekken und Zäune der Schrebergärten hinweg: »Dieses Hindernislaufen frischte ihnen Blut und Nerven auf; ihre Vollbärte wippten und wallten im Morgenwind, und die langen Haare flogen in den Lüften. Hopp! Noch ein Zaun! Und hopp! Wieder ein Zaun! Da wurde das Blut warm und lustig. Die Hauptfreude und der Hauptspaß war die souveräne Verachtung aller zeternden Kleinsiedler, Eigentumsbesitzer, Zaunersteller, die souveräne Verachtung der angebrachten Schilder: ›Das Betreten dieses Grundstücks ist nur mit ausdrücklicher und schriftlicher Zustimmung des Eigentümers gestattet!‹«[291]

In dem Flugblatt Nr. 5, ›Der Wendepunkt‹, deuteten sie ihre Existenz als Akt der anarchischen Befreiung vom Zwang: »Wir Wendepunkt-Leute setzen unser ganzes Leben für diese Sache ein, die uns das Leben täglich neu aufdrängt ... Aus dem absoluten Nichts schufen wir uns und so vielen, wie nur immer kommen wollen, wirtschaftlich freie Existenz und Grundlage zu Größerem. Auch etwas Land ist schon da.« Diese aufbauende Revolution der Tat ist auch künftig Ackermanns zentrales Bekenntnis geblieben und praktischer Inhalt seines Lebens: »Das Leben ist die Tat. Es entsteht durch Tun.« Damit erweise er sich auch als Realist, nicht als Utopist; eine Vertröstung auf die Zukunft lehne er ab: »Was geht mich das nächste Jahr an? Ich will hier, jetzt, im Augenblick leben! Und das ist keine Ich-Sucht, das ist ein ganz normales Leben wie jedes Tier und jede Pflanze.« Es gelte, als Realist sein Leben zu gestalten und durch das Tun die Dinge zu verändern. In diese Haltung fließt die Tradition des Landauerschen Verwirklichungssozialismus' ebenso wie der Tat-Aktivismus der »Inflationsheiligen«, es ist das literarische und biographische Vorbild von Gusto Gräser, Tolstoi (dessen Schrift ›Die Sklaverei unserer Zeit‹ sie 1930 vertreiben) und Gandhi zu neuem Leben erwacht.

Bestätigung für die Richtigkeit dieser Lebensphilosophie zogen sie aus der politischen Wirklichkeit selbst. Als ab 1929 die Schlangen vor den Arbeitsämtern und Stempelstellen in Hamburg immer länger wurden, gehörten die wenigen Mitglieder der Wendepunkt-Gemeinschaft zu den Gegnern der Weimarer Republik, aber auch des Kommunismus und Nationalsozialismus,[292] ja jeglicher Staats- und Parteipolitik überhaupt, und vertraten statt dessen den Gedanken der Selbsthilfe. Bisher hat die historische Wissenschaft nur zur Kenntnis genommen, daß die politische Rechte während der Weltwirtschaftskrise mit der Artamanen-Siedlungsbewegung eine völkische Revolution der Tat in die Wege zu leiten suchte.[293] Mit der Hamburger Gandhi-Bewegung wird nun erstmals eine linke Variante dieser Selbsthilfe-Aktion sichtbar: die »Revolution mit Webstuhl und Spaten«. Die ihr politisch nächststehende Gruppe sind die deutschen Anarchisten. Ackermann annonciert 1930 in der Flugschrift ›Revolution mit Webstuhl und Spaten‹ als einzige Zeitschriften den anarchistischen ›Freien Arbeiter‹ und das in Österreich von Pierre Ramus herausgegebene Parallelorgan ›Erkenntnis und Befreiung‹.

In Hamburg gab es freilich noch andere Anhänger Gandhis. Es existierte dort, so erinnert sich Werner Einecke, »ein gewisser Sem Sommerburg, ehemaliger Student, von der Universität Hamburg wegen ›Bruch des Hausfriedens‹ exmatrikuliert. Dieser Sem Sommerburg zog mit einer Scherenschleifmaschine herum, unter der Aufmachung ›Student als Scherenschleifer‹. Er hielt im Hamburger Stadtpark Reden über Gandhi. Eines Tages besuchte ich diesen Sommerburg mit Ackermann in seiner Wohnung. Sommerburg ließ uns 10 Minuten im Wohnzimmer warten, und dann erschien er, im Bewußtsein seiner Bedeutung, schließlich hoheitsvoll in der Tür. Sommerburgs Frau Mirjam war eine Jüdin. Nach 1933 erfuhr ich, daß er sich von Mirjam, um den Nazis zu gefallen, geschieden hatte.«[294] Die Wendepunkt-Leute ließen Sem Sommerburg ihre Aversion spüren, denn im Anzeigenteil des 4. Heftes (1930) von ›Revolution mit Webstuhl und Spaten‹ heißt es: »Messer und Scheren werden fachmännisch geschliffen. (Nicht von Sommerburg, dem ›Werk‹-Studenten.)«

Von solchen Einzelpersonen läßt sich aber absehen, denn allein in der Wendepunkt-Gemeinschaft verschmelzen die Zivilisationskritik von Gandhi mit der Staats- und Parteigegnerschaft der Anarchisten zu der eigentümlichen Philosophie dieser

»Gandhi-Bewegung in Deutschland«. Nicht der westliche Imperialismus erregt sie, sondern das Versagen von Parteien und Staat während der großen Wirtschaftskrise. Wie Gandhi – aber auch schon Landauer – erwarten sie alles Heil von einer Rückkehr zu einer handwerklichen Dorfkultur. Wie es die anarchistische Tradition will, sehen sie als Hindernis auf diesem Weg Staatsführer und Parteien, welche die Massen in der Abhängigkeit von Sklaven halten und aus deren Passivität ihr Kapital schlagen: »Gebraucht, benutzt, ja – ausgebeutet werden die Menschen von den Parteien, aber getan wird nichts für sie!« Und weiter heißt es in der Flugschrift Nr. 3 von 1930 mit Blick auf die Parteien: »Partei-Bonzen macht man mit der Wahl glücklich! – Sie kommen in den Reichstag, um für unproduktive ›Arbeit‹ (Quatschen zu deutsch!) Diäten zu bekommen. Geändert aber zugunsten der Arbeiter wird durch die Neu-Wahl nichts. Immer weiter sinkt das Barometer des Arbeiters! Immer größere Arbeitslosigkeit wird eintreten! Denn: *Das Kapital regiert und nicht der Reichstag!* – Der Reichstag ist nur das Marionetten-Theater des Kapitals! – Schaut in die Vergangenheit. Wie lange existiert schon die ›Arbeiter-Bewegung‹ und was erreichte sie bisher? – Ein Narr ist der, welcher noch glaubt, etwas von diesen Arbeiter-›Führern‹ zu erhoffen! – Neue Drohnen sind es, geschaffen unmittelbar vom Arbeiter selbst! – Von dir, Arbeiter, sind sie auf den Thron gesetzt! – – –«

Gandhi habe das Ziel gezeigt, als er sagte, für den Wohlstand eines Landes sei nicht die große Zahl der Millionäre, sondern die geringe Menge seiner Armen entscheidend; für Deutschland heiße dies, daß alle Menschen Arbeit und Brot haben müssen. Gandhi wiederum habe auch den Weg dahin gewiesen mit der Formel »Swaraj durch Swadeshi« (»Selbstverwaltung durch wirtschaftliche Unabhängigkeit«). Auf Deutschland angewandt bedeute dies den Schritt zur »direkten Aktion«: Hier benützen die Wendepunkt-Leute wie Robien ein Wort aus der anarchosyndikalistischen Tradition, meinen jedoch damit wiederum nicht den wirtschaftlichen Generalstreik oder eine seiner Vorformen wie die Syndikalisten, sondern den Landauerschen Verwirklichungssozialismus: »Keinen Pfennig mehr rein in die Partei-Kassen, sondern für die Selbst-Hilfe, die direkte Aktion! Denn: Mit den Groschen, die du sonst noch den Partei-Bonzen in den Rachen geworfen hast, kannst du mit am wirklich wahren Aufbau tätig sein! Was du mit ihnen tun kannst, in Gemeindschafft (sic! Vgl. auch »Wende-Punkt-Gemeind-*schafft*«,

U. L.) mit noch anderen Arbeitsbrüdern, ist: Die wahre Volks-Gemeindschafft schaffen (inmitten dieses Staates!). Die Volks-Gemeindschafft, die wieder wirkliche Arbeit schafft, auf eigenem Land und in eigenen Betrieben! ... Wir haben keine Zeit, auf Reformen von ›oben‹ zu warten! Von Oben kommt nichts! – *Wir selber* müssen anpacken, *wir selber* müssen beginnen – ohne Bonzen und sonstige Schmarotzer! – Wollen wir nicht noch länger warten! Von nichts kommt nichts! – Deshalb rufen wir dich auf! Schaff mit! Dann wird auch dir bald der Menschheitsfrühling blühen. – – –«

Doch nicht ihr Wort allein soll die Arbeiter überzeugen, sondern die vorbildliche Tat. In ihren Flugschriften suchen sie per Annonce in Hamburg einen Laden, der ihnen ermöglichen soll, »vor den Augen der Öffentlichkeit zu wirken und zu werken«. Sie wollen ihre Gemeinschaft um einen Schuhmacher und um einen Bäcker von Reformbrot erweitern. Wir erfahren, daß sie 1930/31 Land im Holm-Moor bei Quickborn bearbeiten. Ihr Beispiel, so hoffen sie, wird auch anderen Proletariern Mut machen, die Wirtschaftskrise aus eigener Kraft zu meistern:

»Wir kämpfen nicht als Besitzlose gegen die, die etwas haben. Wir kämpfen gegen die 99,99 Prozent Spießbürger in allen Lagern. Noch aus dem, was ihr wegwerft, aus Lumpen, Resten, Säcken, schaffen wir die Kleidung, die ihr anstarrt. Wie wir aus eurem Abfall unsere Häuser, Webstühle, Möbel, Wagen bauen. Zu alledem gehört fast kein Geld, nur Mut, Freiheit, Tatkraft, Phantasie. Sie warten hoch, der Prolet wartet niedrig, aber alle warten nur. Warten auf das Neue. Und wurschteln währenddessen im Alten weiter.«[295]

Nicht die alte Klassenkampf-Parole wird hier aufgetischt, »nicht mit Hungerkrawallen und Barrikadenkämpfen und Bürgerkriegen wird etwas getan für ein notleidendes Volk!«,[296] sondern es gelte, Gandhis Lehre »Liebet eure Feinde« aufzunehmen, sie aber nicht wie die Pfaffen auszulegen, die damit meinten, zu kuschen und sich knechten zu lassen, sondern im Gegenteil: »Hört auf, euern Feinden, dem System, Knecht zu sein. Gebt nicht länger durch feige Unterwürfigkeit euern Ausbeutern Gelegenheit, an euch ihre schlechten Triebe der Herrschsucht zu entfalten.«[297]

Herbert Fischer wird den Arbeitslosen in Nummer 3 von ›Revolution mit Webstuhl und Spaten‹ als Vorbild hingestellt: Er, der ehemalige Studienreferendar, sei aus dem Staatsdienst ausgetreten und habe sein Leben in den »Volks-Dienst« gestellt.

Obwohl handwerklich völlig ungeübt, habe er in kurzer Zeit die Schildermalerei erlernt und arbeite nun auch als Weber, Landwirt und Drucker. Es gelte also, ein neues Verhältnis zur Arbeit und den produzierten Dingen zu finden: »Zur Kultur gehört es unter anderem, daß die Menschen ein enges, persönliches, feines Empfinden zu den Dingen haben, von denen sie umgeben sind. Das ist nur möglich, wenn diese Dinge, statt massenweise und lieblos durch Maschinen fabriziert zu sein, einzeln, individuell in künstlerischer Handarbeit geschaffen werden. Dabei muß man die Hypnose los werden, daß alles in der raffiniertesten und technisch höchsten Vollendung hergestellt sein müßte, wie es freilich nur durch lebenslängliche Spezialisten geleistet werden kann. *Ein frischfröhlicher Dilettantismus ist nötig!* Wieviel schöner ist etwa ein Volk von Dilettanten, die alle singen oder ein Instrument spielen, als ein untätig zuhörendes und Geld bezahlendes Publikum von Radiohörern. Der Dilettant kann sich durch Anregung und Fleiß ständig entwickeln, wer aber nichts wagt, bleibt ewig unfähig und unselbständig!« Dies gelte nicht nur auf dem Gebiet der Kunst, sondern auch für die Herstellung von Gebrauchsgegenständen, angefangen vom Haus über Möbel, Geräte, Kleidung; ferner für die Verwertung der oft achtlos übersehenen Naturgeschenke wie Pilze, Beeren, heimischen Teepflanzen oder Fallobst. Die materielle Not der Weltwirtschaftskrise erleichtere nur die Umstellung auf eine grundsätzlich zu bejahende Entwicklung: »*Vielseitigkeit und Selbständigkeit* müssen entstehen. Sonst behält der Geldsack euch ewig am Bändel, weil ihr mit allem, was ihr braucht, auf Gnade oder Ungnade von ihm abhängig seid als nichtskönnende Sklavenarmee. Mit einem Volk jedoch von lauter selbständigen Kleinstbauern, die, jeder nur für sich, intensivste Landwirtschaft treiben und sich alle Bedarfsgegenstände, Haus, Kleid, Geräte, selbst herstellen, in gegenseitiger Hilfe, mit einer solchen brüderlichen Volks-Gemeindschafft kann keine Ausbeuterklaue etwas anfangen.«[298]

So wird den Arbeitslosen auf der einen Seite die Vision einer neuen Kultur verkündet: »*Webstuhl und Spaten werden statt Fabrikschlot und Stempelamt die Wahrzeichen der Zukunft sein!*« Aber es wird ihnen auch der Weg dahin gewiesen: Sie sollen sich nicht mehr alles fertig vorsetzen lassen, sondern selbst die Finger rühren und die Muskeln anspannen. Und damit jeder sieht, daß der neue Lebensstil der Selbsthilfe zu erlernen ist, annoncieren sie nicht ohne Spott: »Jeden Sonntag kostenloser Gymnastik-Kursus auf unserem Land. System: ›Mit die Schippe in die Sande‹.«[299] Eine Zeitung kommentiert diese Philosophie der Tat: »Und liegt nicht in dem Gedanken der Selbsthilfe, des handwerklichen Selber-Schaffens ein eminent zeitgemäßer Gedanke für ein Volk mit Millionen Arbeitslosen?«[300]

Freilich verbindet sich dieser praktische Aspekt der Lehre mit kompromißlosem Antikapitalismus, mit Stadtablehnung (»Die Stadt, die zehrt; das Land, das mehrt!«) und Maschinenfeindschaft. Eigener Grund und Boden, eigene Siedlungen als »Kernzellen der kommenden Dorf-Kultur« auf der einen Seite, Ablehnung des »Blödsinns der Maschinen« als Kehrseite. Wenn auch das 1931 in ›Menschen auf der Landstraße‹ angekündigte Buch ›Maschinenstürmer. Abbau der Technik, Aufbau der Menschlichkeit‹, das die gedankliche Untermauerung dieses Luddismus enthalten sollte, nicht erschien, so sind doch aus den übrigen Veröffentlichungen der Wendepunkt-Leute ihre Überlegungen zu entnehmen:

Im Mittelpunkt steht der äußerst zeitgemäße Gedanke, der Mensch und seine Bedürfnisse müßten wiederum im Mittelpunkt stehen, nicht die Maschine: »Das Leben ist kalt, wir wollen wieder Wärme! Es ist abstrakt geworden, wir wollen es konkret! Mittelbarkeit wieder durch Unmittelbarkeit, Organisation durch Organisches ersetzen. Im Verhältnis der Menschen zu einander, zur Natur, zur handgeschaffenen, Individuen abspiegelnden Umwelt ..., statt Weltwirtschaft – Dorfwirtschaft, aufgelockert durch viel Unseßhaftigkeit. Liebevoll, spielend, dilettantisch (nicht spezialistisch), künstlerisch, zeitlich ganz unbedrängt (statt pünktlich-schnell) – so entstehen (möglichst jeder alles selber ›bastelnd‹, selber schaffend im höchsten Sinn) – alle Dinge des Bedarfs, persönlich geformt ... Bedarf an Arbeitserleichterung oder -verkürzung fällt weg, wo Arbeit: Schaffen, d. h. Spiel, Glück, Lebensgestaltung ist.«[301]

Die Maschine ist es also, welche den Arbeiter von seiner Arbeit entfremdet – nicht die kapitalistische Eigentumsordnung! Durch Selbsttätigkeit erlangt er seine Arbeitsfreude wieder zurück. Die Maschine ist es auch, welche den Arbeiter brotlos macht – deshalb wird die Parole ausgegeben: »Die Umkehr – oder besser – *das Vorwärts zur wahren Arbeit!, Hand-Arbeit bringt den Wohlstand für Alle!*« Die Maschine ist es, welche den Menschen zur »Schablonenhaftigkeit und Unselbständigkeit« erzieht, so daß er nicht einmal mehr seine eigenen Bedarfsartikel selbst herstellen kann. Die Maschine ist es auch, die den Menschen physisch und psychisch krank macht. Und sie zerstört schließlich den Sinn für Qualitätsarbeit und künstlerische Gestaltung durch den »Maschinen-Plunder«. Oder sehe man vielleicht heute noch Mäntel und Röcke, die wie früher hundert Jahre hielten? Die maschinengefertigten Gegenstände seien auf Verschleiß hergestellt, die handgearbeiteten dagegen hätten »ewig« gehalten und deshalb keinen Raum für ständigen modischen Wandel gelassen. Heute aber komme – trotz Elend und Not – »alle Näs' lang« eine neue Mode. In Wirklichkeit aber lauere dahinter die Öde der Zivilisation und eines nivellierten Maschinenmenschentums.[302] Aber in der kranken, normierten Menschenhülle stecke noch das Leben, das wieder freigesetzt werden könne: Der Fortschritt zu einer wahren Kultur führe durch den scheinbaren Rückschritt zu einer natürlichen, weil naturverbundenen Arbeitsweise.[303]

Die radikale Industriefeindschaft leuchtet vielen in der Zeit der Weltwirtschaftskrise ein. So schreibt etwa das ›Fehmarnsche Tageblatt‹ am 11. Juni 1931 über die Wendepunkt-Leute: »... sie gehen einen Weg der Selbsthilfe, der überall Aufmerksamkeit erweckt. Sie bauen, basteln und weben sich nach Möglichkeit alle Dinge des Bedarfs selbst, ganz wie es unsere Vorfahren taten, bis die Maschine den Menschen soweit die Arbeit abnahm, daß – ja daß heute eben Millionen die Arbeit ganz los sind und auch alle Handfertigkeit und Fähigkeit, sich selbständig zu helfen, eingebüßt haben.«

Der Mensch als hilfloses Anhängsel und Opfer der Maschine – für die »Revolutionäre mit Webstuhl und Spaten« wird die Richtigkeit ihrer Behauptung augenscheinlich, wenn sie die Arbeiter in passiven Schlangen vor den Stempelämtern stehen und quasi um ihr Brot betteln sehen. Und sie rufen ihnen zu: »Macht Schluß damit, ihr freßt euch noch selber auf. Raus aus dem Gefängnis, welches Großstadt heißt. Fort von den Maschinen, welche den Menschen geistig und körperlich zum Krüppel machen. Erobert euch mit dem wenigen, das ihr habt, das Land. Das bringt euch Speisen. Das schenkt euch Gesundheit.«[304] Aber sie beziehen für diesen Rat nur Hohn und Spott und manchmal Prügel.

Die Not der Weltwirtschaftskrise schafft freilich auch eine neue Mobilität. »Warum sind Sie eigentlich auf der Walze?« fragt Heinrich Lersch 1929 einen von hunderttausend Arbeitern, die sich auf die Landstraße begeben haben, und er erhält zur Antwort: »Schlechte Zeit. Arbeitslosigkeit, daheim ist gar nichts los. Kann doch nicht ewig stempeln gehn. Neue Existenz suchen...« Drei Viertel aller Befragten habe so geantwortet, berichtet er, die meisten fänden unterwegs keine dauernde Arbeit, sondern würden von der Not weitergestoßen und von der Unsicherheit weitergetrieben.[305]

In diesen Verzweifelten wird ein radikales politisches Potential greifbar. Der in Stuttgart siedelnde Schriftsteller und »Vagabundenkönig« Gregor Gog sah die Möglichkeit, diese Kraft zu organisieren und der kommunistischen Partei zuzuführen.[306] 1929 berief er nach Stuttgart ein erstes Vagabundentreffen. Auch Ackermann fuhr von Hamburg aus mit dem Fahrrad dorthin. An seinem Rad hatte er auf der einen Seite ein Schild angebracht: »Mitschaffende suche ich. Wendepunkt-Gemeinschaft«, auf der anderen Seite stand herausfordernd: »Jesus war ein Landstreicher.«[307] Als er in einer Gaststätte in Rothenburg an der Wümme eine Rede schwang, sagten einige Bürger zueinander: »Das ist ein Verrückter.« Ackermann, der diese Worte

Vagabundentreffen in Stuttgart an Pfingsten 1929: Willy Ackermann (links) und Gusto Gräser.

gehört hatte, donnerte ihnen in guter Haeusser-Manier entgegen: »Jawohl, ihr Scheißbürger, ich bin ein Verrückter, denn ich bin ein Weggerückter, ein über euren Horizont Hinausgerückter.«[308]

1931 wanderten bereits zwei Millionen Menschen über die Landstraße. Auch Ackermann brach – vermutlich im Frühjahr 1931 – endgültig aus der Großstadt Hamburg auf, mit ihm die Frau und ihre beiden Kinder, ferner Herbert Fischer, der Tippelbruder Bernhard Eiben und als gelegentlicher Begleiter Werner Einecke. In einem selbstgebauten Karren hatten sie ihre Habseligkeiten, das Zelt, die Musikinstrumente und den Abzugsapparat für ihre Schrift ›Menschen auf der Landstraße‹ verstaut. Ihnen kam es darauf an, daß sie nicht für Fechtbrüder und Speckjäger gehalten wurden, war ihr Ziel doch weiter die Agitation für die Gandhi-Tat, wie sie 1931 in ›Was uns durch die Lande treibt‹, einer der Ausgaben von ›Menschen auf der Landstraße‹, schrieben: »*Was uns durch die Lande treibt* ist der Ernst der Zeit! – Ist das Suchen nach Menschen! Nach aufrechten, ehrlichen, freien, mutigen Menschen! – Jahrelang wateten wir in dem Schlamm der Großstädte, immer auf der Suche nach Menschen! Menschen, die den Mut haben, Schluß zu machen mit dieser Welt und die neue Welt eines freien und gesunden Volkes aufbauen möchten! – Heute sind wir auf der Landstraße! Durch Sturm und Regen, Hitze und Kälte marschieren wir! – Das höhnische, überlegene Lächeln der Spießer und Philister nicht achtend! Denn sie waren schon zu jeder Zeit da, *den Menschen* in den Kot zu zerren! –«

Als »Langobarden-Orchester« traten die Langbärte in den Wirtschaften auf, sangen und musizierten Volks- und Vagabundenlieder, verbreiteten mündlich und durch ihre im Straßengraben hektographierte Schrift ihren Gedanken der Selbsthilfe. Und sie erlebten vagabundierend nicht nur die Not, sondern die wahre anarchistische Freiheit von der Autorität der Staatsorgane. Wenn sie auch ihre für 1932 angekündigten Aufzeichnungen über ihre Landstraßenerlebnisse ›Deutschland von hinten gesehen‹ nicht veröffentlichten, mögen die folgenden Erinnerungen von Werner Einecke an eine Fahrt der Wendepunkt-Leute von Braunschweig in den Harz den Tenor erahnen lassen:[309] »Hinter Wolfenbüttel schlugen wir unser Zelt auf. Aus dem Karren ragte die bunte Fahne heraus, die aus Andenken, Kleiderfetzen zusammengenäht war. Auch der Schlips eines Grafen hatte seinen Platz darin. Plötzlich sammelte sich um uns eine Reihe von Strafgefangenen, die auf dem Feld gearbeitet hatten. Der eine von ihnen, ein baumlanger Kerl, riß ein Stück von seinem Kittel ab. ›Das stifte ich für eure Fahne‹, rief er, ›und wenn ich dafür einen Monat länger sitzen muß.‹ Am frühen Morgen, bei Tagesanbruch, schob sich plötzlich das Gesicht eines wohlgenährten Bauern in den Zelteingang. ›Wo kommt ihr denn her?‹ fragte er. ›Vom Monde‹, antwortete Ak-

Mit dem Wägelchen unterwegs auf der Landstraße: Herbert Fischer, Willy Ackermann und Bernhard Eiben (von links nach rechts).

Emblem der »Werk- und Wander-Schar« Langobarden.

kermann. ›Das ist eine Unverschämtheit‹, rief der Bauer wütend, ›ich bin der Gemeindevorsteher, also eine beamtete Person!‹ Ackermann meinte ungerührt: ›Die Beamten können mich alle am Arsch lecken!‹« Als sie schließlich der Gemeindevorsteher zwingt, ihr Zelt abzubauen, singen sie das Lied »Aus der Welt die Freiheit verschwunden ist, es gibt nur noch Herren und Knechte« mit seiner Schlußzeile »Der Vagabund allein ist der freie Mann.«[310]

Wenn Heinrich Lersch schreibt,[311] daß raffinierte Vagabunden es fertig gebracht hätten, »aus der Walze ein Handwerk« zu machen – »die wissen sich durchzustechen, anzubringen, schöpfen den Rahm ab und haben eine gute Witterung für Plätze und Zeiten« –, dann hätte Ackermann dank jahrelanger Vorübung sicher dafür die besten Voraussetzungen besessen. Er sagte selbst einmal als Bestätigung dieser Fähigkeit: »Wer hungert, der ist zu faul zum Fressen!«[312] Aber sein Ziel war die Seßhaftigkeit aus eigener Kraft als befreiende Tat.

Nachdem aus unbekannten Gründen das Quickborner Siedlungsexperiment nicht weitergeführt wurde, war es dann Ende 1931 so weit: Sie fanden bei Tiddische – die heutige Autostadt Wolfsburg liegt in der Nähe – ein günstiges Grundstück. Freilich war die Besiedlung keine Landbesetzung, wie es die anarchistische Lehre erfordert hätte, sondern die acht Morgen Kiefer- und Heide-»Unland« kauften sie von einem Bauern (auch die germanentümelnd sogenannte »Landnahme« im deutschen Osten der Artamanen vollzog sich auf gleich unspektakuläre Weise). Dort sollte die Siedlung, zusammen mit einer Webschule, gegründet werden. Während die Familie Ackermann sich hauptsächlich um das Land kümmerte, zogen Fischer und Eiben mit ihren Musikinstrumenten als »Langobarden Werk- und Wander-Schar« durch das Land, um das Geld für die Landschulden einzumusizieren. Wenn es ging, kam auch Ackermann mit und agitierte, gegen Klassenkampf und Kommunisten und für die Siedlungs-Tat.[313]

Einen gewissen Zuspruch fand er dabei vor allem bei den Anarchisten. So schreibt er in einem Brief vom Dezember 1932: »8 Tage ununterbrochener Kampf liegen hinter Mir! Des Kampfes um die Jugend, die anarchistische Bewegung von Delmenhorst! In diesen 8 Tagen habe ich allerhöchstens 12 Stunden Schlaf gehabt. Also 8 Tage à 24 Stunden = 192 Stunden – 12 Stunden = 180 Stunden! Das ist seit Jahren eine Rekord-Leistung! 2 Vorträge von 8–10 Stunden vor größerem Publikum! Und die andere Zeit stets umgeben von 2–8 jungen Anarchisten! – Erfolg –? –? –? – Vielleicht auch Null, Komma, Nichts! Das Leben selbst jedoch ist Mir der größte Erfolg! – Ich habe ins Wespennest herein gestochen! – Habe den faulen Gemütern einmal die Köpfe aneinander gestoßen! – Die Anarchisten sind doch große Bürger! Ja! Konter-Revolutionäre, die die Revolution durch Phrasen verkaufen und sich selbst natürlich auch! – Kleben an jedem Scheißdreck noch! Bürgerliche Wohnungs-Einrichtungen, Weiber, ja, am Stempelgeld 6 Mark die Woche, usw. Schrecklich! – Schrecklich! *Weinen!* An uns liegt es, ob wir diese Krämerladen-Scheiße über den Haufen werfen, oder nicht! ... Es haben manche, 2–5 Mann, Interesse für unser Werk, nur, wie gesagt, sie kleben alle mehr oder weniger noch an äußerlichem Krempel! ... Auf jeden Fall: Ich habe Staub aufgewirbelt!«

Da durch die zunehmende Not in Deutschland immer weniger Geld zu holen war, zogen die Straßenmusikanten auch nach Holland. Für Ackermann arrangierten dort im Jahr 1932 ebenfalls die Anarchisten Vorträge. Ackermann setzte brieflich seine ganze durch die wirtschaftliche Krise geweckte Hoffnung auf das Jahr 1933: Bisher seien die Jahre dahingeflossen im Einzelkampf; jetzt müsse man eine gemeinsame Kraftanstrengung machen. Es gelte »Ungeheures zu schaffen. Damit sich auch andere stärken können an unserem Werk«: »Wir *müssen* die Welt erobern! Und das können wir durch gemeinsamen Kampf!«

Doch als um die Jahreswende 1932/33 die Machtergreifung der Nazis näherrückte, zerfiel auch die kleine Schar der Siedler. Herbert Fischer ging ebenso wie Bernhard Eiben seine eigenen Wege.[314] Zurück blieben Frieda und Willy Ackermann mit ihren Kindern. Ackermann rodete den Boden und bearbeitete ihn ohne Maschinen. Er baute aus Holz und Lehm ein Haus und grub einen Brunnen. Er begann eine Schafzucht und eine Imkerei. Er allein hielt durch – denn für ihn war die gesellschaftliche Erneuerung auch Vollzug der eigenen Lebensbestimmung: Akkermann, Pflüger zu sein, zurückzukehren aufs Land, wo seine Vorfahren einst hergekommen waren. Aus seinen Vornamen

Das »Langobarden-Orchester« spielt auf einem holländischen Marktplatz auf: Bernhard Eiben (links) und Herbert Fischer.

(Willy Sophus Karl) las er sein Los: Willen zu zeigen, weise zu werden, ein ganzer Kerl zu sein. Doch auch er mußte nun der Zeit seinen Tribut zahlen (schon Haeusser hatte die Seinen mit der Bibel gelehrt, klug zu sein wie die Schlangen): »Ackermann auf seiner Siedlung bei Vorsfelde gab sich nun als Germanenvater, als eine Art von Odinanhänger. Sein Jesusbart fiel der Zeit und der Schere zum Opfer. Übrig blieb nur ein langer Kutscherbart, wie ihn die Engländer gerne und die Bauern bisweilen tragen. So lebte er in der Nazizeit wie ein kerniger, sturmfester und erdverbundener Niedersachse, der seine Schafe hütete, seine Wolle spann, seine Kleidung webte.«[315]

Schließlich wurde der ehemalige Gandhi- und Gewaltlosigkeitsanhänger sogar vom Nazistaat zum Militärdienst eingezogen und tat als Landesschütze in Uniform Dienst. Seinen Frieden mit dem Nationalsozialismus hat er wohl dennoch nicht gemacht, denn 1944 schreibt er aus dem Lazarett: »Ich bin ja nur Schütze Arsch! Der 8-Tage-Rekrut! Der hier als ›Simulant und Wanderprediger und zwar kommunistischer Wanderprediger‹ eingeliefert worden ist, ›der sich bislang immer vom Wehrdienst gedrückt hat und deshalb in der Wehrmacht festgehalten‹ werden soll.« Erstmals finden sich in seinen Briefen vom Militär resignative Töne: »Ich habe mich eigentlich in den letzten Jahren sehr stark mit Tieren und Pflanzen beschäftigt ... Der Mensch ist mir tatsächlich nebensächlich geworden, weil er mir zu unehrlich ist! – Zu dreckig und gemein! – Da sind mir die Tiere in ihrer Unschuld und Natürlichkeit sauberer! – Desgleichen die Pflanzen! – Und was entdeckt man da nicht alles! – Vielleicht, wenn ich noch so viel Zeit habe, werde ich auf diesem Umweg einmal wieder zum Menschen kommen! Aber fraglich ist es sehr! –«

Ackermann überlebte den Krieg. Nach 1945 zog er wieder durch Deutschland, um neue Kräfte für die Siedlung zu sammeln. Aber selbst seine eigenen Kinder verließen ihn, als sie groß waren. Er selbst starb im Juni 1985 – »aus Verzweiflung und Enttäuschung an den Menschen«, wie seine Frau schreibt.

Und doch: Ackermann ist das Musterbeispiel des überlebensfähigen Antikapitalisten. Das Geld hält er nicht für ein Tausch-, sondern ein Täuschungsmittel: »Wo hat der Baum seine Geldbörse, wo das Kaninchen?« Das Leben beinhalte mehr als Soll und Haben – es gebe uns allein den Glauben an uns dadurch, daß wir es gestalten können. Nur so verlieren wir die Lebens-Angst. Natur und Kapitalismus sind für ihn Widersprüche:

»Sagt die Sonne denn, ich schein Euch jetzt nicht, denn ihr habt noch nicht bezahlt?« Die Natur – das sei immer ein Geben und Verschenken; nur der Mensch kenne die Ich-Sucht.

Als ich ihn und seine Frau 1980 besuchte, lehnte er jeden Gedanken an ein Abschiedsgespräch ab. Er wollte bis zum letzten Atemzug *leben*. Niemand könne ihm dies abnehmen – daß er *sein* Leben lebe. Und darin sei er sicher nicht gescheitert: »Trotz alledem habe ich mir gesagt: So lange habe ich es aus dem Kleinsten heraus doch wenigstens fertig gebracht, daß ich lebensfähig war. Ich lebe doch die ganze Zeit schon, ohne daß ich dem Papa Staat oder irgendwem in den Arsch krieche. Das ist nämlich das Wichtige. Was nützt mir das, wenn ich große Phrasen dresche und von Anarchie rede und geh stempeln und laß mich vom Papa Staat ernähren! Das ist inkonsequent! ... Ich bin jeden Augenblick glücklich gewesen – und wenn ich am Kompost gearbeitet habe, da habe ich mich gefreut und mir gesagt, wenn ich die Regenwürmer gesehen habe: Ihr seid wenigstens meine tüchtigsten Mitarbeiter! Ich habe eine Freude mit Euch! Ich habe so manchesmal mit den Tieren und Pflanzen geredet, als wenn sie meinesgleichen, als wenn sie das verstehen. Darauf kommt es nämlich an, daß man sich verbunden fühlt mit dem, was man tut! Und zwar das jeden Tag ... Das muß man begreifen ..., warum man überhaupt zu leben hat, was die Aufgabe des Lebens ist. Und den Glauben ans Leben selbst sollte man mal endlich haben ... Die Menschen haben so eine fürchterliche Angst, daß sie nicht weiterkommen können ... Das ist eine Belastung des eigenen Lebens ... Das wird nur von den wenigsten begriffen. Nun kommt es nicht nur darauf an, daß es begriffen wird, nein, es muß auch gelebt werden. Jeder Gedanke ohne Tat ist tot, sag' ich. Es hat doch keinen Sinn, überhaupt einen Gedanken zu haben, wenn man ihn nicht lebt oder wenn man ihn nicht bis ins letzte durchdenkt, damit er lebensfähig wird. Ich möchte nicht unterhalten, sondern ich möchte das Leben irgendwie wirksam werden lassen. In irgendeiner Form sollte es ein fruchtbarer Gedanke sein, er muß irgendwie ins Leben hineinstrahlen.«

So hat Ackermann die Tat-Philosophie Gandhis und Haeussers gelebt. Das Tor seines Grundstücks ist aus unbehauenen Baumstämmen so gezimmert, daß es das Wort »TAT« bildet. Und seine Briefe tragen die Kopfleiste »Aus dem Leben! – Für das Leben!« Doch sein Leben hat bei allem Kraft- und Saft-Menschentum keinen prometheischen Zug. Denn Ackermann hat sein Tun unter die ihm von Gusto Gräser und Haeusser vermittelte Lehre des Laotse gestellt – es gelte das Nicht-Tun, nicht das Nichts-Tun zu beherzigen. Er hat sich dem Kreislauf der Natur untergeordnet. Der Komposthaufen wurde ihm Erlebnis und Symbol des ewigen Kreislaufes von Tod und Leben, Werden und Vergehen. Selbst seine Hütte wollte er nicht in die Natur hineinklotzen, sondern in Größe und Form den Fichtenwipfeln anpassen.

Die altgewordenen Jünger des großen »Inflationsheiligen« Ludwig Christian Haeusser treffen sich 1963: der Maler Franz Kaiser (links) und Willy Ackermann.

Als Bestätigung der Richtigkeit seiner Ablehnung von Staat und Industrie mußte er in hohem Alter erleben, wie die von ihm geschaffene Siedlungsoase bedroht wurde durch die Pläne der bundeseigenen Firma »Fels-Werke« in Salzgitter, die direkt neben seinem Grundstück 320 Morgen Wald und Acker abräumen wollte, später dann ein Vielfaches davon, um hier Tag und Nacht im Hochbau Kies mit größten und modernsten Maschinen zu gewinnen und ihn bis nach Polen und in die DDR zu vertreiben.[316] Solche technologische Gigantomanie ist es, die den Glauben an eine Versöhnung von Ökonomie und Ökologie als scheinbar illusorisch entlarvt und die Industriefeindschaft aus dem Geiste des Gandhischen »small is beautiful«, die »Revolution mit Webstuhl und Spaten« also, zur durchaus verständlichen Reaktionsweise macht.

Kompromißlos wie die ideologische und praktische Verbindung von Ökopax und Anarchie in der deutschen Geschichte war, hat diese linke »fortschrittsfeindliche« Richtung – Jahrzehnte vor der heutigen »grünen« Bewegung – schonungslos die dem Menschen und der Natur durch die moderne Zivilisation drohenden Gefahren aufgezeigt. Sie wies erstmals darauf hin, daß die ästhetische und ökologische Verarmung durch den Industrialisierungsprozeß auch ein linkes Thema sein konnte, und versuchte damit die Problemverdrängung der historischen Arbeiterbewegung zu korrigieren. Sie hat durch ihre neue ökologische Sensibilität und besiegelt durch die Lebensexperimente einzelner unerschrockener Vorkämpfer wie Ackermann und Robien ein unübersehbares Zeichen gegen blinden Fortschrittsoptimismus gesetzt. So kann auch die Lebensarbeit der »naturrevolutionären« Fortschrittsfeinde künftigem Fortschritt eine große Perspektive geben mit ihrer Vision von Ökopax und Anarchie (das heißt: Selbstbestimmung).

Kapitel 7
Die Grünen: alter Wein in neuen Schläuchen?

In der modernen sozialwissenschaftlichen Literatur über die Ökologiebewegung und die »grüne« Partei ist vorherrschend nur von ihrer Zuordnung zu den »neuen sozialen Bewegungen«, den »postmaterialistischen Werten«, der »neuen Politik« und den »Parteien neuen Typs« die Rede. Historisches Erinnern scheint in diesem Wortfeld störend zu wirken. Dem entspricht ganz die Selbstinterpretation der »grünen« Bewegung, wenn sie sich etwa mit der Formel »weder links noch rechts, sondern vorne« als geschichtlichen Neuanfang versteht.[317] Danach hat die ökologische Bewegung keine Vergangenheit, sondern höchstens einige Vorläufer, solche von rechts *und* links. Gemeinsamkeiten mit dem Nationalsozialismus seien nicht vorhanden. Denn die Wiederentdeckung und Verteidigung der Erde unterscheide sich fundamental vom Blut-und-Boden-Mythos der Nazis, sei vielmehr im Gegenteil ein Aufstand der Lebens- gegen die Todeskräfte. So sei die Öko-Bewegung nicht von geschichtlichen Wirkungen, Traditionen und Ideen abzuleiten, sondern sei ein neuer Ur-Sprung, der alte Energien assimiliere und neue freisetze. Mit ihr habe eine neue historische Epoche begonnen, so wie es früher einmal eine bürgerlich-nationale und eine soziale Epoche gab.[318]

Gerade die Geschichtswissenschaft war und ist es, die noch ganz unter dem Eindruck der älteren Faschismusforschung einem solchen Verständnis skeptisch gegenübersteht.[319] Teilweise stark beeinflußt von der Kontinuitätsthese des deutschen Geschichtsprozesses und eines deutschen antiliberalen und antiwestlichen »Sonderweges« (und oft ohne differenzierende Unterscheidung zwischen konservativen Thesen deutscher Besonderheit und weiter links angesiedelten Überlegungen zu einem »dritten Weg« zwischen Kapitalismus und Kommunismus), sieht sie die »neuen sozialen Bewegungen« in der Tradition antiaufklärerischer, antimodernistischer und antidemokratischer Strömungen, die schließlich auch konsequenterweise vom Nationalsozialismus und seiner »Blut-und-Boden«-Ideologie vereinnahmt wurden und deshalb ihre profaschistische Schlagseite nicht verleugnen können.

Der »Postmodernismus« der alternativen Ökologiebewegung

ist nach dieser Ansicht eng verwandt mit dem antimodernistischen Irrationalismus der »konservativen Revolution«.[320] In der politischen Publizistik wird dieser Zusammenhang auf die Formel von den »grünen Blättern am braunen Stamm« vergröbert und zum Beweis auf die (wenigen) bekanntgewordenen Vorstands-Mitglieder der »Grünen« mit nationalsozialistischer Vergangenheit verwiesen.[321]

Da eine historisch fundierte Darstellung der Geschichte der sozialen Bewegungen in Deutschland – der »alten« wie der »neuen« – noch aussteht,[322] seien einige Vorüberlegungen zu der Frage skizziert, ob denn die heutige »grüne« Bewegung lediglich als »alter Wein« im neuen Schlauch einer ökologischen Parteigründung verstanden werden kann.

Unzureichend ist jedenfalls die Feststellung, das Neue an den »neuen sozialen Bewegungen« liege darin, daß sie als »Ausdruck einer Krise der Modernität« zu verstehen seien, also einen aus »wachstums-, technik- und herrschaftskritischen Motiven« gespeisten Anti-Modernismus zeigten.[323] Einmal bleibt hier offen, ob unter Anti-Modernismus ein zurück zur guten alten Zeit gemeint ist oder eine »alternative Modernisierung«, ob hier wirklich strukturelle Brüche im Modernisierungsprozeß angesprochen sind oder nur vorübergehende Anpassungsprozesse in krisenhaften Phasen des Modernisierungsprozesses.

Zum anderen ist einleuchtend, daß gerade mit der Kategorie der Modernismuskritik eher die These einer historischen Kontinuität von zyklisch als Reaktion gegen ökonomisch-technische Modernisierungsschübe auftretenden antimodernistischen Strömungen vertreten werden könnte.[324] So plausibel diese Erklärung klingt, so steht ihrer Generalisierung doch die im 1. Kapitel beschriebene erstaunliche Modernisierungsbereitschaft des bürgerlichen Antimodernismus in der Weimarer Zeit entgegen, als unter der drohenden Angst der Mangelwirtschaft selbst die Natur- und Heimatschutzbewegung ihren Teil zum wirtschaftlichen Aufschwung beitrug und lediglich durch völkische Ideologie ihre Vorbehalte gegenüber der von ihr damit geförderten »Amerikanisierung« der Weimarer Wirtschaft artikulierte. Ökonomische Probleme vermögen so die Kritik an der Modernisierung abzuschwächen.

Wichtiger ist, daß unter dem Blickwinkel der Modernismuskritik die verengte Behauptung von einer bis zu den heutigen »Grünen« reichenden Tradition deutschen romantischen Antikapitalismus' und präfaschistischen Irrationalismus' aufgebrochen werden kann. Denn weder die Romantik noch der Kulturpessimismus sind bekanntlich ausschließlich rein deutsche Strömungen. So kann es nicht verwundern, daß die frühere deutsche »antimodernistische« Strömung etwa die Ideen der Gartenstadt, des Landerziehungsheims oder des Landhausbaus von England übernahm, das früher als Deutschland nicht nur die Segnungen, sondern auch den Fluch der Industrialisierung kennengelernt und darauf reagiert hatte. Nach einer neueren Darstellung war diese Reaktion zutiefst von den Werten des englischen Landadels (gentry) durchtränkt, für den England nicht der industrialisierte »workshop of the world« war, sondern »a garden« blieb, in dem die herkömmlichen Werte der »rural society«, der geordneten Dorfgemeinschaft, ihre Gültigkeit behalten sollten. Indem sich das englische Bürgertum gegenüber der sozialen und ideologischen »gentrification« öffnete, wurde der industrielle Fortschrittsgeist seit der viktorianischen Zeit durch eine anti-industrielle Geistestradition gebremst.[325]

Durch neue Biographien ist auch in Deutschland wieder bewußt geworden, daß englische Künstler des 19. Jahrhunderts wie John Ruskin oder William Morris heftige Kritiker der Technik und der Naturzerstörung waren und mit der Konzeption von Handwerks- und Agrarkommunen die künstlerische Häßlichkeit und egoistische Unmoral der Industriekultur zu überwinden suchten.[326] In Morris' ›Kunde von Nirgendwo‹ (1891) wird die Vision eines ruralen England beschworen, in welchem das Elend der Maschinenarbeit und der Industriestädte beseitigt ist. Hier erfassen wir auch ein Beispiel der im 19. Jahrhundert verbreiteten literarischen Utopien mit ökologischer Perspektive.[327] An Ruskin und Morris wird aber auch deutlich, wie die Klage über die Zerstörung der Schönheit der Natur und Arbeit in Gesellschaftskritik umschlug und sich ästhetische und soziale Sensibilität ergänzten. Ruskin und Morris zeigen, daß nicht die Fortschrittsgegnerschaft das singulär deutsche Problem ist, sondern dessen politische Konsequenzen. Ruskin war ein Tory, ein Verächter der parlamentarischen Demokratie und des allgemeinen Wahlrechts – aber er schockierte seine Zeitgenossen mit den sozialistischen Forderungen seiner Schrift ›Unto This Last‹ (1862). Es ist symptomatisch, daß er, der von der Beschäftigung mit den Produktions*umständen,* nicht der Produktions*weise* zum Sozialkritiker geworden war, seine sozusagen als Privatbulletin von 1871 bis 1884 herausgegebene Chronik der laufenden Naturzerstörung, ›Fors Clavigera‹, an die »Workmen and Labourers of Great Britain« adressierte. Vielleicht waren seine Arbeiter genauso weit von deren Lebensrealität entfernt wie die von Morris, der sich schließlich sogar zu einem antiparlamentarischen und revolutionären Sozialismus bekannte, von dem er hoffte, daß er allein die industrielle Gesellschaft umstürzen könne. Aber beide blickten nicht nur zurück in eine vorindustrielle Ökonomie, sondern übernahmen in ihrer antikapitalistischen Industriekritik Elemente einer radikal-sozialistischen Utopie. Wilhelm Heinrich Riehl, der radikalste deutsche Modernisierungskritiker dieser Zeit und sozusagen Deutschlands Ruskin, verbindet dagegen den Naturschutz mit einer ausgesprochen konservativ-ständischen Sozialpolitik. Und als um die Jahrhundertwende dann Morris in Deutschland rezipiert wird, unterschlägt man seine gesellschaftspolitischen Vorstellungen und reduziert seine Ästhetik auf ein elitäres leicht zu vermarktendes, Kunstgewerbe.

Das deutsche Problem wird noch deutlicher beim Vergleich mit der amerikanischen Modernisierungskritik, wie sie besonders in der Großstadtfeindschaft Gestalt annimmt.[328] Thomas Jefferson, der schon Ende des 18. Jahrhunderts für Amerika Großstadt und Industrialisierung ablehnte und auf das flache Land und den Farmer setzte, war ein Anhänger einer agrarischen Demokratie und nicht des Ständestaats wie Riehl. Die späten Auswirkungen dieser Gedankenrichtung hätten die besiegten Deutschen nach dem Zweiten Weltkrieg erfahren, würde der amerikanische Präsident Roosevelt nicht schon 1944 seine Unterschrift vom sogenannten Morgenthauplan wieder zurückgezogen haben. Dieser sah unter anderem die Reagrarisierung Deutschlands vor und hätte so nach der nazistischen Version von »Blut-und-Boden« eine mit dieser merkwürdig kontrastierende »demokratische« Variante des Agrarmythos' bedeutet.

Nach der agrarisch-aufklärerischen Phase des Anti-Urbanismus folgte in Amerika die romantische der Transzendentalisten. Zu ihrem Verständnis ist entscheidend, daß sie ihren Höhepunkt in einem immer noch weitgehend ländlichen Amerika hatte und zu einer Zeit, als es dort noch ungeheure Flächen jungfräulichen Landes gab. Nach dem Bürgerkrieg von 1863, der ja den Sieg der industrialisierten Nordstaaten über die agrarischen Südstaaten brachte, wandelte sich die Kritik an der Großstadt in Amerika. Jetzt wurde an der Stadt nicht mehr ausgesetzt, daß es sie gab, sondern daß sie nicht alle ihre Möglichkeiten verwirkliche. Hatten die Romantiker sie für überzivilisiert gehalten und ihr die ländliche oder wilde Natur als Heil entgegengesetzt, so wurde jetzt die Stadt als unterzivilisiert betrachtet – und dies von Intellektuellen, welche nicht zu den primitiven Altvorderen zurück wollten, sondern eine vollere Verwirklichung der Annehmlichkeiten eines städtisch-zivilisierten Lebens ersehnten.

Der Vergleich mit England und Amerika läßt deutlich werden: Großstadtfeindschaft, Kapitalismus-, Industrie- und Technologiekritik sind keine bloß zeitgenössischen oder rein deutschen Eigenheiten (mit Henry Adams besitzt Nordamerika sogar einen prominenten Vertreter des antisemitischen Antiurbanismus). Prägend aber wurde für den deutschen bürgerlichen Antimodernismus, daß er ab der Jahrhundertwende eine ganz ausgesprochen anti-demokratische und anti-sozialistische, also sozial-konservative Spielart vertrat und gerade mit besonderer Hartnäckigkeit auf dieser beharrte, als Deutschland schon längst in die Phase der Hochindustrialisierung und Urbanisierung eingetreten war. Riehls Pochen auf das »Recht der Wildnis« und den Wurzelgrund des »Volkes« mochte so lange verständlich bleiben, als es »wilde« Natur und »Volk« in Deutschland noch gab. Doch als sie um 1900 im Strudel des sozioökonomischen Wandlungsprozesses der Industrialisierung ausgelöscht waren, hätte das »Ende der romantischen Utopie«[329] kommen und eine zeitgemäßere Form der Versöhnung von Natur und industrieller Technik Platz greifen müssen. Statt dessen aber fand dann im Nationalsozialismus – vorbereitet in der promodernistischen Wende des bürgerlichen Heimat- und Naturschutzes bei Beibehaltung seiner rückwärtsgewandten völkischen Ideologie während der Weimarer Jahre – die verbale politische Integration dieses gesamten »romantischen« Wertekomplexes statt – und gleichzeitig seine fast völlige Zerstörung, da die praktische nationalsozialistische Politik ihn nicht berücksichtigte.

Zwar hat es in der Geschichte der deutschen Modernismuskritik schon immer – wie dargestellt – einen sozialistischen und anarchistischen Flügel gegeben. Neu aber ist, daß diese Kritik in der heutigen bundesrepublikanischen »grünen« Bewegung, vorbereitet durch die »Studentenrevolte«, eine vorwiegend radikaldemokratische bis linksradikale Form und einen antiautoritären Stil bekommen hat. Hierin liegt auch ein Hinweis auf den genetischen Zusammenhang der heutigen sozialen Bewegung der Alternativkultur, zu der die Ökologiebewegung gehört, mit der älteren neuen sozialen Bewegung der Außerparlamentarischen Opposition der späten sechziger Jahre. Ferner hat die Verwandtschaft der ersten alternativen und »bunten« Wahllisten mit der Bürgerinitiativbewegung die basisdemokratische Ausrichtung der Grünen gewaltig stimuliert.

Freilich kann nicht übersehen werden, daß in die grüne Bewegung auch eine rechtskonservative bis rechtsextreme Tradition einmündete; letztere auf der Organisationsebene vor allem durch die führende Beteiligung August Haußleiters und seiner national-revolutionären »Aktionsgemeinschaft Unabhängiger Deutscher« (der »Partei des Lebensschutzes«) bei der Gründung der Grünen vertreten, aber auch sichtbar durch die oft gefährliche Nähe antiindustrieller oder antikapitalistischer Leitbilder zu den bekannten Vorstellungen rechtsradikalen, antidemokratischen Denkens.[330]

Trotzdem ist nicht zu leugnen, daß sich der gegenwärtige bürgerliche Antimodernismus mehrheitlich als linke Alternative versteht – der alten Linken näher als irgendeiner der anderen »alten« Parteien.[331] Hier ist ein grundlegender Bruch mit der Tradition des im ersten Drittel dieses Jahrhunderts in Deutschland vorherrschend rechtskonservativen Antimodernismus zu sehen, auch wenn es der linken Spielart noch schwer fällt, ihre Vorstellungen in das richtige institutionelle Verfahren zu kleiden: Schwierigkeiten mit der »Basisdemokratie«, dem Ämterkumulationsverbot und dem »Rotationsprinzip« beweisen dies.

Wenn – wie wir oben sahen – für England die weiterwirkenden Wertvorstellungen des Landadels, der gentry, als ausschlaggebend für den Antimodernitätsprotest veranschlagt werden, so muß für Deutschland die eigentümliche Modernitätsdistanz des Bildungsbürgertums genannt werden. Wenn heute das hauptsächlich evangelische (wenn auch inzwischen oft konfessionslose), groß- und mittelstädtische »Bildungsbürgertum«[332] beziehungsweise die »gut gebildeten Teile des neuen Mittelstandes der Sozial- und Dienstleistungsberufe«[333] einschließlich der jugendlichen Alterskomponente dieser Gruppe (Oberschüler und Studenten beziehungsweise Arbeitslose) als Hauptträger der Alternativ- und Ökologiebewegung genannt werden, dann liegt hier lediglich eine Fortführung der radikalen, überwiegend protestantischen Reformbewegungen der Wilhelminischen und Weimarer Zeit vor. Diese Sozialgruppe der Gebildeten hatte bereits im 19. Jahrhundert einen Weg zwischen dem organisierten Kapitalismus und der organisierten Arbeiterbewegung gesucht, denn diese beiden benötigten nicht mehr die bürgerliche »Bildung«, sondern den Wirtschafts- und Arbeiterfunktionär. So kam diese Schicht zur Konzeption eines »dritten Weges« zwischen Kapitalismus und Kommunismus, der heute unter der Formel »weder rechts noch links, sondern vorne« erneut propagiert wird.

Vignette des Organs der deutschen Bodenreformer aus dem Jahr 1905, gezeichnet von Fidus. Sie ist ein früher bildnerischer Beleg für die Suche des deutschen Bildungsbürgertums nach einem Ausweg aus der Krise des Industriekapitalismus.

Dieser dritte, alternative Weg war eine idealistische Geist- oder Kulturrevolution, gerichtet gegen den »Materialismus« und »Mammonismus« sowohl des kapitalistischen Industriesystems als auch der Arbeiterbewegung. In diesem Punkt scheint mir die gängige sozialwissenschaftliche These, daß die heutige Alternativbewegung erst Folge des »postmodernistischen« Wertewandels sei, irreführend: Das deutsche protestantische Bildungsbürgertum hatte schon immer, soweit es Anhänger der systemalternativen »Gebildetenrevolte« gewesen war, solche antimaterialistischen Werte vertreten – nur so konnte es seine eigene soziale Existenzberechtigung als Vertreter einer nicht primär erwerbswirtschaftlich ausgerichteten »Bildung« in der Ära der Hochindustrialisierung überhaupt rechtfertigen.

Gerade diese nicht-technische Bildung aber sensibilisierte deren Träger mehr als jede andere Sozialgruppe gegenüber den ästhetischen und moralischen Zerstörungen des Modernisierungsprozesses und mobilisierte ihr »kulturpessimistisches«, antiindustrielles Widerstandspotential. Heute ist lediglich durch Wohlstandsmehrung und Bildungsverbesserung (von dem Soziologen Helmut Schelsky 1953 fälschlicherweise zu einer »nivellierten Mittelstandsgesellschaft« hypostasiert) diese Sensibilität weiter verbreitet – und ebenso ist die Betroffenheit von den negativen Auswirkungen des Industriesystems umfassender und deshalb spürbarer als je. Aber immer noch artikuliert das Bildungsbürgertum als sozialer Kern der modernismuskritischen Bewegungen den Protest, entwirft alternative gesellschaftliche Ordnungsbilder (häufig aus dem Geist der apokalyptisch-revolutionären Tradition) und beansprucht auf diese Weise die gesellschaftliche Führungsrolle in einer primär durch ökonomisch-industriell-technische Interessen, die ihm an sich fremd sind, bestimmten Welt. (Eine zunehmende Akademiker-Arbeitslosigkeit wird diese kompensatorische Reaktionsbildung nur verstärken.)

Die Konfliktthemen, das heißt die Konfliktfelder und die Deutungsmuster der Konflikte mit der jeweiligen »Modernität« und die alternativen Zielentwürfe und Handlungsstrategien haben sich im Lauf der deutschen Geschichte sicher gewandelt. Es ist deutlich, daß etwa der gesamte Bereich von »Ökopax« jahrzehntelang unterrepräsentiert war und in manchen sozialen Bewegungen keine oder nur eine untergeordnete Rolle spielte. Und wenn früher der ökologische Gesichtspunkt artikuliert wurde, erreichte er selten radikale politische Konsequenzen und wurde immer nur von kleinen Minderheiten vertreten. Wiederum die Mehrheit dieser Umweltschützer blieb systemintegriert, nur winzige Grüppchen beschritten den Weg der Radikalopposition. Aber auf beiden Wegen erreichte die alte »grüne« Bewegung in Deutschland keinerlei grundsätzliche Veränderung des wachstumsorientierten kapitalistischen Industriesystems. Entweder paßte sie sich in Gestalt des bürgerlich-konservativen Natur- und Heimatschutzes beziehungsweise des proletarischen Naturfreundetums an dieses Industriesystem an, oder sie stieg – wie bei den »Naturrevolutionären« oder der »Gandhi-Bewegung« – in autonomes alternatives Leben aus. Diese organisatorische und politisch-weltanschauliche Auffächerung des Umweltschutzes schwächte noch zusätzlich seine Kraft, wenn auch dadurch gewährleistet wurde, daß sich ökologische Gedanken in einem weiten sozialen und politischen Spektrum verbreiten konnten.

Eine Bündelung und Generalisierung des Protestes war bei diesen Trennungen freilich undenkbar. Hier hat sich inzwischen ein radikaler Wandel vollzogen: 35 000 Mitglieder (1985) für eine »grüne« Partei und 2,2 Millionen Wähler (1983) für sie – dies ist historisch beispiellos. Damit ist die ökologische Frage in das Zentrum der Aufmerksamkeit geraten. Dort hatte sie noch nie vorher gestanden. Eine wesentliche Ursache dafür dürfte die schlichte, aber durchschlagende Tatsache sein, daß erst heute die objektiv jedermann betreffenden Folgen der Umweltzerstörung und Naturvernichtung unübersehbar geworden sind. Unklar ist, ob die zahlenmäßige Zunahme radikaler Protestler und ihre Organisationsbildungen bis hin zur »grünen« Parteigründung nicht nur ein Beweis für die Verschlimmerung der Krise des Industriesystems ist, sondern auch von der zunehmenden Verhärtung des politischen Systems gegenüber Veränderungen zeugt, oder ob dies umgekehrt als Beleg für die Offenheit dieses Systems für Neuerungen gelten kann. (Von der Beurteilung dieser Frage wird abhängen, ob man der »grünen« Partei eher einen systemzerstörenden oder einen systemstabilisierenden Effekt zutraut.) Unbestreitbar aber dürfte sein, daß dank der Freiheiten der bestehenden demokratisch-parlamentarischen Ordnung und der Medienöffentlichkeit die marginalen Alternativbewegungen und die Umweltschützer heute in ganz anderer Weise als früher auf die öffentliche Diskussion einwirken können.

Freilich ist damit noch nicht gesagt, ob sie auch politisch mehr zu bewirken vermögen als früher. Die Einsicht in ihre Ohnmacht und der Wunsch nach mehr Informations-, Kontroll- und Mitsprachemöglichkeiten waren es gerade (sieht man von den Verlockungen der Wahlkampfkostenerstattung ab), welche die erst außerparlamentarisch in Bürgerinitiativen organisierten Grün-Alternativen zur »grünen« Parteigründung veranlaßten.[334]

Sie widersprach nicht ihrem demokratisch-partizipatorischen Gestus, stellte sie freilich vor die Frage, wie die projektierte »Anti-Parteien-Partei« wohl im Zusammenspiel mit den »Altparteien« ihre Neuartigkeit werde institutionalisieren können, ein Problem, das sich mit dem Übergang von der reaktiven Protest- zur positiven Programm-, ja Regierungspartei noch verstärken mußte. Dazu kam noch die Schwierigkeit, entgegen der nicht unplausiblen soziologischen These, daß die Institutionalisierung einer sozialen Bewegung zugleich ihr Ende bedeute,[335] den Beweis zu erbringen, man könne auch als Partei weiter der »parlamentarische Teil der Bewegung«, also Bewegungspartei bleiben.[336] (Dem liegt die These zugrunde, daß die parlamentarische Fraktion das Spielbein, die Bewegung selbst das Standbein der Grün-Alternativen sei.)

Historisch gab es freilich einige Vorläufer für die Institutionalisierung von sozialen Bewegungen in Parteien – man kennt etwa die Zusammenhänge zwischen Arbeiterbewegung und Arbeiterparteien, faschistischer Bewegung und NSDAP. Unbekannter dürfte sein, daß auch eine kleinere soziale Bewegung wie die Jugendbewegung versucht hat, den Weg eines Parteianschlusses (der »Entschiedenen Jugend Deutschlands« an die Kommunistische Partei)[337] beziehungsweise einer Parteineugründung (Artur Mahrauns »Jungdeutscher Orden« als Mitbegründer der »Deutschen Staatspartei«)[338] zu beschreiben. So hat sich etwa auch die Protest-Bewegung der »Inflationsheiligen« mit eigener Liste an den Reichstags- und Reichspräsidentenwahlen in Weimar beteiligt.[339] Keine Partei konnte jedoch – außer durch die Notlüge der Verbalradikalität – den ursprünglichen Schwung ihrer Bewegung erhalten. Keine der bisherigen sozialen Bewegungen, so weiß es der Soziologe – konnte sich mit ihren selbstgesteckten Zielen durchsetzen; jede war vielmehr über kurz oder lang zum Scheitern verurteilt und »es blieb – fast –, wie es war«.[340]

Aber – wie man gerade an der grün-alternativen Bewegung gut sehen kann – solche Bewegungen vermögen doch unter Umständen mit ihren Fragen die öffentliche Debatte entscheidend zu beeinflussen und damit indirekt über die Mobilisierung der großen Parteien den politisch-rechtlichen Rahmen zu verändern. Mehr kann auch eine Kleinpartei wie die »Grünen« nicht erhoffen, wenn auch für sie der Widerspruch zwischen ihrem Sendungsbewußtsein mit dem hochgesteckten Ziel einer Systemveränderung, häufig noch emotional gesteigert durch apokalyptische Vernichtungsängste und messianische Erlösungshoffnungen, und den beschränkten realen Wirkungsmöglichkeiten schwer zu verkraften sein wird. Dazu kommen zusätzliche Beeinträchtigungen ihrer politischen Effektivität; bei den »Grünen« etwa durch ihre zweideutige Stellung zur Gewalt, ihr gebrochenes Verhältnis zur Macht, ihre Überschätzung symbolischer Aktionsformen, ihre manchmal schwärmerische Realitätsverleugnung und ihren moralischen Rigorismus.

So ist schwer voraussagbar, ob die »Grünen« die Bundestagswahl von 1987 als Splitterpartei, die die Fünf-Prozent-Hürde nimmt, überleben oder gar die FDP in ihrer Rolle als »Königsmacher« werden dauerhaft ablösen können. Dies heißt aber keinesfalls, daß bis dahin die Anlässe »grünen« Protests abgebaut sein und die »Altparteien« ihre programmatischen umweltschützerischen Bekenntnisse bereits in wirksame materielle Politik umgesetzt haben werden.

Der für viele doch überraschende Aufbruch verschiedenartigster sozialer Bewegungen in den siebziger Jahren bis hin zur Parteibildung der »Grünen« 1980 ist jedenfalls für den Historiker nicht unverständlich. Denn die längerfristige Beobachtung des Industrialisierungsprozesses in Deutschland im 19. und 20. Jahrhundert führt zur Erkenntnis, daß es in der modernen Industriegesellschaft immer wieder zu Verdichtungen von Krisen kommt und dann ein die einzelnen sozialen Bewegungen umfassender »Protestzyklus« entstehen kann.[341] Die bisher eher sektiererischen sozialen Einzelbewegungen können so plötzlich eine sie tragende Einbettung in eine Massenbewegung erfahren: Institutionalisiert sich diese umfassende Bewegungsenergie zur Partei (wie es etwa bei den bürgerlichen oder proletarischen Parteien, aber auch dem Nationalsozialismus der Fall war), dann wirken diese wie Sammlungsparteien des Einzelprotests. Freilich: Indem sie die unterschiedlichen Protestinhalte zusammenfassen, potenzieren sie diese nicht nur, sondern neutralisieren sie auch.

Die heutigen »Grünen« sind allerdings noch weit davon entfernt, eine solche umfassende Protest- und Sammlungspartei der systemgegnerischen Unzufriedenen zu sein, und bilden wohl eine eher ephemere Erscheinung. Dies heißt aber nicht, daß sich bei weiterer Verschärfung der Krisen des Industriesystems nicht erneut die vielen kleinen Protestbewegungen einschließlich der ökologischen zur großen mitreißenden Welle einer Überlebens-Partei addieren könnten. Denn mag zur Meisterung der durch die Technik geschaffenen Probleme auch rationale Nüchternheit gewünscht sein, so weiß doch ein kritischer Soziologe der deutschen Gesellschaft, wie etwa Theodor Geiger, daß es seit der Jahrhundertwende immer wieder Phasen gab, wo sie durch ganz andere Kräfte gelenkt wurde: durch den »Aufruhr der Gefühle« im Gefolge von »romantischem Pessimismus« und Untergangs-Angst.[342]

Anhang
Über die Autobiographie Paul Robiens

Mit der Ermordung des »Naturrevolutionärs« Paul Robien und seiner Lebensgefährtin auf der Mönne-Insel bei Stettin im Jahre 1945 war nicht nur die Zerstörung seines umfangreichen ornithologischen Archivs (er plante seit 1942 zusammen mit seinem Sohn eine umfassende Darstellung der Avifauna Pommerns), sondern auch die Vernichtung seiner gesamten unveröffentlichten literarischen und politischen Manuskripte verbunden. Ein Ausländer, der 1947 die Mönne-Insel besuchen konnte, berichtete: »Das Haus war nur noch eine geplünderte Ruine. Überall verstreut lagen Briefe, Akten und zerfetzte Bücher, lag Paul Robiens Eigentum.« (Stettiner Nachrichten 1. Jg., 1950, Folge 2, S. 3)

Sein Sohn erinnerte sich: »Im letzten Jahrzehnt seines Lebens hat Paul Robien zwar wenig veröffentlicht, war aber gerade in dieser Zeit besonders schöpferisch, und ein Schrank voll unveröffentlichter Manuskripte gab Zeugnis von der Arbeit dieser Jahre.« (Paul Ruthke jun.: Ein Freund der Gefiederten, in: Pommern 1954. Ein Haus- und Jahrbuch, hrsg. von der Pommerschen Landsmannschaft, Leer/Ostfriesland 1953, S. 96) Und ein Freund der Familie präzisierte: »Welche Menge naturwissenschaftlicher Arbeiten und Abhandlungen, die auf den Druck warteten – auch eine einzigartige umfassende Autobiographie eines nicht alltäglichen Lebens war darunter –, sind so durch Mörderhände der Nachwelt verlorengegangen.« (Jakob Braun: Dem Andenken von Paul und Eva Robien, Zeitungsartikel vom 16. 9. 1956)

Es muß deshalb als besonderer Glücksfall angesehen werden, daß – offenbar während des Zweiten Weltkrieges, das genaue Datum war nicht zu ermitteln – im ›Stettiner Generalanzeiger‹ ein Bericht veröffentlicht wurde, dem eine ungedruckte Selbstbiographie Robiens zugrunde lag. Dies ermöglicht uns nicht nur eine tiefere Kenntnis der seelischen und sozialen Grundlagen von Robiens anarchistischem Rebellentum, sondern gibt auch einen Einblick in seine vielfältige und völlig verloren gegangene literarische Produktion. Sie erweist sich mit ihrem Leitthema des vagabundierenden Ausbruchs aus proletarischer Enge als eng verwandt mit der Abenteuerliteratur der beiden großen deutschen Individualanarchisten Theodor Plivier und B. Traven, wenn auch Robiens Schriftstellerei kaum deren Qualität erreicht haben dürfte. Dieser für eine Biographie Robiens wichtige Zeitungsbericht, für dessen Übermittlung ich der Vogelwarte Radolfzell verbunden bin, ist im folgenden ungekürzt wiedergegeben:

Paul Robien

Wer ein so wechselvolles, reiches und kämpferisches Dasein zu überschauen beginnt, erkennt auch schon die bare Unmöglichkeit, es im Rahmen eines Zeitungsaufsatzes mit einiger Gerechtigkeit darzustellen. Vor mir liegen zwei Dutzend Blätter einer Selbstbiographie in Maschinenschrift. Auf schmalstem Raume scheinen so verschiedene Dinge wie Gerstäcker und Bürgel, Jack London und Dostojewski zusammenzurinnen, und das alles gemischt mit Hintertreppe, Jörn Uhl und Hilligenlei, und darüber hinaus setzt sich dieser ganz persönliche Paul Robien durch, wie er, von allen Dämonen der Menschheit zwischen physischem und seelischem Elend geschüttelt, in drei Erdteilen weltanschaulich durchgeglüht, von Freiheit, Dichtung, Wissenschaft, Natur und Weltverbesserungswahn getragen und gepeitscht, endlich doch zwischen Gefängnis und Isolierzelle, zwischen Krieg, Verzweiflung und Selbstmordentschlüssen zu sich selber und seiner Lebensaufgabe findet: ein Märchen, ein Roman, eine Unmöglichkeit und ein Aktenbeweis.

Erster Akt: das Arbeiterkind am Nordrand von Stettin und in einem Keller der Binnenstadt. Armut in ihrer häßlichsten und zerstörendsten Form. Man bettelt, man hat »sein Pensum« abzuliefern, man erlebt die einzig menschenwürdigen Stunden in der Schule – man bäumt sich auf und brennt durch. Berlin, Spandau, Manöverfahrt, Mecklenburg, Hiddensee, Stromertum und Landarbeit und immer wieder Stettin und immer wieder Flucht aus dem Unerträglichen. Der Jüngling wird Seemann. Es beginnen die Irrfahrten zwischen Hamburg, London und Antwerpen. Eingestreute Wanderungen durch Belgien, Nordfrankreich und England. Das erste Eintauchen in die Erhabenheit des Naturbildes, das erste Erwachen des Forschers, die erste Erlösung von allem Leid im Anschauen der ewigen Schöpfungswunder. Der Ozean wirft den Unrastseligen nach Mexiko. Dem Dichter wachsen die buntesten Stoffe entgegen. Nachdem er Antwerpen festgehalten hat im ›Nachtasyl‹, schießt nun das

Erleben in westindischen Hafenstädten, auf Blindfahrten mit der amerikanischen Eisenbahn und im Umgang mit Farbigen aller Mischung in ihm zusammen zu malerisch-psychologischen Skizzen: ›Die Räuber‹, ›Das gelbe Fieber‹ und ›Tom Parker‹, Dichtungen, die an Ernst, Kraft und Poesie jede ›Lausbubengeschichte‹ so weit übertreffen, daß man immer wieder kopfschüttelnd vor dem Geheimnis des Erfolges und der Tragik des Nichterfolges steht.

Paul Robien tritt mit seiner Rückkehr nach Deutschland in den zweiten Akt seiner Lebensfahrt: Es kommt Ordnung in sein Dasein und Sicherheit – er wird Marinesoldat und kämpft 1904 mit Auszeichnung in Südwest. Zwar gibt es keine Anstrengungen und Entbehrungen, denen sein vom Welttraining geschliffener Körper nicht gewachsen gewesen wäre; aber der Wahnsinn der Menschheit, die Erkenntnis ihres blöden Zivilisationstaumels, endlich der Dämon in seinem Innern, der ihn treibt, nach Auswegen aus Fluch und Irrtum zu suchen, sie schmettern ihn zum erstenmal nieder: Lazarett, Mondsucht, Ausbruch, Isolierhaft, endlich Entlassung, Ehrenzeichen, Kampf um die Invalidenrente und dann wieder – Freiheit und Not und Hunger. Grauenhafte Jahre.

Dritter Akt: Er lebt als Schriftsteller,* Marinemaler, Kaninchenjäger und – in voller Absicht der Selbsterniedrigung – als Kesselreiniger; er nimmt eine Frau zu sich, wird Vater und erfährt neue Sorgen und Demütigungen; er erkennt immer mehr seine Mission und den Sinn seines Leidens, die Menschen zur Umkehr aufzurufen; er schreibt den Roman ›Invaliden‹,** ein Seitenstück zu Bertha von Suttners ›Die Waffen nieder‹, findet aber weder bei der Friedensgesellschaft noch bei der sozialdemokratischen Presse Anklang; er gestaltet die Erfahrungen der Landstraße und muß erleben, daß die ›Bettelgilde‹ auf einer Redaktion in Verlust gerät. Auf diesem Tiefstand fällt ihm Darwins ›Kampf ums Dasein‹ in die Hände. Vulkanische Wirkung. Nächtelanges Ideenwälzen im Angesicht der Sterne. Die ehernen Gesetze der Natur – jetzt halten sie ihn: Mit ernster Forderung tritt er in das ornithologische Studium. Neue Schwungkraft. Ein Romanzyklus von zwanzig Bänden wird

* 1908 verfaßte er den Roman ›Zur See‹, dessen Abdruck die sozialdemokratischen Zeitungen wegen anarchistischer Tendenzen ablehnten; vgl. Paul Robien: Direkte Aktion, in: Der freie Arbeiter, 14. Jg., 1921, Nr. 35. (U. L.)
** Eine Inhaltsangabe dieses antimilitaristischen Romans bei Paul Robien: Geld, in: Der freie Arbeiter, 14. Jg., 1921, Nr. 10. (U. L)

geplant. Der Sommer gehört den Exkursionen. Sein Zimmer wird Waldfiliale und Vogelhecke. Ein literarischer Zirkel in vornehmem Salon entsteht und vergeht. Da bricht der Weltkrieg aus und bringt ihn seelisch an den Rand der Verzweiflung. Als stellungsloser Geistesarbeiter wird er von den Herren Ackermann und Ackerknecht entdeckt, findet Heilung im Arndtstift, Anstellung am Museum, gründet nach Erledigung der Arbeit die Naturwarte Mönne, gewinnt den Haupttreffer in der Lebenslotterie, seine heutige Frau, und lebt, von ein paar Freunden unterstützt, als Freiherr seiner schwer erkämpften Weltanschauung den bewußten Kampf gegen eine Menschheit, deren unausrottbare Selbstsucht heute vor dem schwersten Zusammenbruch ihrer Geschichte steht. Die großen Propheten haben vergebens gelebt und die kleinen auch.

Paul Robien aber hat sich im Wirrwarr des Diesseits das heilige Jenseits seiner Insel, seiner Arbeit und seines tapferen Herzens erobert. (Hermann Ploetz)

Anmerkungen

Vorwort

[1] Günter Bartsch: Die Grüne Bewegung, in: Criticon 34, 1976, S. 46–48. Georg Otto, der Gründer der niedersächsischen »Grünen Liste Umweltschutz«, behauptete allerdings, er habe das grüne Symbol von der alten freiwirtschaftlichen Bewegung Silvio Gesells übernommen; vgl. Richard Stöss (Hrsg,): Das Parteien-Handbuch. Opladen 1983, Bd. 2, S. 1515, Anm. 18.

[2] Günter Bartsch 1984 in einem Brief an den Verfasser.

[3] Symptomatisch für die unhistorische Betrachtungsweise ist der farbpsychologische Aufsatz von Kathinka Schreiber: Ausflug ins Grüne, in: Natur, 8, 1984, S. 85–93.

[4] Selbst die Naturschutzbewegung griff auf diesen Topos zurück, vgl. Walther Schoenichen: Der Umgang mit Mutter Grün. Ein Sünden- und Sittenbuch für jedermann. Berlin-Lichterfelde 1929.

[5] Hans Wolf: Wie kommt der Wandervogel zu den Farben Grün-Rot-Gold?, in: Jahrbuch des Archivs der deutschen Jugendbewegung, 4. Bd., 1972, S. 20–27. Ergänzend sei darauf hingewiesen, daß die grüne Farbe in den von den Jugendwanderern gerne gelesenen Geschichten von Hermann Löns eine große symbolische Rolle spielte, so erschienen Teilsammlungen seiner Jagd- und Tiergeschichten unter dem Titel ›Mein grünes Buch‹.

[6] Hans Wolf, ebd., S. 23.

[7] Vgl. Anm. 164.

[8] Carl Amery in: Wolf Schäfer (Hrsg.): Neue Soziale Bewegungen: Konservativer Aufbruch in buntem Gewand? Frankfurt 1983, S. 11 ff.

[9] Joseph Huber: Die verlorene Unschuld der Ökologie. Frankfurt 1982. Vgl. Günter Kunz (Hrsg.): Die ökologische Wende. Industrie und Ökologie – Feinde für immer? München 1983.

[10] Walter Sauter: Waldsterben im Schnittpunkt von Ökologie, Ökonomie und Politik, in: Aus Politik und Zeitgeschichte, Beilage zur Wochenzeitung Das Parlament, 18. Mai 1985, S. 23.

[11] Die ersten Grünen, in: Der Spiegel, Nr. 3, 1985, S. 39–42.

[12] Wie kontrovers dabei bis heute die bürgerlichen Ökologen aufgrund ihrer Verquickung mit dem Nationalsozialismus beurteilt werden, zeigen die ganz unterschiedlichen Beurteilungen von Hugo Kükelhaus durch Rudolf von der Lippe und Dieter Hoffmann-Axthelm in: Arch +, Nr. 78, Dezember 1984, und die daran anschließenden Leserbriefe in: Arch +, Nr. 80, Mai 1985, S. 19 f.

[13] Peter Cornelius Mayer-Tasch: Aus dem Wörterbuch der Politischen Ökologie. München 1985, S. 73–80.

[14] Thomas Schmid: Das grüne Ei, in: Freibeuter 15, 1983, S. 56.

[15] Ludwig Trepl: Ökologie – eine grüne Leitwissenschaft?, in: Kursbuch 74, Dezember 1983, S. 6–27; Thomas Kluge: Noch ein Untergang des Abendlandes? Leben und Tod – Die unbewußte Renaissance der Lebensphilosophie in der Ökologiebewegung, in: Politische Vierteljahresschrift, 24. Jg., 1983, S. 428–444; Egon Becker: Natur als Politik?, in: Wolf Schäfer (Hrsg.): Neue soziale Bewegungen. Frankfurt 1983, S. 109–122.

[16] Rolf Peter Sieferle: Fortschrittsfeinde? Opposition gegen Technik und Industrie von der Romantik bis zur Gegenwart. München 1984.

[17] Petra Kelly/Jo Leinen: Prinzip Leben. Ökopax – die neue Kraft. Berlin 1982.

Kapitel 1

[18] G. Hohorst/J. Kocka/G. A. Ritter: Sozialgeschichtliches Arbeitsbuch. Materialien zur Statistik des Kaiserreiches 1870–1914. München 1975, S. 19. Die im weiteren genannten Zahlen ebd. S. 19 und 40.

[19] Wieder abgedruckt in: Friedrich Lienhard: Neue Ideale nebst Vorherrschaft Berlins. Gesammelte Aufsätze. Stuttgart 1923, S. 129 ff. Vgl. auch den Artikel eines »Werkmanns« »Los von Berlin!« in: Die Tat, 11. Jg., Heft 12, März 1920, S. 896–900.

[20] Richard von Krafft-Ebing: Nervosität und neurasthenische Zustände. Wien 1895, S. 48.

[21] Hans Kampffmeyer: Die Gartenstadtbewegung. 2. Aufl. Berlin/Leipzig 1913, S. 103.

[22] Walther Schoenichen: Naturschutz, Heimatschutz. Ihre Begründung durch Ernst Rudorff, Hugo Conwetz und ihre Vorläufer. Stuttgart 1954, S. 285 f.

[23] Paul Schultze-Naumburg: Die Entstellung unseres Landes. (2. Flugschrift des Bundes Heimatschutz). Halle a. d. S. 1905, S. 1.

[24] R. Planck: K. Chr. Plancks Rechtsbegriff als Schlüssel zu einem neuen Deutschland. Eine Antwort an einen Kritiker. Winnenden 1923, S. 10; vgl. auch ders.: Karl Christian Planck und die Gegenwart, in: Die Tat, 10. Jg., Heft 2, Mai 1918, S. 101–109. Dazu der Artikel über Planck in: Helmut Donat/Karl Holl (Hrsg.): Die Friedensbewegung. Düsseldorf 1983, S. 306 f.

[25] Ein gutes Beispiel dafür ist Arnold Wagemann: Vom Rechte, das mit uns geboren ist. Ein Weckruf an das deutsche Volk. Hamburg 1920. Dieses ›Handbuch für die Lehrgemeinden des Bundes für Deutsches Recht‹ wurde von der Deutschnationalen Verlagsanstalt herausgegeben. Man vergleiche damit Theodor Fritsch: Zwei Grundübel: Boden-Wucher und Börse. Leipzig 1894.

[26] Rudolf Rüsten (Hrsg.): Was tut not? Ein Führer durch die gesamte Literatur der Deutschbewegung. Leipzig 1914, Nachdruck Toppenstedt 1983, S. 76.

[27] Ebd., S. 77.

[28] Die deutsche Gartenstadtbewegung. Zusammenfassende Darstellung über den heutigen Stand der Bewegung. Berlin-Schlachtensee 1911, S. 83.

[29] Ebd.

[30] Ebd., S. 84.

[31] Ebd.

[32] Kristina Hartmann: Deutsche Gartenstadtbewegung. Kulturpolitik und Gesellschaftsreform. München 1976.

[33] Helga Bleckwenn: Ein Impuls aus Dresden. Erinnerungen an die Gartenstadt Hellerau, in: Süddeutsche Zeitung Nr. 261, 10./11. November 1984, S. 111.

[34] Carl Johannes Fuchs: Heimatschutz und Volkswirtschaft, in: Der deutsche Heimatschutz. Ein Rückblick und Ausblick. Hrsg. von der Gesellschaft der Freunde des deutschen Heimatschutzes. München 1930, S. 145–153, Zit. S. 145.

[35] Ebd., S. 148.

[36] Ebd., S. 152.

[37] Ebd.

[38] Ebd.

[39] Der Deutsche Bund Heimatschutz und seine Landesvereine, bearbeitet von der Geschäftsstelle Berlin, in: Der deutsche Heimatschutz. München 1930, S. 187–205, Zit. S. 188.

[40] Ulrich Linse: Werner Lindner und die Anfänge der Industriearchäologie in Deutschland, in: Arch +, Heft 81/82, August 1985, S. 43–45.

⁴¹ Conrad Matschoß/Werner Lindner (Hrsg.): Technische Kulturdenkmale. Im Auftrag der Agricola-Gesellschaft beim Deutschen Museum. München 1932, S. 7.
⁴² Werner Lindner: Technische Kulturdenkmale in der Mark Brandenburg. 1. Teil. Brandenburgische Jahrbücher, Jg. 1937, Heft 5, S. 7.
⁴³ Conrad Matschoß/Werner Lindner (siehe Anm. 41).
⁴⁴ Friedrich Haßler: Heimatschutz und Technik, in: Der deutsche Heimatschutz. München 1930, S. 182–187, Zit. S. 186.
⁴⁵ Werner Lindner in Verbindung mit Georg Steinmetz: Die Ingenieurbauten in ihrer guten Gestaltung. Berlin 1923.
⁴⁶ Werner Lindner: Bauten der Technik. Ihre Form und Wirkung. [Bd. 1] Werkanlagen. Berlin 1927. (Der vorgesehene 2. Band über Verkehrsanlagen ist wohl nicht erschienen.)
⁴⁷ Ebd., S. 1, 6 und 4.
⁴⁸ Ebd., S. 8.
⁴⁹ Der deutsche Heimatschutz. München 1930, S. 187.
⁵⁰ Werner Lindner: Ingenieurwerk und Naturschutz. (Naturschutz-Bücherei, Bd. 2). Berlin-Lichterfelde o. J. (1926).
⁵¹ Werner Lindner: Natur und Technik, in: Naturschutz, 9. Jg., Nr. 1, Oktober 1927, S. 8 ff.
⁵² Walther Schoenichen: Aus der Entwicklung der Naturdenkmalpflege, in: Der deutsche Heimatschutz. München 1930, S. 222–227, Zit. S. 227.
⁵³ Werner Lindner: Bauen: Beziehungen zur Wirtschaft, in: Denkmalpflege und Heimatschutz im Wiederaufbau der Nation, Tag für Denkmalpflege und Heimatschutz im Rahmen des Ersten Reichstreffens des Reichsbundes Volkstum und Heimat, Kassel 1933. Berlin 1934, S. 49.
⁵⁴ Ebd., S. 47.
⁵⁵ Ebd., S. 54.
⁵⁶ Ebd., S. 52.
⁵⁷ Werner Lindner: Heimatschutz im neuen Reich. Leipzig 1934. Vgl. auch Werner Lindner (Bearbeiter): Technische Kulturdenkmale in der Mark Brandenburg. 2 Teile, Brandenburgische Jahrbücher, Jg. 1937, Heft 5 und 6.
⁵⁸ Werner Lindner: Heimatschutz im neuen Reich. Leipzig 1934, S. 68 f.
⁵⁹ Hugo Kükelhaus/Werner Lindner (Hrsg.): Schriften zur deutschen Handwerkskunst. Im Einvernehmen mit dem deutschen Handwerks-Institut und dem Deutschen Bund Heimatschutz, 6 Hefte, Berlin 1935–1938. Vgl. auch Werner Lindner/Friedrich Tamms in Verbindung mit dem deutschen Handwerks-Institut: Mauerwerk. 2. Aufl. Berlin 1937.
⁶⁰ Denkmalpflege und Heimatschutz im Wiederaufbau der Nation. Berlin 1934, S. 154.
⁶¹ Werner Lindner: Heimatschutz im neuen Reich. Leipzig 1934, S. 64.
⁶² Gesetz zum Schutze von Kunst-, Kultur- und Naturdenkmalen (Heimatschutzgesetz) vom 13. 1. 1934. Mit Ausführungsverordnung vom 17. 1. 1934. Für den Gemeingebrauch erläutert von Hans Jungmann. Radebeul/Dresden 1934.
⁶³ Hans Klose/Adolf Vollbach: Die Naturschutzgesetzgebung des Reiches. 2 Teile. Erster Teil: Das Reichsnaturschutzgesetz vom 26. 6. 1935. Neudamm 1939; Zweiter Teil: Die Naturschutzverordnung (= Verordnung zum Schutze der wildwachsenden Pflanzen und der nicht jagdbaren wildlebenden Tiere) vom 18. 3. 1936 mit der Vogelberingungsverordnung vom 17. 3. 1937 sowie den ergänzenden und den auf den Gebieten des Natur- und Heimatschutzes neuerdings erlassenen Bestimmungen. Neudamm 1939.

[64] Walther Schoenichen: Naturschutz im Dritten Reich. Berlin-Lichterfelde o. J. (1934), S. 78.
[65] Alwin Seifert: Ein Leben für die Landschaft. Düsseldorf/Köln 1962, S. 90. Gemeint ist mit dieser Verordnung offenbar der Runderlaß zum Schutze der Muttererde vom 16. 11. 1939.
[66] Ebd., S. 69.
[67] Vgl. seine von den fünfziger Jahren bis heute immer wieder aufgelegte Kompost-Fibel (erst unter dem Titel ›Der Kompost. Eine Fibel für kleine und große Gärtner, für Bauern und Landwirte‹, dann als ›Der Kompost im Garten ohne Gift‹, dann als ›Gärtnern ohne Gift‹ und schließlich als ›Gärtnern, Akkern ohne Gift‹).
[68] Alwin Seifert: Ein Leben für die Landschaft, Düsseldorf/Köln 1962, S. 135.
[69] Vorwort von Fritz Todt zu Alwin Seifert: Im Zeitalter des Lebendigen. Natur – Heimat – Technik. Dresden/Planegg 1941.
[70] Ebd., Vorrede des Verfassers.
[71] Anson Rabinbach: The Aesthetics of Production in the Third Reich, in: George L. Mosse (Hrsg.): International Fascism. London 1979.
[72] Werner Lindner: Heimatschutz im neuen Reich. Leipzig 1934, S. 59f.
[73] Alwin Seifert (siehe Anm. 68), S. 46.
[74] Natur. Horst Sterns Umweltmagazin, Nr. 1, Januar 1981, S. 94ff.
[75] Max Amberg: Naturschutz – die große Lüge. Greven 1980; vgl. Hubert Weinzierl: Passiert ist gar nichts. München 1985.
[76] Alwin Seifert: Im Zeitalter des Lebendigen. Dresden/Planegg 1941, S. 13.

Kapitel 2

[77] Iring Fetscher: Überlebensbedingungen der Menschheit. München 1980; Johano Strasser/Klaus Traube: Die Zukunft des Fortschritts. Der Sozialismus und die Krise des Industrialismus. Bonn 1981; Klaus-Jürgen Scherer/Fritz Vilmar (Hrsg.): Ein alternatives Sozialismuskonzept: Perspektiven des Ökosozialismus. Berlin 1983, korrig. Aufl. 1984; Wolfgang Roth: Der Weg aus der Krise. Umrisse einer sozialökologischen Marktwirtschaft. München 1985. Sehr interessant ist die kontroverse Debatte um den Ökosozialismus (durch Klaus-Jürgen Scherer und Hermann Scheer) in: Thomas Meyer/Susanne Miller/Joachim Rohlfes (Hrsg.): Geschichte der deutschen Arbeiterbewegung. Bd. 2. Bonn 1984, S. 967ff., ferner die unterschiedliche Beurteilung eines Bündnisses der SPD mit den »Grünen« in: Wolfram Bickerich (Hrsg.): SPD und Grüne. Das neue Bündnis? Reinbek 1985.
[78] Horst Bieber: Ein Rädchen verläßt das Getriebe (Porträt von Hans Ulrich Klose), in: Natur. Nr. 5, Mai 1982.
[79] Karl Marx: Das Kapital. MEW Bd. 23, S. 452.
[80] Iring Fetscher: Karl Marx und das Umweltproblem, in: ders.: Überlebensbedingungen der Menschheit. München 1980, S. 132; ders.: Blumen im Barte des Propheten?, in: Natur-Denkstücke. München 1985, S. 69–78.
[81] Karl Marx: Das Kapital. MEW Bd. 23, S. 529f.
[82] Vgl. Alfred Kelly: The Descent of Darwin: The Popularization of Darwinism in Germany. 1860–1914. Chapel Hill 1981.
[83] Christel Reckenfelder-Bäumer: »Wissen ist Macht – Macht ist Wissen«, in: Berlin um 1900. (Ausstellungskatalog). Berlin 1984, S. 405–416.
[84] Alfred Kelly: Between Poetry and Science: Wilhelm Bölsche as Scientific Popularizer. Diss. Wisconsin 1975.

[85] Wilhelm Bölsche: Zur Erinnerung an Kurt Grottewitz, in: Kurt Grottewitz: Sonntage eines Großstädters in der Natur. Berlin 1925, S. 6f. (Die 1. Aufl. erschien 1905 im Vorwärts-Verlag.)
[86] Ebd., S. 6.
[87] Ebd., S. 5.
[88] Ebd., S. 24.
[89] Adolf Levenstein: Die Arbeiterfrage. Mit besonderer Berücksichtigung der sozialpsychologischen Seite des modernen Großbetriebes und der psychophysischen Einwirkungen auf die Arbeiter. München 1912, S. 354–381.
[90] Erster Überblick bei Wolfgang R. Krabbe: Gesellschaftsveränderung durch Lebensreform. Göttingen 1974, S. 151 ff.
[91] Emil Birkert (Hrsg.): Von der Idee zur Tat. Aus der Geschichte der Naturfreundebewegung. Heilbronn 1970; Hartmann Wunderer: Der Touristenverein ›Die Naturfreunde‹ – eine sozialdemokratische Arbeiterkulturorganisation (1895–1933), in: Internationale Wissenschaftliche Korrespondenz zur Geschichte der Arbeiterbewegung, 13. Jg., 1977, S. 506–520; Jochen Zimmer: Mit uns zieht die neue Zeit: Die Naturfreunde. Köln 1984.
[92] Karl Renner über die Naturfreunde, in: Der Naturfreund. Mitteilungen des Touristenvereins ›Die Naturfreunde‹ (Wien), 35. Jg., 1931, S. 104f.
[93] Vgl. Hartmann Wunderer: Alkohol in der Geschichte, in: Neue politische Literatur, 28. Jg., 1983, S. 436–458.
[94] Emil Birkert (Hrsg.): Von der Idee zur Tat. Heilbronn 1970, S. 46.
[95] Gottfried Benn: Frühe Lyrik und Dramen. Stuttgart 1982, S. 94.
[96] Der deutsche Heimatschutz. München 1930, S. 225f.
[97] Der Naturfreund, 32. Jg., 1928, S. 275.
[98] Adda Veidl: Ein Stück moderner Arbeit in unseren Bergen. Das Stubach-Kraftwerk und seine alpine Umgebung, in: Der Naturfreund, 32. Jg., 1928, S. 194ff.
[99] August Bebel: Die Frau und der Sozialismus. Frankfurt 1981, S. 428ff. und 461ff.
[100] Adolf Thiele: Naturschutz vom Standpunkt der Sozialhygiene, in: Der Naturfreund, 33. Jg., 1929, S. 222ff.
[101] Der Naturfreund, 33. Jg., 1929, S. 99ff.

Kapitel 3

[102] Die Grünen. Das Bundesprogramm. Bonn o. J. (1980).
[103] Theodor Ebert: Zur Herkunft und Zukunft der Friedens- und Ökologiebewegung, in: Hans A. Pestalozzi u. a. (Hrsg.): Frieden in Deutschland. Die Friedensbewegung: was sie wurde, was sie ist, was sie werden kann. München 1982, S. 25–32. Vgl. Hans Karl Rupp: Außerparlamentarische Opposition in der Ära Adenauer. Der Kampf gegen die Atombewaffnung in den fünfziger Jahren. Köln 1970. Zur Naturfreundejugend und ihrem antimilitaristischen Einsatz vgl. Karl A. Otto: Vom Ostermarsch zur APO. Frankfurt 1977, S. 71, 79, 100, 109, 139 und 169.
[104] Emil Birkert (Hrsg.): Von der Idee zur Tat. Heilbronn 1970, S. 146–152.
[105] Jochen Zimmer: Mit uns zieht die neue Zeit. Köln 1984, S. 301ff.
[106] Emil Birkert (Hrsg.): Von der Idee zur Tat. Heilbronn 1970, S. 147f.
[107] Ebd., S. 148ff.
[108] Robert Jungk: Und wieder wird marschiert ..., in: Süddeutsche Zeitung Nr. 185, 4. 8. 1966, S. 3.

[109] In: Freideutsche Jugend. Festschrift zur Jahrhundertfeier auf dem Hohen Meißner. Jena 1913; wieder abgedruckt bei Werner Kindt (Hrsg.): Grundschriften der Deutschen Jugendbewegung. Düsseldorf/Köln 1963, S. 98–104.

[110] Mensch und Erde, ein Denkanstoß. Bonn 1980.

[111] Schreiben der Klages-Gesellschaft e. V., unterzeichnet von der Präsidentin Anneliese Krantz-Gross, Mai 1980.

[112] (Hermann Müller): Wegweiser zum Wonneberg. Schelklingen 1978, S. 87.

[113] Martin Green: Ascona: »The Mountain of Truth«, in: This World, Nr. 5, New York 1983, S. 114.

[114] In gebundener Form erschienen von seinem Werk bisher nur: Notwendworte. Mühlhausen 1922; Tao. Das heilende Geheimnis. Wetzlar 1979. Über sein Leben informieren: Hermann Müller: Der Dichter und sein Guru. Hermann Hesse – Gusto Gräser, eine Freundschaft. Wetzlar 1978; Harald Szeemann (Hrsg.): Monte Verità. Mailand 1978; Ulrich Linse: Inflationsheilige. Berlin 1983, S. 68 ff.

[115] Vgl. Von der möglichsten Schonung alles Lebendigen. Jahresschrift 1979 der Christian-Wagner-Gesellschaft e. V. Warmbronn 1979; Christian Wagner aus Warmbronn. Eine Chronik. (Marbacher Magazin 6/1977). Marbach 1977.

[116] Christian Wagner: Neuer Glaube. Neuausgabe Kirchheim/Teck 1980, S. V.

[117] Ebd., S. 20.

[118] Ebd., S. 29.

[119] Ebd., S. 90 f.

[120] Ebd., S. 94–99.

[121] Vgl. Walter Nigg: Das ewige Reich. Geschichte einer Hoffnung. Stuttgart/Zürich 1954.

[122] Die Grünen. Sinnvoll arbeiten – solidarisch leben. Gegen Arbeitslosigkeit und Sozialabbau (Sindelfinger Beschlüsse). Bonn o. J. (1983).

[123] Aufbruch zu neuen Lebensformen. Kommune-Initiative Emmaus Ndrh. e. V. Kamp-Lintfort o. J. (1983 oder 1984).

[124] Rudolf Bahro: Pfeiler am anderen Ufer. Berlin 1984, S. 200–205.

[125] Dieter Duhm: Aufbruch zur neuen Kultur. München 1982.

[126] Martin Schmidt: Pietismus. Stuttgart 1972.

[127] Hans B. Schlumm: Romantische Geselligkeit. Zu den utopischen Entwürfen und Ansätzen alternativer Lebenspraxis des Jenaer Kreises, in: Peter Ulrich Hein (Hrsg.): Künstliche Paradiese der Jugend. (Heft 6 von ›Kunst und Therapie‹). Münster 1984.

[128] Ulrich Linse (Hrsg.): Zurück, o Mensch, zur Mutter Erde. Landkommunen in Deutschland 1890–1933. München 1983.

[129] Die Grünen. Bundesarbeitsgemeinschaft Kommune-Bewegung. Vorbereitungs-Reader zur Kommune-Bewegung, Burg Stettenfels bei Heilbronn 21.–24. Juni 1984.

[130] Abgedruckt in: Kommune. Forum für Politik und Ökonomie, 2. Jg., Nr. 9, 7. 9. 1984, S. 35–40.

[131] Gerhard Spörl: Ein Prophet ohne Jünger. Rudolf Bahro manövrierte sich selbst ins Abseits, in: Die Zeit, Nr. 51, 14. 12. 1984, S. 5.

[132] Rudolf Bahro: Hinein oder hinaus?, in: Wolfram Bickerich (Hrsg.): SPD und Grüne. Reinbek 1985, S. 64.

[133] Marie-Luise Weinberger: Aufbruch zu neuen Ufern? Grün-Alternative zwischen Anspruch und Wirklichkeit. Bonn 1984, S. 112.

[134] Thomas Ebermann/Rainer Trampert: »Den Kapitalismus überwinden«. Zwölf Thesen der Ökosozialisten, in: Wolfram Bickerich (Hrsg.): SPD und Grüne. Reinbek 1985, S. 107–109; dies.: Die Zukunft der Grünen: ein realistisches Konzept für eine radikale Partei. Hamburg 1984.

[135] Ulrich Linse: Anarchismus und Pazifismus, in: Helmut Donat/Karl Holl (Hrsg.): Die Friedensbewegung. Düsseldorf 1983, S. 20–25; Gernot Jochheim: Antimilitaristische Aktionstheorie, Soziale Revolution und Soziale Verteidigung. Frankurt 1977; Günter Bartsch: Anarchismus in Deutschland. Bd. 1 (1945–1965). Hannover 1972, S. 250.

[136] Rudolf Rocker: Krieg und Wirtschaft, in: Die freie Gesellschaft, 3. Jg., Nr. 29, März 1952, wiederabgedruckt in: Rudolf Rocker: Aufsatzsammlung. Bd. 2 (1949–1953), Frankfurt 1980, S. 56–60.

[137] Cornelia Wicht: Der ökologische Anarchismus Murray Bookchins. Frankfurt 1980; nach Wicht (S. 73) wurde Bookchin entscheidend von dem deutschen Emigranten Josef Weber, einem Mitglied der Internationalen Kommunisten Deutschlands, beeinflußt.

[138] 1974 hatte Colin Ward Peter Kropotkins ›Landwirtschaft, Industrie und Handwerk‹ in einer aktualisierten Neuausgabe präsentiert und dabei auf die ökologische Potenz des Werkes verwiesen; 1976 erschien diese Ausgabe auch auf deutsch. Zur ökologischen Relevanz anarchistischer Tradition für Deutschland vgl. Rolf Cantzen: Freiheit unter saurem Regen. Überlegungen zu einem libertär-ökologischen Gesellschaftskonzept. Berlin 1984; ders.: Der utopische Sozialismus einiger Anarchisten und Frühsozialisten als mögliche programmatische Grundlage eines Ökosozialismus, in: Jürgen Scherer/Fritz Vilmar (Hrsg.): Ein alternatives Sozialismuskonzept. Berlin 1984, S. 392ff. Bei der »grünen« Gruppe der sogenannten »Öko-Libertären« handelt es sich dagegen um Öko-Liberale (vgl. u. a. Rolf Cantzen: Libertäres zur Gründungserklärung der Ökolibertären: in: Kommune. Forum für Politik und Ökonomie, 2. Jg., Heft 7, Juli 1984, S. 29–34).

[139] Organisationsgeschichte bei Ulrich Linse: Organisierter Anarchismus im Deutschen Kaiserreich von 1871. Berlin 1969, S. 275ff.

[140] Eugene Lunn: Prophet of Community. The Romantic Socialism of Gustav Landauer. Berkeley 1973; vgl. den Begriff des »mystischen Sozialismus« Landauers bei Ulrich Linse (Hrsg.): Gustav Landauer und die Revolutionszeit 1918–1919. Berlin 1974, S. 17ff. Einen vertieften Einblick gibt Paul Mendes-Flohr: Fin-de-Siècle Orientalism, the Ostjuden and the Aesthetics of Jewish Self-Affirmation, in: Studies in Contemporary Jewry, Bd. 1. Bloomington 1984, S. 94–139.

[141] Zusammengefaßt in Gustav Landauer: Skepsis und Mystik. Berlin 1903, erweiterte Ausg. Köln 1923, Neudruck Münster/Wetzlar 1978.

[142] Die wesentlichen Aufsätze sind zusammengefaßt in Gustav Landauer: Beginnen. Aufsätze über Sozialismus. Köln 1924, Neudruck Wetzlar 1977.

[143] Gustav Landauer: Aufruf zum Sozialismus. Berlin 1911, 2. Aufl. 1919, 3. Aufl. Köln 1925, Nachdruck Frankfurt/Wien 1967 und Wetzlar 1978.

[144] Gustav Landauer: Ferdinand Huber. Ein Nachruf, in: Der Sozialist, 3. Jg., Nr. 24, 15. 12. 1911.

[145] Die wesentlichen Aufsätze sind zusammengefaßt in Gustav Landauer: Rechenschaft. Berlin 1919, 2. Aufl. Köln 1924, Nachdruck Bremen o. J.

[146] Auf das Vorbild des gewaltlosen Anarchismus von Tolstoi wies Landauer bereits hin in: Anarchistische Gedanken über Anarchismus, in: Die Zukunft,

37. Bd., 1901, S. 134–140; Landauer veröffentlichte erstmals in deutscher Sprache Tolstois ›Rede gegen den Krieg‹ in: Der Sozialist, 1. Jg., 1. 12. 1909; erneut wurde sie von ihm im 5. Jg., am 1. 1. 1913, und gleichzeitig als gesonderte Flugschrift publiziert; ferner Nachruf auf Tolstoi in: Der Sozialist, 2. Jg., 15. 12. 1910 (Tolstoi-Nummer), und ›Leo Tolstoi: Für alle Tage‹ in 3. Jg., 1. 1. 1911. Besonderes Interesse verdient der Hinweis auf die in tolstoianischer Tradition stehenden holländischen christlichen Anarchisten bei Felix Ott: Der Einfluß Tolstois auf das geistige und gesellschaftliche Leben in den Niederlanden, in: Der Sozialist, 3. Jg., 1. 1. 1911. 1913 war Landauer in Brüssel und hielt einen Vortrag über Tolstoi (Landauer: Sein Lebensgang in Briefen. Bd. 1. Frankfurt 1929, S. 450). Er stand auch in ständigem brieflichem Kontakt mit den Tolstoi-Übersetzern Ludwig und Dora Berndl; über Berndl nahm er dann Kontakt auf zu Tolstois Freund Wladimir Grigorjewitsch, um diesen über den »Sozialistischen Bund« zu informieren (Landauer: Sein Lebensgang in Briefen. Bd. 1, S. 455). Am 9. 5. 1918 veröffentlichte er in der ›Weltbühne‹: ›Zu Tolstois Tagebuch‹ (wiederabgedruckt in Landauer: Der werdende Mensch, S. 206–211). Während seiner Zeit als Dramaturg am Düsseldorfer Schauspielhaus plante er auch eine Morgenfeier über Tolstoi (Landauer: Sein Lebensgang in Briefen. Bd. 2, S. 268, 273). Und nachdem er in der Münchner Räterepublik »Volkskommissar für Volksaufklärung« geworden war, veröffentlichte er als erstes Heft in den von ihm und Lisa Frank herausgegebenen ›Schriften zur Volksaufklärung‹: ›Leo Tolstoi, Patriotismus und Regierung‹ (München 1919). Im gleichen Jahr gab übrigens der Individualanarchist Bernhard Zack Tolstois kleine Schrift ›Du sollst nicht töten!‹ heraus (Propaganda des individualistischen Anarchismus, Heft 9, Treptow b. Berlin). Über die anarchistische Rezeption Tolstois informiert Max Nettlau: Anarchisten und Syndikalisten, Teil 1. Vaduz 1984, S. 363ff. und 449ff.

[147] Erich Mühsam: Landauers ›Aufruf zum Sozialismus‹, in: Der freie Arbeiter, 26. Jg., Nr. 28, 1923.

[148] (Fritz Kater): Ein neuer Messias, in: Die Einigkeit. Organ der Freien Vereinigung deutscher Gewerkschaften, 13. Jg., Nr. 37, 11. 9. 1909, S. 1f.; Bericht über den Kongreß der anarchistischen Föderation Deutschlands in Halle a. d. S. am 14.–17. Mai 1910, Halle o. J. (unter dem Tagesordnungspunkt: Unsere Stellung zum Sozialistischen Bund).

[149] Elisabeth Fleiner: Genossenschaftliche Siedlungsversuche der Nachkriegszeit. Heidelberg 1931; Manfred Fuchs: Probleme des Wirtschaftsstils von Lebensgemeinschaften. Erörtert am Beispiel der Wirtschaftsunternehmen der deutschen Jugendbewegung. Göttingen 1957; Ulrich Linse: Die Kommune der deutschen Jugendbewegung. München 1973; Gustav Heineke: Frühe Kommunen in Deutschland. Herford 1978; Ulrich Linse (Hrsg.): Zurück, o Mensch, zur Mutter Erde. München 1983, S. 89ff.

[150] Eberhard Arnold gab auch in seinem »Gemeinschafts-Verlag« heraus: Leo Tolstoi: Religiöse Briefe. Sannerz/Leipzig (1923).

[151] Gustav Landauer: Das Liebesleben in der Natur, in: Die Gesellschaft, 14. Jg., 1898, Bd. 4, S. 400–403.

[152] Vgl. Ulrich Klan: Der Anarcho-Syndikalismus im rheinisch-bergischen Raum zwischen 1918 und 1945 als Kulturbewegung. Staatsexamensarbeit Wuppertal 1984, S. 146–161; Dieter Nelles/Ulrich Klan: Alternative Entwürfe im Rheinland – am Beispiel der anarcho-syndikalistischen Siedlung ›Freie Erde‹ bei Düsseldorf (1921), in: Heribert Baumann/Francis Bulhof/Gottfried Mergner (Hrsg.): Anarchismus in Kunst und Politik. Festschrift für Arthur Lehning. Oldenburg 1984, S. 71–82.

[153] Vgl. Helmut Donat: Charlotte Leonhard. Lebensbild einer deutschen Pazifistin. Bremen 1984, S. 14 und 25; Walter Hundt: Bei Heinrich Vogeler in Worpswede. Worpswede 1981, S. 99.

[154] Friedrich Harjes: Stadt oder Genossenschaft und Kommune?, in: Der freie Arbeiter, 13. Jg., 1920, Nr. 2, S. 2f.

[155] Zur Sozialistischen Siedlungsaktion. Allgemeine Richtlinien des Siedler-Bundes ›Freie Erde‹ der Gemeinwirtschaftsvereinigung Bremen, in: Der freie Arbeiter, 13. Jg., 1920, Nr. 32, S. 4.

[156] Erich Mühsam (siehe Anm. 147).

[157] Der Ausweg. Vor dem Anfang der freien Arbeit in der westdeutschen Siedlung, in: Der freie Arbeiter, 15. Jg. 1922, Nr. 10, S. 4.

[158] Paul Robien: Worpswede – Mönne, in: Der freie Arbeiter, 16. Jg., 1923, Nr. 7, S. 4.

[159] Paul Robien: Volk! Um dein Brot!, in: Der freie Arbeiter, 14. Jg., 1921, Nr. 52, S. 1.

[160] Meine Darstellung folgt außer kurzen Hinweisen in Bremer Zeitungen Robiens Berichten im ›Freien Arbeiter‹ (14. Jg., 1921, Nr. 2, S. 1; 14. Jg., 1921, Nr. 52, S. 1; 16. Jg., 1923, Nr. 7, S. 1) sowie dem Hinweis in den Erinnerungen von Walter Hundt: Bei Heinrich Vogeler in Worpswede. Worpswede 1981, S. 88f. Keine Erwähnung findet sich in Heinrich Vogelers ›Erinnerungen‹ (Berlin 1952).

[161] Informationen über ihn bei Max Fürst: Talisman Scheherezade. Die schwierigen zwanziger Jahre. München/Wien 1976; Harry Wilde: Theodor Plievier. Nullpunkt der Freiheit. München 1965. Goldberg besuchte vielleicht auch die Düsseldorfer Siedlung ›Freie Erde‹ (vgl. Ulrich Klan: Der Anarcho-Syndikalismus. Wuppertal 1984, S. 155).

[162] Gedruckt als Paul Robien: Siedlungs-Aktion. Wien 1921.

[163] Vgl. Leberecht Migge 1881–1935. Gartenkultur des 20. Jahrhunderts. Hrsg. vom Fachbereich Stadt- und Landschaftsplanung der Gesamthochschule Kassel. Worpswede 1981 (darin von besonderer Wichtigkeit Günther Uhligs Aufsatz: Siedlungskonzepte Migges und ihre reformpolitische Bedeutung).

[164] (Leberecht Migge): Das grüne Manifest, in: Die Tat, 10. Jg., Heft 12, März 1919, S. 912–919, gleichzeitig erschienen als Nr. 12/13 der ›Blätter zur neuen Zeit‹, Jena 1919, wiederabgedruckt in: Siedlungs-Wirtschaft. Mitteilungen der Siedler-Schule Worpswede, 4. Jg., Nr. 3, März 1926.

[165] Zu dem Thema Migge und China vgl. Walter Hundt: Bei Heinrich Vogeler in Worpswede. Worpswede 1981, S. 89, 142–145; Leberecht Migge 1881–1935. Worpswede 1981, S. 14; vor allem stütze ich mich auf einen Brief von Rose Lenzner-Migge an mich vom 5. 2. 1985.

[166] Migges Interpretation der Siedlungs-Aktion in: Kundgebung Nr. 2 der intensiven Siedlerschule Worpswede. Technische Richtlinien der deutschen Siedlungsaktion, in: Der Syndikalist. 3. Jg., 1921, Nr. 10, Beilage.

[167] Klaus Novy: Selbsthilfe als Reformbewegung. Der Kampf der Wiener Siedler nach dem 1. Weltkrieg, in: Arch +, Heft 55, 1981, S. 26–40; Klaus Novy/ Günther Uhlig: Die Wiener Siedlerbewegung 1918–1934. Fotodokumentation. Aachen 1981; ferner die Arbeiten von Novy und Uhlig in: Rainer Nitsche (Hrsg.): Häuserkämpfe 1872/1920/1945/1982. Berlin 1981; dies.: Anders leben. Geschichte und Zukunft der Genossenschaftskultur. Bonn 1985.

[168] So die sprachlich überarbeitete 2. Fassung, abgedruckt in: Der Leib. Blätter zur Erkenntnis wesentlichen Lebens aus der Vernunft des Leibes, 2. Jg., H. 3, April 1921, S. 101 f., und bei: Leberecht Migge 1881–1935, S. 15; die 1. Fassung in: Der Syndikalist, 3. Jg., 1921, Nr. 2, Beilage.

[169] Günther Uhlig (siehe Anm. 163), S. 101.
[170] Paul Robien (siehe Anm. 159).
[171] Paul Robien: Verzweiflung, in: Der freie Arbeiter, 15. Jg., 1922, Nr. 12, S. 2 f.
[172] Vgl. Daniel Guérin: Anarchismus. Frankfurt 1967, S. 94 ff.
[173] Paul Robien: Panem et Circenses, in: Der freie Arbeiter, 18. Jg., 1925, Nr. 24, S. 1 f.
[174] Paul Robien (siehe Anm. 159).
[175] Paul Robien: Vernunftarbeit, in: Der Syndikalist, 3. Jg., 1921, Nr. 48, Beilage.
[176] Paul Robien: Siedlungs-Aktion. Wien 1921, S. 8.
[177] Paul Robien (siehe Anm. 175).
[178] Paul Robien: Offenes Schreiben an den Vorstand des Allgemeinen Deutschen Gewerkschaftsbundes, in: Der freie Arbeiter, 14. Jg., 1921, Nr. 8, S. 1 f.
[179] Paul Robien (siehe Anm. 175).
[180] Ebd.
[181] Paul Robien: Die Naturfremdheit der Massen, in: Der Syndikalist, 3. Jg., 1921, Nr. 49.
[182] Paul Robien: Arbeitsfreude. Wien 1921, S. 7.
[183] Paul Robien (siehe Anm. 159).
[184] Günther Uhlig (siehe Anm. 163), S. 99 f.
[185] Paul Robien (siehe Anm. 175).
[186] Ulrich Linse: Barfüßige Propheten. Erlöser der zwanziger Jahre. Berlin 1983, S. 129 ff.
[187] Wolfgang R. Krabbe: Gesellschaftsveränderung durch Lebensreform. Göttingen 1974, S. 152 ff.; Ulrich Linse: Alternativbewegungen und Anarchismus, in: Heribert Baumann/Francis Bulhof/Gottfried Mergner (Hrsg.): Anarchismus in Kunst und Politik. Oldenburg 1984, S. 58–70.
[188] Ulrich Linse: Barfüßige Propheten. Berlin 1983; Gerhard Botz: Der Arbeiter-Schriftsteller Carl Dopf (1883–1968) und die anarchistische Subkultur, in: Gerhard Botz/Gerfried Brandstetter/Michael Pollak: Im Schatten der Arbeiterbewegung. Wien 1977, S. 99–118; ferner sind zahlreiche Artikel von Ludwig Joist, dem Nachfolger von Ludwig Christian Haeusser, in der ›Schöpfung‹ abgedruckt (Hinweis bei Ulrich Klan: Der Anarcho-Syndikalismus. Wuppertal 1984).
[189] Fritz Kater: Siedlungen, in: Der Syndikalist, 3. Jg., 1921, Nr. 31, Beilage.
[190] Der Syndikalist, 4. Jg., 1922, Nr. 9.
[191] Der Syndikalist, 9. Jg., Nr. 17, 23. 4. 1927.
[192] Paul Robien (siehe Anm. 159).
[193] Ebd. Die Eigenbrötelei der Siedler zeigte sich u. a. darin, daß nicht nur ihr erstrebter Anschluß an die »Siedlungs-Aktion« aufgrund ihrer unterschiedlichen politischen Ausrichtung, sondern auch ihr wirtschaftlicher Zusammenschluß in einem Revisionsverband scheiterte (vgl. Ulrich Linse, Hrsg.: Zurück, o Mensch, zur Mutter Erde. München 1983, S. 216 ff.).
[194] Paul Robien (siehe Anm. 159).

Kapitel 5

[195] Paul Robien (siehe Anm. 158).
[196] Kundgebung Nr. 2 der intensiven Siedlerschule Worpswede (siehe Anm. 166).
[197] Paul Robien: Siedlungs-Aktion. Wien 1921, S. 10.
[198] Paul Robien (siehe Anm. 176), S. 12 f.
[199] Paul Robien: Vogelfrei, in: Der freie Arbeiter, 14. Jg., 1921, Nr. 38, S. 1.

[200] Rolf Recknagel: B. Traven. Leipzig 1982; Will Wyatt: The Man Who Was B. Traven. London 1980; Karl S. Guthke: »Das Geheimnis um B. Traven entdeckt« und rätselhafter denn je. Frankfurt 1983.

[201] Paul Robien: Arbeitstollheit, in: Die Schöpfung, 1. Jg., Nr. 104, 15. 11. 1921, S. 1 f.

[202] Paul Robien: La Paloma, in: Der freie Arbeiter, 14. Jg., 1921, Nr. 39, S. 2 f.

[203] Ebd.; Robien wiederholt die Erzählung in: Der freie Arbeiter, 15. Jg., 1922, Nr. 35, S. 2; ferner die Meuterergeschichte in: Der freie Arbeiter, 17. Jg., 1924, Nr. 31, S. 2 f.

[204] Vgl. das Vorwort von Ulrich Linse, ›Der Mensch in der Revolte. Der frühe Plivier und seine Flugschriften‹ zu: Theodor Plivier: Ich bin der Weg. Revolutionäre Flugschriften 1922–1925, Schlitz/Hessen 1983; dort weitere Literatur.

[205] Robien scheint 1914 als Matrose nach Kiel einberufen worden zu sein (vgl. Paul Robien: Allerlei Rüstungen, in: Der Syndikalist, 4. Jg., 1922, Nr. 4, Beilage); dann aber habe er, »verkappt« als Schiffsheizer, ab 1916 fünf Fahrten ins neutrale Ausland unternommen (Paul Robien: Völkerpsychologische Erkenntnis, in: Der freie Arbeiter, 15. Jg., 1922, Nr. 50, S. 1 f.; ders., Der Zukunftskrieg, ebd., 17. Jg., 1924, Nr. 37, S. 2 f.) und dabei, um Menschenleben zu retten, »andauernd Hochverrat geübt« durch Informationsmitteilung an Diplomaten der Entente (Paul Robien: Diplomaten, in: Der freie Arbeiter, 14. Jg., 1921, Nr. 28, S. 1).

[206] Paul Robien: Revolutionäre Lauterkeit, in: Der freie Arbeiter, 13. Jg., 1920, Nr. 44, S. 1 f.; ders.: Der erste Schuß, ebd., 14. Jg., 1921, Nr. 26, S. 1 f.

[207] Paul Robien (jun.): Ein Leben für den Naturschutz. Paul Robien und seine Naturwarte Mönne, in: Die Pommersche Zeitung, Jg. 12, Folge 35, 1. 9. 1962, S. 7.

[208] Paul Robien (siehe Anm. 199). In diesem Zusammenhang erschien auch seine Schrift: Die Vogelwelt des Bezirks Stettin, Stettin 1920, mit Nachträgen 1920/21 und 1923; 1928 die ›Vogelwelt Pommerns‹ mit Nachträgen 1931 und 1935.

[209] Paul Robien: Alte und neue Forschungsmethoden, in: Der freie Arbeiter, 15. Jg., 1922, Nr. 31, S. 1 f.

[210] Erwin Stresemann: Die Entwicklung der Ornithologie. Berlin 1951; Alfred Barthelmeß: Vögel – Lebendige Umwelt. Probleme von Vogelschutz und Humanökologie geschichtlich dargestellt und dokumentiert. Freiburg/München 1981.

[211] Helmut Donat (Hrsg.): »Auf der Flucht« erschossen ... Schriften und Beiträge von und über Hans Paasche. Bremen 1981.

[212] Paul Robien: Hans Paasche, in: Der freie Arbeiter, 14. Jg., 1921, Nr. 47, S. 2 f.

[213] Paul Robien: Direkte Aktion, in: Der freie Arbeiter, 15. Jg., 1922, Nr. 35, S. 2.

[214] Paul Robien: Allerlei Rüstungen, in: Der Syndikalist, 4. Jg., 1922, Nr. 4, Beilage.

[215] Paul Robien: Waffen, in: Der freie Arbeiter, 13. Jg., 1920, Nr. 32, S. 1 f.

[216] Gernot Jochheim: Antimilitaristische Aktionstheorie, Soziale Revolution und Soziale Verteidigung. Zur Entwicklung der Gewaltfreiheitstheorie in der europäischen antimilitaristischen und sozialistischen Bewegung 1890–1940, unter besonderer Berücksichtigung der Niederlande. Frankfurt 1977, S. 231 ff.

[217] Paul Robien: Antimilitarismus, in: Der freie Arbeiter, 15. Jg., 1922, Nr. 4, S. 1 f.

[218] Paul Robien: Vom Raubbau, vom Naturschutz und vom Proletariat, in: Der freie Arbeiter, 17. Jg., 1924, Nr. 29, S. 2 f.

[219] Paul Robien: Naturschutz, in: Der freie Arbeiter, 14. Jg., 1921, Nr. 10, S. 2f.
[220] Walther Schoenichen: Naturschutz, Heimatschutz. Stuttgart 1954, S. 264.
[221] Paul Robien: Der Brutvogelbestand im Mönne-Gebiet im Wandel von 20 Jahren, in: Beiträge zur Fortpflanzungsbiologie der Vögel, Jg. 18, Nr. 4, Juli 1942, S. 134.
[222] Paul Robien: Domestikation, in: Die Schöpfung, 1. Jg., Nr. 70, 5. 10. 1921 und Nr. 71, 6. 10. 1921.
[223] Paul Robien: Menschen, in: Der freie Arbeiter, 14. Jg., 1921, Nr. 23, S. 1f.
[224] Paul Robien: Offener Brief an Lenin, in: Der freie Arbeiter, 14. Jg., 1921, Nr. 35, S. 1f. (Robien sandte Lenin seine Schrift ›Arbeitsfreude‹, damit auch in Rußland »Naturschutz-Siedlungen« geschaffen werden); Paul Robien: Die Hungersnot in Rußland, ebd., Nr. 36, S. 1, und in: Die Schöpfung, 1. Jg., Nr. 55, 17. 9. 1921 (die Hungersnot sei die »Niederlage naturfremder Politiker«). Vgl. M. Goldmann: Umweltzerstörung und Umweltvergiftung in der Sowjetunion, in: M. Glagow (Hrsg.): Umweltgefährdung und Gesellschaftssystem. München 1972; Karl Schlöge: Ökologiediskussion in der Sowjetunion. Berichte des Bundesinstituts für ostwissenschaftliche und internationale Studien (BIOST), Heft 49, 1984, mit weiteren Literaturangaben; Ulrich Weißenburger: Umweltprobleme und Umweltschutz in der Sowjetunion, 2 Teile, BIOST 52 und 53, 1984. Wichtig in diesem Zusammenhang auch Wolf Oschlies: Böhmens Fluren und Haine sterben. Zur Umweltkatastrophe in der Tschechoslowakei. Anhang: Ökologischer Geheimbericht der Prager Akademie der Wissenschaften, BIOST 29, 1984.
[225] Paul Robien: Der fünfte Feind, in: Der freie Arbeiter, 13. Jg., 1920, Nr. 48, S. 2.
[226] Paul Robien: Arsenale des Irrsinns, in: Der freie Arbeiter, 14. Jg., 1921, Nr. 6, S. 2f.
[227] Paul Robien: Naturschutz, in: Der freie Arbeiter, 14. Jg., 1921, Nr. 10, S. 2f.
[228] Paul Robien: Ein Appell an die Wissenschaft, in: Der freie Arbeiter, 13. Jg., 1920, Nr. 37, S. 2f.
[229] Paul Robien: Verzweiflung, in: Der freie Arbeiter, 15. Jg., 1922, Nr. 12, S. 2f.
[230] Paul Robien: Die Agrarrevolution, in: Der freie Arbeiter, 18. Jg., 1925, Nr. 24, S. 1f.
[231] Paul Robien: Geleitworte zum Kongreß der Naturevolutionäre, in: Der freie Arbeiter, 14. Jg., 1921, Nr. 46, S. 1f. Als umfassendes Programm: Richtlinien. Internationaler Bund ›Naturwarte‹, in: Der freie Arbeiter, 14. Jg., 1921, Nr. 50, S. 3.
[232] Paul Robien: Zum Kongreß des Internationalen Bundes ›Naturwarte‹, in: Der freie Arbeiter, 14. Jg., 1921, Nr. 49, S. 2.; ferner Paul Robien: Internationaler Bund ›Naturwarte‹, ebd., Nr. 11, S. 4.
[233] Paul Robien (siehe Anm. 231).
[234] Berichte darüber: Paul Robien: Vom Naturschutz-Kongreß des Internationalen Bundes ›Naturwarte‹, in: Der freie Arbeiter, 14. Jg., 1921, Nr. 2, S. 2–4; Erich Lüth: Tagung der Naturrevolutionäre, in: Junge Menschen, 3. Jg., Nr. 1, Anfang Januar 1922, dieser Bericht führte zum Bruch Robiens mit Walter Hammers ›Jungen Menschen‹ (Paul Robien: Die Tragödie der deutschen Jugend, in: Der freie Arbeiter, 15. Jg., 1922, Nr. 18, S. 2f.); ein weiterer Artikel über die Tagung erschien in der von Henry Le Fèvre herausgegebenen Zeitschrift ›Le Néo-Naturien‹ (Mai-Juni-Heft 1922).
[235] Paul Robien (siehe Anm. 158).
[236] Paul Robien: Vom Naturschutz-Kongreß des Internationalen Bundes ›Natur-

warte‹, in: Der freie Arbeiter, 14. Jg., 1921, Nr. 2, S. 2–4. Zu Peter »Hingabe« vgl. Ulrich Linse: Barfüßige Propheten. Berlin 1983, S. 21.

[237] Richtlinien. Internationaler Bund ›Naturwarte‹, in: Der freie Arbeiter, 14. Jg., 1921, Nr. 50, S. 3.

[238] Paul Robien: Leibesfragen, in: Der freie Arbeiter, 16. Jg., 1923, Nr. 5, S. 3.

[239] Erich Lüth: Tagung der Naturrevolutionäre, in: Junge Menschen, 3. Jg., Nr. 1, Januar 1922.

[240] Naturschutz als Programmpunkt, in: Der freie Arbeiter, 15. Jg., 1922, S. 10; »natursozialistisch«: ebd., Nr. 25, S. 4. Der hier dargestellten Geschichte der Siedlungsunternehmung des »Volksland-Bundes« liegen zugrunde die Berichte in: Der freie Arbeiter, 15. Jg., 1922, Nr. 8 (recte 9), S. 4; ebd., Nr. 13, S. 4; ebd., Nr. 17, S. 4; ebd., Nr. 25, S. 4; Junge Menschen, 3. Jg., H. 7/8, April 1922, S. 120.

[241] Cordelia: Die naturrevolutionäre Bewegung in Frankreich, in: Der freie Arbeiter, 15. Jg., 1922, Nr. 32, S. 4.

[242] Kuntz-Robinson: Naturrevolutionäre Bewegung in Frankreich, ebd., Nr. 34, S. 4.

[243] Paul Robien: Ein Halbjahr Naturwarte, in: Der freie Arbeiter, 15. Jg., 1922, Nr. 48, S. 2.

[244] Cordelia: Grundsätzliches über den radikalen Naturschutz und die Robienschen Naturwarten, in: Der freie Arbeiter, 16. Jg., 1923, Nr. 8, S. 2f., und Nr. 9, S. 3 (hier das Zitat).

[245] Robien berichtete über die Mönne-Naturwarte in: Der freie Arbeiter, 15. Jg., 1922, Nr. 20, S. 2; ebd., Nr. 48, S. 2; ebd., Nr. 29, S. 2f.; ebd., 16. Jg., 1923, Nr. 7, S. 4; ebd., 17. Jg., 1924, Nr. 43, S. 3f.; Die Vogelwelt des Bezirks Stettin, 2. Teil. Stettin 1923 (darin ›Vorwort und Denkschrift über die Naturwarte Mönne‹, S. 1–8); Zweck und Ziel der Naturwarte Mönne, in: Pommersche Heimatpflege, 1. Jg., 1930, S. 153ff. – Eine Karte der Mönne-Brutgebietes, gezeichnet nach Angaben von Paul Robien jun., enthält Heinz Gelinski: Stettin. Eine deutsche Großstadt in den dreißiger Jahren. Leer 1984, S. 200–201; eine Übersichtskarte des Naturschutzgebietes an der Mönne mit Eintragungen von Paul Robien sen. in: 3. Beilage zu Nr. 23 des Stettiner General-Anzeigers vom 23. 1. 1936.

[246] Arthur Bretag: Unserem Käppen zu Ehre. So entstand die Vogelwarte Mönne, in: Stettiner Nachrichten, Nr. 9, September 1962; er schreibt: »Zum 10jährigen Bestehen der Naturwarte (also 1932) kam der Stettiner Oberbürgermeister (Ackermann) selbst zur Mönne, um ... Paul Robien zu gratulieren und ihm im Namen der Stadt das Stationshaus mitsamt dem 12 Morgen großen Garten und Park zu schenken. Aber nun kam die ganze Größe von Robien zum Vorschein. Er lehnte dankend die Schenkung ab. Die Naturwarte sollte für spätere Geschlechter erhalten bleiben.«

[247] Paul Robien: Wirtschaftliches von der Naturwarte Mönne, in: Der freie Arbeiter, 17. Jg., 1924, Nr. 43, S. 3f.

[248] Paul Robien: Worpswede – Mönne, in: Der freie Arbeiter, 16. Jg., 1923, Nr. 7, S. 4.

[249] Paul Ruthke (jun.): Die Brutvögel des Mönnegebietes im pommerschen Oderdelta. (Ornithologische Abhandlungen, Heft 11). 1951, S. 3.

[250] Paul Robien: Sozialphysik, in: Der freie Arbeiter, 18. Jg., 1925, Nr. 44, S. 2f. Vgl. Peter Cornelius Mayer-Tasch: Aus dem Wörterbuch der Politischen Ökologie. München 1985 (Artikel ›Konsum‹).

[251] Paul Robien: Die Naturkatastrophen und die Kulturmenschen, in: Der freie Arbeiter, 15. Jg., 1922, Nr. 32, S. 2; Paul Robien: Der rasende Motor, ebd.,

17. Jg., 1924, Nr. 47, S. 3; Antwort darauf: -e: Los von der Kulturbarbarei, ebd., 18. Jg., 1925, Nr. 1, S. 1 f.; dazu wiederum Paul Robien: Die Kulturfeindschaft, ebd., Nr. 6, S. 2 f.

[252] Pedro Gonzales: Die naturrebellische Erlösung, in: Der freie Arbeiter, 18. Jg., 1925, Nr. 48, S. 1 f.

[253] Cordelia: Die naturrevolutionäre Idee und ihre Gegner, in: Der freie Arbeiter, 18. Jg., 1925, Nr. 51, S. 3 f.

[254] Paul Robien: Arbeitsteilung oder Über die ›Freiheit‹ der Staatssklaven, in: Der freie Arbeiter, 16. Jg., 1923, Nr. 46, S. 2 f.

[255] Paul Robien: Antisemiten, in: Der freie Arbeiter, 15. Jg., 1922, Nr. 34, S. 2 f.

[256] Paul Robien: Der jüdische Nimbus, in: Der freie Arbeiter, 18. Jg., 1925, Nr. 35, S. 2 f.

[257] Pressekommission des Freien Arbeiters, Der jüdische Nimbus, in: Der freie Arbeiter, 18. Jg., 1925, Nr. 39, S. 4. Die Pressekommission verwies dabei insbesondere auf Michael Bakunin: Gesammelte Werke. Bd. 3. Berlin 1921, S. 208 f. Gegen Robien äußerten sich: P.A.: Der jüdische Nimbus, in: Der freie Arbeiter, 18. Jg., 1925, Nr. 37, S. 2 f.; Berthold Cahn: Rassengläubige Befangenheit, ebd., Nr. 38, S. 2–4; Pedro Gonzales: Der naturrebellischen Erlösung zweite Stufe, ebd., 19. Jg., 1926, Nr. 2, S. 3 f.; Rasse und Religionsfragen, ebd., Nr. 3, S. 2–4; für Robien sprach sich lediglich aus: Pt.: Der jüdische Nimbus, ebd., 18. Jg., 1925, Nr. 40, S. 2 f.

[258] Rudolf Rocker: Der Nimbus des Blödsinns, in: Der Syndikalist, 7. Jg., 1925, Nr. 46.

[259] Rocker in seinen (nur teilweise veröffentlichten) Erinnerungen, zit. nach Peter Wienand: Der ›geborene‹ Rebell. Rudolf Rocker. Leben und Werk. Berlin 1981, S. 345.

[260] Pedro Gonzales: Der naturrebellischen Erlösung zweite Stufe, in: Der freie Arbeiter, 19. Jg., 1926, Nr. 2, S. 3 f. Der Kampf »gegen Engerlinge und Drahtwürmer« spielt auf Robiens ›Wirtschaftliches von der Naturwarte Mönne‹ an, in dem er geschrieben hatte: »Das erste Jahr brachte nur Enttäuschungen ..., furchtbar war unsere Existenzfrage ..., ein Kampf mit Engerlingen, Drahtwürmern, Bachmückenlarven, Raupen und Käfern ..., Mäusen und Ratten und Krähen ..., bedroht von Iltissen, Hermelinen und kleinen Wieseln ..., eine ruhige Nacht kennen wir nicht ...« (Der freie Arbeiter, 17. Jg., 1924, Nr. 43, S. 3 f.).

[261] Hinweise auf den Inhalt der beiden Artikel bei Robien: Mit dem Luftschiff zum Mond, in: Der Syndikalist, 4. Jg., 1922, Nr. 9, Beilage.

[262] Der freie Arbeiter, 15. Jg., 1922, Nr. 21, S. 4.

[263] Paul Robien: Ein Jubiläum der Liebe, in: Der freie Arbeiter, 14. Jg., 1921, Nr. 29, S. 2 f.

[264] Paul Robien: Der Zukunftskrieg, in: Der freie Arbeiter, 17. Jg., 1924, Nr. 37, S. 2 f.

[265] Paul Robien: Progresso, in: Der freie Arbeiter, 18. Jg., 1925, Nr. 2, S. 3 f.

[266] Paul Robien: Sozialphysik, in: Der freie Arbeiter, 18. Jg., 1925, Nr. 44, S. 2 f.

[267] Cordelia: Grundsätzliches über den radikalen Naturschutz und die Robienschen Naturwarten, in: Der freie Arbeiter, 16. Jg., 1923, Nr. 8, S. 2.

[268] Hermann Hinz: Erinnerung an Paul Robien, in: Die Pommersche Zeitung, 1. Juli 1972.

[269] Hans Klose (Kommissar für Naturdenkmalpflege in der Provinz Brandenburg): Naturschutz und Forschungsstation, in: Naturschutz, 9. Jg., Nr. 1, Oktober 1927, S. 14 f.; Walther Schoenichen: Aus der Entwicklung der Naturdenkmalpflege, in: Der deutsche Heimatschutz. München 1930, S. 224.

[270] Paul Robien: Die Ölpest, in: Der freie Arbeiter, 22. Jg., Nr. 3, 19. 1. 1929, S. 4; Vergiftung der Wälder, ebd., Nr. 5, 2. 2. 1929, S. 4; Weltuntergang, ebd., Nr. 19, 11. 5. 1929, S. 2f., bei diesem Beitrag handelt es sich um eine Besprechung von Lovis Stevenhagens ›Atomfeuer. Der Roman eines Weltuntergangs‹ (Leipzig 1927).

Kapitel 6

[271] Gandhi in Deutschland, in Europa (Revolution mit Webstuhl und Spaten! Flugschriften der Gandhi-Bewegung in Deutschland. Hrsg. von der Wende-Punkt-Gemeind-schafft, Nr. 3), Hamburg 1930.
[272] Gandhi et Romain Rolland. Correspondence. Extraits du Journal et textes divers. Paris 1968, S. 70.
[273] (Werner Zimmermann): Mahatma Gandhi. Lauf/Nürnberg/Bern 1931. Vgl. auch: Gandhi-Briefe, sachlich getreue Nachrichten von Indiens Befreiungskampf. Verfasser: Führer und Freunde der Gandhi-Bewegung. Hrsg. und übersetzt von Werner Zimmermann. Lauf/Pegnitz 1932–1934 (25 maschinenschriftliche Briefe).
[274] Gandhi in seiner Lausanner Rede vom 8. 12. 1931, in: Mahatma Gandhi: Collected Works. Bd. 48. New Delhi 1971, S. 401.
[275] Diese Szene bei Werner Einecke: Quer durch das Jahrhundert. Hamburg 1984, S. 58f.
[276] Werner Einecke: Wahrheitsmenschen. Unveröffentlichtes Manuskript 1962, S. 60.
[277] Interview des Verfassers mit Willy Ackermann im Juni 1980. Es handelte sich hier um den vom gesamten Haeusser-Kreis benützten Wahlspruch.
[278] Werner Einecke: Quer durch das Jahrhundert. Hamburg 1984, S. 66f.
[279] Werner Einecke (siehe Anm. 276), S. 61 und 151.
[280] Ebd., S. 150f.
[281] Soweit nichts anderes angegeben, stützt sich die Lebensbeschreibung auf das Interview des Verfassers mit Ackermann im Juni 1980 und den Bericht von Ulrich Weyland: Vor 50 Jahren ausgestiegen, in: Stern, Nr. 46, November 1979, S. 118–132, nebst einer handschriftlichen Kritik dieses Artikels durch Werner Einecke.
[282] Unveröffentlichter Lebenslauf von Clara Stark-Bantlin, 1924/1925.
[283] Dank Carl Dopfs unveröffentlichten Erinnerungen (Aufstieg aus der Tiefe. Der Lebensweg eines unbedeutenden Journalisten, 1960; Wege und Irrwege, 1943/44) haben wir einen guten Überblick über die damaligen anarchistischen Gruppen in Hamburg nach der Novemberrevolution: Da waren die »Freien Sozialisten« um Carl Langers Blatt ›Alarm‹, die Gruppe »Individualistische Anarchisten« unter Führung des Schuhmachers Karl Otten, die »Kommunistischen Anarchisten« unter Leitung des Schneiders Franz Klinger, eine Gruppe der Freiwirtschaftler (Anhänger von Silvio Gesell), dann eine anarcho-syndikalistische Gewerkschaft unter Fritz Heider und ein Ableger der unionistischen Gewerkschaft »Allgemeine Arbeiter-Union«. Dazu kamen die individual-anarchistischen Lesezirkel um die von Dopf selbst herausgegebenen Blätter wie ›Die Stimme‹, ›Der Krakehler‹, ›Das Signal‹, ›Der Freiheitskünder‹, ›Nützliche Blätter‹ und ›Die freie Tribüne‹.
[284] Werner Einecke (siehe Anm. 276), S. 92.
[285] Haeusser, Nr. 158, 24. 2. 1924.
[286] Lebenslauf von Clara Stark-Bantlin.

287 Werner Einecke (siehe Anm. 276), S. 103.
288 Ebd., S. 61 f.
289 Ulrich Linse: Barfüßige Propheten. Berlin 1983, S. 212.
290 Flugschrift ›Gandhi in Deutschland, in Europa‹ (siehe Anm. 271).
291 Werner Einecke (siehe Anm. 276), S. 150.
292 Heil Moskau! Heil Hitler! in der Flugschrift ›Revolution mit Webstuhl und Spaten‹, Nr. 4, 1930.
293 Artam. Siedler – Siedlungen – Bauernhöfe. Versuch einer Dokumentation über die Siedlungsarbeit der Artamanen in den Jahren 1926–1945. Hrsg. vom Freundeskreis der Artamanen. Witzenhausen 1982; Michael H. Kater: Die Artamanen. Völkische Jugend in der Weimarer Republik, in: Historische Zeitschrift 213, 1971, S. 577–638; Alwiß Rosenberg: Bäuerliche Siedlungsarbeit des Bundes Artam, in: Jahrbuch des Archivs der deutschen Jugendbewegung 9, 1977, S. 199–229.
294 Werner Einecke 1983 in einem Brief an den Verfasser.
295 Zit. nach Ulrich Weyland: Vor 50 Jahren ausgestiegen, in: Stern, Nr. 46, November 1979, S. 127 f. Es ist dort nicht angegeben, aus welcher Flugschrift das Zitat stammt.
296 Was uns durch die Lande treibt, Ausgabe von: Menschen auf der Landstraße (1931).
297 Revolution mit Webstuhl und Spaten, Nr. 3 (1930).
298 Wir sind keine Weltenwanderer! Ausgabe von: Menschen auf der Landstraße (1931).
299 Revolution mit Webstuhl und Spaten, Nr. 4 (1930).
300 Heiligenhafener Post vom 13. 6. 1931, zit. in: Wir sind keine Weltenwanderer.
301 Revolution mit Webstuhl und Spaten, Nr. 4 (1930).
302 Was uns durch die Lande treibt, Ausgabe von: Menschen auf der Landstraße (1931).
303 So faßt die Niedersächsisch-Altmärkische Rundschau von 1. 7. 1931 die Lehre zusammen, zit. in: Wir sind keine Weltenwanderer.
304 Zit. nach Ulrich Weyland (siehe Anm. 295), S. 130; es scheint sich um ein Zitat aus einem Flugblatt zu handeln.
305 Heinrich Lersch: Drei aus der 100000-Armee, zit. bei Klaus Trappmann (Hrsg.): Landstraße, Kunden, Vagabunden. Berlin 1980, S. 93.
306 Vgl. Klaus Trappmann (siehe Anm. 305) sowie ders. (Hrsg.): Wohnsitz Nirgendwo. Berlin 1982.
307 Werner Einecke 1980 in einem Brief an den Verfasser.
308 Werner Einecke (siehe Anm. 278), S. 67.
309 Werner Einecke (siehe Anm. 278), S. 62.
310 Vgl. Georg Bollenbeck: Armer Lump und Kunde Kraftmeier. Der Vagabund in der Literatur der zwanziger Jahre. Heidelberg 1978.
311 Heinrich Lersch (siehe Anm. 305).
312 Werner Einecke (siehe Anm. 278), S. 69 f.
313 Ebd., S. 63: »Der Kommunismus ist große Scheiße«, rief Ackermann, »da werden die Menschen noch mehr ausgebeutet als bei uns. Von Freiheit keine Spur.« Diese Meinung war in anarchistischen Arbeiterkreisen seit Anfang der zwanziger Jahre gang und gäbe.
314 Herbert Fischer schlüpfte vermutlich als Lehrer in einer Waldorfschule unter und starb angeblich bald darauf (Nachforschungen in der Stuttgarter Waldorfschule blieben ergebnislos); Bernhard Eiben fand noch Jahrzehnte später als bekannter »Heidesänger« ein Auskommen.
315 Werner Einecke (siehe Anm. 278), S. 73.

[316] Brief von Frieda Ackermann, in: Informations-Dienst zur Verbreitung unterbliebener Nachrichten, Nr. 335/336, 30. 5. 1980, S. 43.

Kapitel 7

[317] Diese von Herbert Gruhl zum Selbstverständnis seiner »Grünen Aktion Zukunft« gelieferte Formel wurde von Rudolf Bahro übernommen: Rudolf Bahro: Elemente einer neuen Politik. Berlin 1980, S. 103, und ziert inzwischen als Untertitel auch Charlene Spretnaks Buch ›Die Grünen‹ (München 1985).

[318] Günter Bartsch 1984 in einem Brief an den Verfasser. Die fragwürdige Dritte-Reich-Spekulation, die eher in eine Heilsgeschichte als eine empirische Darstellung gehört, findet sich etwa auch bei Karl-Werner Brand/Detlef Büsser/Dieter Rucht: Aufbruch in eine andere Gesellschaft. Neue soziale Bewegungen in der Bundesrepublik. Frankfurt/New York 1984, S. 271.

[319] Richard Hamann/Jost Hermand: Stilkunst um 1900. Berlin 1959; Fritz Stern: The Politics of Cultural Despair: a Study in the Rise of the German Ideology. Berkeley/Los Angeles 1961; George L. Mosse: The Crisis of German Ideology. Origins of the Third Reich. New York 1964 (vgl. Vorwort zur deutschen Ausgabe unter dem Titel ›Ein Volk – ein Reich – ein Führer‹, Königstein 1979); Hans Schwerte: Deutsche Literatur im Wilhelminischen Zeitalter (1964), wiederabgedruckt in Viktor Žmegač (Hrsg.): Deutsche Literatur der Jahrhundertwende. Königstein 1981, S. 2–17; Klaus Bergmann: Agrarromantik und Großstadtfeindschaft. Meisenheim am Glan 1970; Janos Frecot/Johann Friedrich Geist/Diethart Kerbs: Fidus 1868–1948: Zur ästhetischen Praxis bürgerlicher Fluchtbewegungen. München 1972.

[320] So etwa V. Ronge: Staats- und Politikkonzepte in der sozio-ökologischen Diskussion, in: Martin Jänicke: Umweltpolitik. Opladen 1978, S. 213–248; Jürgen Habermas: Die Moderne – ein unvollendetes Projekt, in: Die Zeit, Nr. 39, 19. 9. 1980; Karl Dietrich Bracher: Zeit der Ideologien. Stuttgart 1982, S. 326ff.; Arno Klönne: Zur Erinnerung an eine »deutsche Bewegung«, in: Wolfgang Abendroth u. a.: Nicht links – nicht rechts? Über Politik und Utopie der Grünen. Hamburg 1983, S. 7–16; Wolf Schäfer (Hrsg.): Neue Soziale Bewegungen: Konservativer Aufbruch in buntem Gewand? Frankfurt 1983, S. 7 und 21.

[321] »Grüne Blätter am braunen Stamm«: Studie der Europäischen Arbeiterpartei, Die grüne Gefahr für unsere Republik. Wiesbaden 1983, S. 43ff.; vgl. auch Wolfgang Pohrt: Endstation. Berlin 1982; ders.: Kreisverkehr, Wendepunkt. Berlin 1984 (darin »Das braune Grüne der Alternativen«, S. 129ff.)

[322] Eine erstmalige Zusammenschau bei Marie-Luise Weinberger: Aufbruch zu neuen Ufern? Grün-Alternative zwischen Anspruch und Wirklichkeit. Bonn 1984, S. 36–39; Christopher Conti: Abschied vom Bürgertum. Alternative Bewegungen in Deutschland von 1890 bis heute. Reinbek 1983.

[323] Karl-Werner Brand/Detlef Büsser/Dieter Rucht: Aufbruch in eine andere Gesellschaft. Frankfurt 1984, S. 13–16 und 243.

[324] So jetzt Karl-Werner Brand (Hrsg.): Neue soziale Bewegungen in Westeuropa und den USA. Frankfurt 1985, S. 312.

[325] Martin J. Wiener: English Culture and the Decline of the Industrial Spirit, 1850–1980. Cambridge 1981.

[326] Wolfgang Kemp: John Ruskin, München 1983; Hans-Christian Kirsch: William Morris – ein Mann gegen die Zeit. Köln 1983; Julius Posener: Vorlesungen zur Geschichte der Neuen Architektur III, in: Arch +, H. 59, Oktober 1981.

[327] Jost Hermand: Ganze Tage unter Bäumen. Ökologisches Bewußtsein in den Utopien des ausgehenden 19. Jahrhunderts, in: ders.: Orte. Irgendwo. Formen utopischen Denkens. Königstein 1981, S. 21–44.

[328] Vgl. Morton und Lucia White: The Intellectual Versus the City. Cambridge/Mass. 1962. Zum Stand der heutigen »grünen« Bewegung in den USA vgl. Charlene Spretnak: Die Grünen. München 1985. S. 227–293, und Karl-Werner Brand (siehe Anm. 324)

[329] Rolf Peter Sieferle: Heimatschutz und das Ende der romantischen Utopie, in: Arch +, Nr. 81, August 1985, S. 38–42.

[330] Vgl. Kurt Oeser: Reaktionäre Tendenzen bei Bürgerinitiativen und Umweltschutzverbänden, in: Volker Hauff (Hrsg.): Bürgerinitiativen in der Gesellschaft. Villingen 1977, S. 435 ff.; ders.: Politische Strömungen in der »Ökologie-Bewegung«, in: Rudolf Brun (Hrsg.): Der grüne Protest. Frankfurt 1978, S. 92 ff.; Richard Stöss: Konservative Aspekte der Ökologie- bzw. Alternativbewegung, in: Ästhetik und Kommunikation, Jg. 10, 1979, Nr. 36; Jan Peters: Nationaler »Sozialismus« von rechts. Berlin 1980; ders.: Rechtsextremisten als Umweltschützer. Berlin o. J.; Richard Stöss (Hrsg.): Das Parteien-Handbuch. Opladen 1983 (insbesondere Bd. 2, S. 1556–1560); Peter Dudek: Nationalromantischer Populismus als Zivilisationskritik, in: Wolf Schäfer (Hrsg.): Neue Soziale Bewegungen. Frankfurt 1983, S. 27 ff.; ders.: Konservativismus, Rechtsextremismus und die »Philosophie der Grünen«, in: Thomas Kluge (Hrsg.): Grüne Politik. Frankfurt 1984, S. 90 ff.

[331] Hans-Joachim Veen: Wer wählt grün?, in: Aus Politik und Zeitgeschichte. Beilage zur Wochenzeitung Das Parlament, 1. September 1984, S. 6; Gerd Langguth: Der grüne Faktor. Zürich 1984, S. 50.

[332] Hans-Joachim Veen, ebd., S. 13 f.; Gerd Langguth, ebd., S. 42–44; Anna Hallensleben: Von der Grünen Liste zur Grünen Partei? Göttingen/Zürich 1984, S. 115, 263–265.

[333] Marie-Luise Weinberger (siehe Anm. 322), S. 132.

[334] Anna Hallensleben (siehe Anm. 332), S. 258.

[335] Otthein Rammstedt: Soziale Bewegung. Frankfurt 1978, S. 167–169.

[336] Wolfgang Kraushaar (Hrsg.): Was sollen die Grünen im Parlament? Frankfurt 1983, S. 12.

[337] Ulrich Linse: Die Entschiedene Jugend 1919–1921. Frankfurt 1981.

[338] Alexander Kessler: Der Jungdeutsche Orden in den Jahren der Entscheidung. München 1974; ders.: Der Jungdeutsche Orden auf dem Wege zur Deutschen Staatspartei (1928–1930), 2. Aufl. München 1981.

[339] Ulrich Linse: Barfüßige Propheten. Berlin 1983.

[340] Otthein Rammstedt (siehe Anm. 335), S. 7.

[341] Karl-Werner Brand u. a. (siehe Anm. 323), S. 37; sowie ders. (siehe Anm. 324).

[342] Theodor Geiger: Die Gesellschaft zwischen Pathos und Nüchternheit. Aarhus/København 1960, bes. S. 9–23.

Literaturverzeichnis

Abendroth, Wolfgang u. a.: Nicht links – nicht rechts? Über Politik und Utopie der Grünen. Hamburg 1983.
Artelt, Walter/Edith Heischkel/Günter Mann/Walter Ruegg (Hrsg.): Städte-, Wohnungs- und Kleiderhygiene im 19. Jahrhundert in Deutschland. Stuttgart 1969.
Aufmuth, Ulrich: Die deutsche Wandervogelbewegung unter soziologischem Aspekt. Göttingen 1979.
Barthelmeß, Alfred: Wald – Umwelt des Menschen. Dokumente zu einer Problemgeschichte von Naturschutz, Landschaftspflege und Humanökologie. Freiburg/München 1972.
Barthelmeß, Alfred: Vögel – Lebendige Umwelt. Probleme von Vogelschutz und Humanökologie geschichtlich dargestellt und dokumentiert. Freiburg/München 1981.
Bergmann, Klaus: Agrarromantik und Großstadtfeindschaft. Meisenheim am Glan 1970.
Bickerich, Wolfgang (Hrsg.): SPD und Grüne. Das neue Bündnis? Reinbek 1985.
Birkert, Emil (Hrsg.): Von der Idee zur Tat. Aus der Geschichte der Naturfreundebewegung. Stuttgart 1970.
Brand, Karl-Werner/Detlef Büsser/Dieter Rucht: Aufbruch in eine andere Gesellschaft. Neue Soziale Bewegungen in der Bundesrepublik. Frankfurt 1983.
Brand, Karl-Werner (Hrsg.): Neue soziale Bewegungen in Westeuropa und den USA. Frankfurt 1985.
Buchwald, Konrad: Geschichtliche Entwicklungen von Landschaftspflege und Naturschutz in Deutschland während des Industriezeitalters, in: Konrad Buchwald/Wolfgang Engelhard (Hrsg.): Handbuch für Landschaftspflege und Naturschutz. Bd. 1. München/Basel/Wien 1968. S. 97–131.
Der Deutsche Bund Heimatschutz und seine Landesvereine, in: Der Deutsche Heimatschutz. Ein Rückblick und Ausblick. Hrsg. von der Gesellschaft der Freunde des deutschen Heimatschutzes. München 1930, S. 187–205.
Donat, Helmut/Karl Holl (Hrsg.): Die Friedensbewegung – Organisierter Pazifismus in Deutschland, Österreich und der Schweiz. Düsseldorf 1983 (= Hermes Handlexikon).
Emmerich, Wolfgang: Zur Kritik der Volkstumsideologie. Frankfurt 1971.
Erdmann, Wulf/Klaus Peter Lorenz: »Die grüne Lust der roten Touristen«. Das fotografierte Leben des Arbeiters und Naturfreundes Paul Schminke (1888–1966). Hamburg 1985.
Fetscher, Iring: Karl Marx und das Umweltproblem, in: ders.: Überlebensbedingungen der Menschheit. München 1980, S. 110–172.
Fleiner, Elisabeth: Genossenschaftliche Siedlungsversuche in der Nachkriegszeit. Heidelberg 1931.
Frecot, Janos/Johann Friedrich Geist/Diethart Kerbs: Fidus 1868–1948. Zur ästhetischen Praxis bürgerlicher Fluchtbewegungen. München 1972.
Freibeuter Nr. 15: Das grüne Ei. Berlin 1983.
Fuchs, Manfred: Probleme des Wirtschaftsstils von Lebensgemeinschaften. Erörtert am Beispiel der Wirtschaftsunternehmen der deutschen Jugendbewegung. Göttingen 1957.

Gasman, Daniel: The Scientific Origin of National Socialism. Social Darwinism in Ernst Haeckel and the German Monist League. London 1971.

Giedion, Siegfried: Die Herrschaft der Mechanisierung. Frankfurt 1982.

Gröning, Gert/Joachim Wolschke: Naturschutz und Ökologie im Nationalsozialismus, in: Die alte Stadt, 10. Jg., 1983, S. 1–17.

Gröning, Gert/Joachim Wolschke: Regionalistische Freiraumgestaltung als Ausdruck autoritären Gesellschaftsverständnisses, in: Kritische Berichte. H. 1, 1984, S. 4–46.

Gröning, Gert/Joachim Wolschke: Die Landespflege als Instrument nationalsozialistischer Eroberungspolitik, in: Arch +, H. 81, August 1985, S. 46–59.

Grottian, Peter/Wilfried Nelles: Großstadt und neue soziale Bewegungen. Basel 1983.

Hallensleben, Anna: Von der Grünen Liste zur Grünen Partei? Die Entwicklung der Grünen Liste Umweltschutz von ihrer Entstehung in Niedersachsen 1977 bis zur Gründung der Partei Die Grünen. Göttingen/Zürich 1984.

Hallensleben, Anna: Wie alles anfing ... Zur Vorgeschichte der Partei Die Grünen, in: Thomas Kluge (Hrsg.): Grüne Politik. Frankfurt 1984, S. 154–165.

Hamann, Richard/Jost Hermand: Stilkunst um 1900. München 1973.

Hartmann, Kristina: Deutsche Gartenstadtbewegung. Kulturpolitik und Gesellschaftsreform. München 1976.

Hein, Jürgen: Dorfgeschichte. Stuttgart 1974.

Heineke, Gustav: Frühe Kommunen in Deutschland. Herford 1978.

Hermand, Jost: Der Schein des schönen Lebens. Frankfurt 1972.

Hermand, Jost: Ganze Tage unter Bäumen. Ökologisches Bewußtsein in den Utopien des ausgehenden 19. Jahrhunderts, in: ders.: Orte. Irgendwo. Königstein/Taunus 1981, S. 21–44.

Holler, Ekkard: Ästhetik des Widerstands und politisches Engagement in der bündischen Jugend (mit einem Abschnitt ›Das Naturverhältnis der Jugendbewegung‹), in: Peter Ulrich Hein (Hrsg.): Künstliche Paradiese der Jugend. (Kunst und Therapie, Bd. 6). Münster 1984, S. 73–99.

Kelly, Alfred: The Descent of Darwin. The Popularization of Darwinism in Germany, 1860–1914. Chapel Hill 1981.

Klose, Hans: Der Weg des deutschen Naturschutzes. Egestorf 1949 (Sonderdruck aus den Verhandlungen deutscher Landes- und Bezirksbeauftragter für Naturschutz und Landschaftspflege, Bd. 2).

Kluge, Thomas: Grüne Politik. Frankfurt 1984.

Krabbe, Wolfgang R.: Gesellschaftsveränderung durch Lebensreform. Strukturmerkmale einer sozialreformerischen Bewegung im Deutschland der Industrialisierungsperiode. Göttingen 1974.

Kratzsch, Gerhard: Kunstwart und Dürerbund. Ein Beitrag zur Geschichte der Gebildeten im Zeitalter des Imperialismus. Göttingen 1969.

Kraushaar, Wolfgang u. a. (Hrsg.): Was sollen die Grünen im Parlament? Frankfurt 1983.

Kursbuch Nr. 33: Ökologie und Politik oder Die Zukunft der Industrialisierung. Berlin 1973.

Kursbuch Nr. 74: Zumutungen an die Grünen. Berlin 1983.

Langguth, Gerd: Der grüne Faktor. Von der Bewegung zur Partei? Zürich 1984.

Linse, Ulrich: Die Kommune der deutschen Jugendbewegung. München 1973.

Linse, Ulrich (Hrsg.): Zurück, o Mensch, zur Mutter Erde. Landkommunen in Deutschland 1890–1933. München 1983.

Linse, Ulrich: Barfüßige Propheten. Erlöser der zwanziger Jahre. Berlin 1983.

Linse, Ulrich: Werner Lindner und die Anfänge der Industriearchäologie in Deutschland, in: Arch +, H. 81, August 1985, S. 43–45.

Mayer-Tasch, Peter Cornelius: Umweltbewußtsein und Jugendbewegung, in: ders.: Ökologie und Grundgesetz. Frankfurt 1980, S. 41–68.

Mayer-Tasch, Peter Cornelius: Aus dem Wörterbuch der Politischen Ökologie. München 1985.

Mieck, Ilja: Industrialisierung und Umwelt. Berlin 1985.

Mielke, Robert: Meine Beziehungen zu Ernst Rudorff und die Gründung des Bundes Heimatschutz, in: Brandenburgia, 38. Jg., Berlin 1929, Nr. 1.

(Migge) Leberecht Migge 1881–1935. Gartenkultur des 20. Jahrhunderts. Hrsg. vom Fachbereich Stadt- und Landschaftsplanung der Gesamthochschule Kassel. Worpswede 1981.

Moosmann, Elisabeth (Hrsg.): Heimat – Sehnsucht nach Identität. Berlin 1980.

Mosse, George L.: Ein Volk – ein Reich – ein Führer. Königstein/Taunus 1979 (dt. Übers. von: The Crisis of German Ideology. Intellectual Origins of the Third Reich, 1964).

Mrass, Walter: Die Organisation des staatlichen Naturschutzes und der Landschaftspflege im Deutschen Reich und in der Bundesrepublik Deutschland seit 1935, gemessen an der Aufgabenstellung in einer modernen Industriegesellschaft. Stuttgart 1970.

Müller, Sebastian: Industrialisierung und angewandte Kunst – Deutscher Werkbund zwischen 1907 und 1914. Bochum 1969.

Mumford, Lewis: Mythos der Maschine. Wien 1974.

Muthesius, Stefan: Das englische Vorbild. Eine Studie zu den deutschen Reformbewegungen in Architektur, Wohnbau und Kunstgewerbe im späten 19. Jahrhundert. München 1974.

Neuloh, Otto/Wilhelm Zilius: Die Wandervögel. Eine empirisch-soziologische Untersuchung der frühen deutschen Jugendbewegung. Göttingen 1982.

Nolte, Ernst: Marxismus und Industrielle Revolution. Stuttgart 1983.

Pankau, Johannes G.: Wege zurück. Zur Entwicklungsgeschichte restaurativen Denkens im Kaiserreich. Bern/Frankfurt 1983.

Rammstedt, Otthein: Soziale Bewegung. Frankfurt 1978.

Riesenberger, Dieter: Geschichte der Friedensbewegung in Deutschland. Göttingen 1985.

Rossbacher, Karlheinz: Programm und Roman der Heimatkunstbewegung – Möglichkeiten sozialgeschichtlicher und soziologischer Analyse, in: Viktor Žmegač (Hrsg.): Deutsche Literatur der Jahrhundertwende. Königstein/Taunus 1981 (Erstdruck 1974), S. 123–144.

Rossbacher, Karlheinz: Heimatkunstbewegung und Heimatroman. Zu einer Literatursoziologie der Jahrhundertwende. Stuttgart 1975.

Scarpa, Ludovica: Anmerkungen zum Deutschen Bund Heimatschutz, in: Arch +, H. 72, Dezember 1983, S. 34 f.

Schäfer, Wolf (Hrsg.): Neue Soziale Bewegungen: Konservativer Aufbruch in buntem Gewand? Frankfurt 1983.

Scherer, Klaus-Jürgen/Fritz Vilmar (Hrsg.): Ein alternatives Sozialismuskonzept: Perspektiven des Ökosozialismus. Berlin 1984.

Schoenichen, Walther: Aus der Entwicklung der Naturdenkmalpflege, in: Der Deutsche Heimatschutz. Ein Rückblick und Ausblick. Hrsg. von der Gesellschaft der Freunde des deutschen Heimatschutzes. München 1930, S. 222–227.

Schoenichen, Walther: Naturschutz, Heimatschutz. Ihre Begründung durch Ernst Rudorff, Hugo Conwentz und ihre Vorläufer. Stuttgart 1954.

Schramm, Engelbert (Hrsg.): Ökologie-Lesebuch. Ausgewählte Texte zur Entwicklung ökologischen Denkens. Frankfurt 1984.
Schua, Leopold und Roma: Wasser – Lebenselement und Umwelt. Die Geschichte des Gewässerschutzes in ihrem Entwicklungsgang dargestellt und dokumentiert. Freiburg/München 1981.
Schütze, Christian: Schon möglich, daß die Erde sterben muß. Anfänge öffentlicher Meinung zum Thema Umweltschutz, in: Merkur 277, 25. Jg. 1971, S. 470 ff.
Sengle, Friedrich: Wunschbild Land und Schreckbild Stadt. Zu einem zentralen Thema der neueren deutschen Literatur, in: Studium generale, Jg. 16, H. 10, 1963, S. 619 ff.
Sieferle, Rolf Peter: Fortschrittsfeinde? Opposition gegen Technik und Industrie von der Romantik bis zur Gegenwart. München 1984.
Sieferle, Rolf Peter: Heimatschutz und das Ende der romantischen Utopie, in: Arch +, H. 81, August 1985, S. 38–42.
Spelsberg, Gerd: Rauchplage. Hundert Jahre Saurer Regen. Aachen 1984.
Stahl, Dietrich: Wild – Lebendige Umwelt. Probleme von Jagd, Tierschutz und Ökologie geschichtlich dargestellt und dokumentiert. Freiburg/München 1979.
Stern, Fritz: Kulturpessimismus als politische Gefahr. Bern/Stuttgart/Wien 1963 (dt. Übers. von: The Politics of Cultural Despair, 1961).
Stöss, Richard: Vom Nationalsozialismus zum Umweltschutz: Die Deutsche Gemeinschaft/Aktionsgemeinschaft Unabhängiger Deutscher im Parteiensystem der Bundesrepublik. Opladen 1980.
Stöss, Richard (Hrsg.): Das Parteien-Handbuch. Die Parteien der Bundesrepublik Deutschland 1945–1980. 2 Bde. Opladen 1983.
Szeemann, Harald (Hrsg.): Monte Verità. Mailand 1978.
Veen, Hans-Joachim: Wer wählt grün? In: Aus Politik und Zeitgeschichte, Beilage zur Wochenzeitung Das Parlament, B. 35–36/84, 1. September 1984, S. 3–17.
Weinberger, Marie-Luise: Aufbruch zu neuen Ufern? Grün-Alternative zwischen Anspruch und Wirklichkeit. Bonn 1984.
Zimmer, Jochen (Hrsg.): Mit uns zieht die neue Zeit. Die Naturfreunde. Zur Geschichte eines alternativen Verbandes in der Arbeiterkulturbewegung. Köln 1984.
Zimmermann, Peter: Der Bauernroman. Antifeudalismus – Konservativismus – Faschismus. Stuttgart 1975.

Es ist mir abschließend ein Bedürfnis, meinen herzlichen Dank jenen geduldigen Brief- beziehungsweise Interviewpartnern abzustatten, ohne die wichtige Kapitel dieses Buches nicht hätten geschrieben werden können. Auch möchte ich jenen danken, die mir freundlicherweise privates Fotomaterial für die Veröffentlichung zur Verfügung stellten. Hartwig Ruthke, Enkel von Paul Robien sen. beziehungsweise Sohn von Paul Robien jun., sowie Dr. Hans-Günter Cnotka und Dr. Heinz Gelinski vom Historischen Arbeitskreis Stettin in der Pommerschen Landsmannschaft halfen bei der Rekonstruktion der »naturrevolutionären« Bewegung; Frieda und Willy (†) Ackermann sowie Dr. Werner Einecke ermöglichten die Wiederentdeckung der deutschen »Gandhi-Bewegung«.

Personenregister

Ackerknecht, Erwin 167
Ackermann, Frieda (geb. Pohl) 133, 147, 149, 184
Ackermann, Friedrich 167, 180
Ackermann, Willy 68, 127–152
Adams, Henry 157
Adenauer, Konrad 58, 72
Armand, Ernest 110f.
Arnold, Eberhard 76
Assisi, Franz von 7

Bahro, Rudolf 69f., 184
Bakunin, Michael 120
Balthasar, Hans Urs von 64f.
Baltzer, Eduard 63
Barnet, Walter 107, 109
Bartels, Adolf 16
Bartsch, Günter 164, 184
Bebel, August 55
Bejuhr (Vorname unbekannt, Architekt) 82
Benn, Gottfried 52
Berndl, Dora 174
Berndl, Ludwig 174
Beta, Ottmar 24
Beutinger, Emil 30
Bismarck, Otto von 14, 24
Bolm, Gertrud 127f.
Bölsche, Wilhelm 6, 17, 44–47, 73, 77
Bookchin, Murray 72
Braun, Jakob 82, 164

Cahn, Berthold 120
Capra, Fritjof 58
Conwentz, Hugo 20, 34, 101

Damaschke, Adolf 24
Darwin, Charles 43f., 47, 77, 166
Diederichs, Eugen 14, 24
Dopf, Carl 178
Dühring, Eugen 24

Ebert, Theodor 58
Eiben, Bernhard 144–148, 183
Einecke, Werner 127, 129, 137, 144
Ellenbogen, Wilhelm 54f.
Eppler, Erhard 10, 42

Fidus (Hugo Höppener) 159
Fischer, Herbert 127, 133, 139, 144–148, 183
Fischer, Karl 7
Flürscheim, Michael 24
Frank, Karl 107
Frank, Lisa 175
Franz, Wilhelm 30
Friedländer, Benedict 24
Friedrich, Ernst 59f.
Fritsch, Theodor 24f.
Fuchs, Carl Johannes 27–29

Gandhi, Mahatma 11, 61, 76, 125–152, 160
Geiger, Theodor 163
George, Henry 24
Gesell, Silvio 24, 126, 164, 182
Goethe, Johann Wolfgang von 77
Gog, Gregor 143
Goldberg (Vorname unbekannt, Arzt) 82, 176
Gräser, Arthur Gustav (Gusto) 61–63, 107, 125, 136, 143, 151
Gräser, Carl 61
Green, Martin 61
Grigorjewitsch, Wladimir 175
Grottewitz, Kurt 44, 46
Gruhl, Herbert 9, 184
Grzimek, Bernhard 60

Haeckel, Ernst 17, 44
Haeusser, Ludwig Christian (Lou, Louis) 127, 131–133, 144, 149–151, 182
Hammer, Walter 179
Harjes, Friedrich (Fidi) 78–82, 92, 107
Hart, Heinrich 74
Hart, Julius 74
Haßler, Friedrich 33
Haußleiter, August 158
Heider, Fritz 183
Hertzka, Theodor 24
Heß, Rudolf 38
Hesse, Hermann 63
Hingabe, Peter 106f.

190

Hoffmann, Ida 16
Huber, Ferdinand 74f.

Jefferson, Thomas 156
Jesus Christus 143
Joist, Ludwig 177
Jungk, Robert 59f.

Kaiser, Franz 129, 134, 151
Kant, Immanuel 65
Kater, Fritz 92f.
Klages, Ludwig 60
Klinger, Franz 182
Klose, Hans Ulrich 42
Knoll, Alexander 89, 91
Köster, Fritz 92f., 121
Kropotkin, Peter 74, 76f., 79f., 82, 86, 91f., 102, 174
Kükelhaus, Hugo 10, 37, 168
Kunkel, Berthold 107
Kutschke, Waldemar 78

Lafontaine, Oskar 42
Lamberty, Friedrich (Muck) 63
Landauer, Gustav 72–77, 80, 92, 136, 138, 174f.
Langer, Carl 182
Lao-tse 63, 131, 151
Le Fèvre, Henry 110, 179
Lenin, Wladimir 179
Leopold von Toskana, Erzherzog 61
Lersch, Heinrich 142, 146
Liebknecht, Karl 98
Lienhard, Friedrich 16
Lietz, Hermann 17
Lindner, Werner 10, 29f., 32–40
Löns, Hermann 168

Mahraun, Artur 162
Marx, Karl 43, 72, 74, 91, 106, 117, 120
Matschoß, Conrad 31f.
Migge, Leberecht 82–87, 92–95
Miller, Oskar von 31f.
Morgenthau, Henry 156
Morris, William 155f.
Mühsam, Erich 76, 80
Mussolini, Benito 132
Muthesius, Hermann 16

Naumann, Friedrich 24
Noske, Gustav 98

Novalis (Friedrich von Hardenberg) 65

Ödenkoven, Henri 16
Oerter, Fritz 122
Oestreich, Rudolf 121
Otten, Karl 182
Otto, Georg 168

Paasche, Hans 99
Pierre, Abbé (Henri-Pierre Grouès) 67
Planck, Karl Christian 23f.
Planck, Reinhold 23f.
Plath, Johann-Heinrich 85
Pli(e)vier, Theodor 98, 165
Ploetz, Hermann 167
Proudhon, Pierre-Joseph 74, 108

Ramus, Pierre 100, 137
Renner, Karl 49–51, 54, 56
Riehl, Wilhelm, Heinrich 38, 156f.
Robien, Emma (geb. Wendland) 98
Robien, Paul (Paul Ruthke) 81–124, 138, 152, 164–167
Robien jun., Paul (Paul Ruthke jun.) 98, 164, 180
Rocker, Rudolf 72, 120f.
Rolland, Romain 125f.
Roosevelt, Franklin D. 156
Rudorff, Ernst 20, 35
Ruskin, John 155f.
Ruthke, Albert 97
Ruthke, Paul: siehe Paul Robien
Ruthke, Wilhelmine 97

Sarasin, Paul 101f.
Schelsky, Helmut 160
Schlieffen, Alfred Graf von 97
Schneider, Camillo 85
Schoenichen, Walter 34f., 37f., 53, 168
Schultze-Naumburg, Paul 23, 35, 37
Schulze-Sölde, Max 92
Seeckt, Hans von 98
Seifert, Alwin 10, 38–40
Sohnrey, Heinrich 16
Sommerburg, Mirjam 137
Sommerburg, Sem 137
Speer, Albert 39
Spengler, Oswald 134
Stamm, Theodor 24

Stark, Clara 132f.
Stark, Leonhard 133
Steiner, Rudolf 18, 38
Stern (Vorname unbekannt) 105
Stevenhagen, Lovis 178
Stirner, Max 130f.
Suttner, Bertha von 166

Thompson, Edward P. 43
Todt, Fritz 38f.
Tolstoi, Leo 11, 75f., 136, 174f.
Traven, B. 97, 165
Tschuang-tse 131

Unruh, Fritz von 58

Vogeler, Heinrich 76, 78, 81–83, 89, 92, 98, 176
Vogt (Vorname unbekannt) 108

Wagner, Christian 63–65
Wagner, Heinrich von 25
Ward, Colin 174
Weber, Josef 174
Weinzierl, Hubert 40
Wetekamp, Wilhelm 20
Wilhelm II. 97
Wilhelm, Richard 85
Wille, Bruno 17
Windhorn, Eva 113

Zack, Bernhard 175
Zimmermann, Werner 126